Stefan Jordan
Geschichtsschreibung

Oldenbourg
Grundriss der Geschichte

Herausgegeben von Hans Beck, Karl-Joachim Hölkeskamp, Achim Landwehr, Steffen Patzold und Benedikt Stuchtey

Band 55

Stefan Jordan

Geschichtsschreibung

Geschichte und Theorie

**DE GRUYTER
OLDENBOURG**

ISBN 978-3-11-061078-9
e-ISBN (PDF) 978-3-11-061080-2
e-ISBN (EPUB) 978-3-11-061143-4
ISSN 2190-2976

Library of Congress Control Number: 2024935210

Bibliografische Information der Deutschen Nationalbibliothek
Die Deutsche Nationalbibliothek verzeichnet diese Publikation in der
Deutschen Nationalbibliografie; detaillierte bibliografische Daten
sind im Internet über http://dnb.dnb.de abrufbar.

© 2024 Walter de Gruyter GmbH, Berlin/Boston
Satz: bsix information exchange GmbH, Braunschweig

www.degruyter.com

Vorwort der Herausgeber

Die Reihe *Oldenbourg Grundriss der Geschichte* dient seit 1978 als wichtiges Mittel der Orientierung, sowohl für Studierende wie für Lehrende. Sie löst seither ein, was ihr Titel verspricht: ein Grundriss zu sein, also einen Plan zur Verfügung zu stellen, der aus der Vogelschau Einsichten gewährt, die aus anderen Perspektiven schwerlich zu gewinnen wären.

Seit ihren Anfängen ist die Reihe bei ihren wesentlichen Anliegen geblieben. In einer bewährten Dreiteilung wollen ihre Bände in einem ersten Teil einen Überblick über den jeweiligen historischen Gegenstand geben. Ein zweiter Teil wird bestimmt durch einen ausgiebigen Forschungsüberblick, der nicht nur den Studierenden in einem historischen Forschungsgebiet eine Übersicht über gegenwärtige wie vergangene thematische Schwerpunkte und vor allem Debatten gibt. Denn angesichts der Komplexität, Internationalität sowie der zeitlichen Tiefe, die für solche Diskussionen kennzeichnend sind, stellt es auch für Wissenschaftler eine zunehmende Herausforderung dar, über die wesentlichen Bereiche einer Forschungsdebatte informiert zu bleiben. Hier leistet die Reihe eine wesentliche Hilfestellung – und hier lässt sich auch das Merkmal identifizieren, das sie von anderen Publikationsvorhaben dieser Art deutlich abhebt. Eine umfangreiche Bibliographie rundet als dritter Teil die jeweiligen Bände ab.

Im Laufe ihrer eigenen Historie hat der *Oldenbourg Grundriss der Geschichte* auf die Veränderungen in geschichtswissenschaftlichen Diskussionen und im Geschichtsstudium reagiert. Sie hat sich nach und nach neue Themenfelder erschlossen. Es geht der Reihe in ihrer Gesamtheit nicht mehr ausschließlich darum, in der griechisch-römischen Antike zu beginnen, um das europäische Mittelalter zu durchschreiten und schließlich in der Neuzeit als unserer erweiterten Gegenwart anzukommen. Dieser Gang durch die Chronologie der deutschen und europäischen Geschichte ist für die Orientierung im historischen Geschehen weiterhin grundlegend; er wird aber zunehmend erweitert durch Bände zu nicht europäischen Themen und zu thematischen Schwerpunkten. Die Reihe dokumentiert damit die inhaltlichen Veränderungen, die sich in den Geschichtswissenschaften international beständig vollziehen.

Mit diesen Inhalten wendet sich die Reihe einerseits an Studierende, die sich die Komplexität eines Themenfeldes nicht nur inhaltlich, sondern auch forschungsgeschichtlich erschließen wollen. Andererseits sollen Lehrende in ihrem Anliegen unterstützt werden, Themengebiete in Vorlesungen und Seminaren vermitteln zu können. Im Mittelpunkt steht aber immer der Versuch zu zeigen, wie Geschichte in ihren Ereignissen und Strukturen durch Wissenschaft gemacht wird und damit selbst historisch gewachsen ist.

Hans Beck
Karl-Joachim Hölkeskamp
Achim Landwehr
Steffen Patzold
Benedikt Stuchtey

Für Anton.

Geschichte wird gemacht.
Es geht voran.
(Fehlfarben, 1980)

Inhaltsverzeichnis

Vorwort der Herausgeber —— V

I	**Darstellung** —— 1	
1	Einleitung —— 1	
2	Anfänge der Geschichtsschreibung —— 11	
3	Geschichtsschreibung in der Antike —— 12	
4	Geschichtsschreibung im lateinischen Mittelalter —— 17	
5	Geschichtsschreibung in Byzanz —— 21	
6	Geschichtsschreibung in der arabischen Welt und im Islam —— 23	
7	Geschichtsschreibung in Asien und Indien —— 26	
	7.1	Geschichtsschreibung in China —— 26
	7.2	Geschichtsschreibung in Japan —— 31
	7.3	Geschichtsschreibung in Korea —— 34
	7.4	Geschichtsschreibung in Indien —— 38
8	Geschichtsschreibung in Mittel- und Südamerika —— 40	
9	Geschichtsschreibung der Frühen Neuzeit —— 42	
10	Exkurs: Geschichtsphilosophie —— 54	
	10.1	Geschichtsphilosophie der Aufklärungszeit —— 54
	10.2	Geschichtsphilosophie im Deutschen Idealismus —— 58
	10.3	Materialistische Geschichtsphilosophie —— 64
11	Geschichtsschreibung der Aufklärungszeit —— 70	
12	Geschichtsschreibung im 19. Jahrhundert —— 76	
	12.1	Verwissenschaftlichung der Geschichtsschreibung —— 80
	12.2	Verfachlichung der Geschichtsschreibung —— 86
13	Geschichtsschreibung seit dem 20. Jahrhundert —— 101	
	13.1	Methodische Vorüberlegungen zur Periodisierung —— 101
	13.2	Pluralisierung der Historiografie im 20. Jahrhundert —— 104

II	**Grundprobleme und Tendenzen der Forschung** —— 115
1	Formen von Geschichtsschreibung —— 115
1.1	Geschichtsschreibung als Mischung aus Fakten und Fiktionen —— 118
1.1.1	Historisches Epos —— 118
1.1.2	Historischer Roman —— 120
1.1.3	Ungeschehene Geschichte, Utopie, Dystopie —— 122
1.2	Nicht-narrative Formen von Geschichtsschreibung —— 123
1.2.1	Annalen, Chronologien —— 123
1.2.2	Historische Datenbanken —— 126
1.3	Narrative Formen von Geschichtsschreibung —— 128
1.3.1	Chronik —— 128
1.3.2	Gesta —— 128
1.3.3	Vita, Biografie, Autobiografie, Memoiren —— 129
1.3.4	Historie —— 132
2	Funktionen von Geschichtsschreibung —— 134
2.1	Geschichtsschreibung als Erinnerung und Gedächtnis —— 136
2.2	Erkenntnis- und Wissensbildung und ihre Vermittlung durch Historiografie —— 140
2.3	Historia Magistra Vitae – die politisch moralische Lehrfunktion der Geschichte —— 147
2.4	Identitäts- und Sinn(neu-)bildung —— 151
2.4.1	Historische Identität —— 151
2.4.2	Historische Sinnbildung —— 153
2.4.4	Meistererzählungen —— 156
2.5	Wechselverhältnis zwischen Geschichtswissenschaft und Demokratie —— 158
2.6	Geschichtsschreibung als Literatur —— 163
2.6.1	Exkurs: Hayden Whites literaturwissenschaftliche Analyse von Geschichtsschreibung —— 166
2.7	Geschichtsschreibung als Broterwerb —— 172

3   Geschichtsschreibung, ihre Quellen und die Herstellung
     von Authentizität —— 174
     3.1   Geschichtsschreibung und ihre Quellen —— 174
     3.2   Authentizität in der
            Geschichtsschreibung —— 178
4   Geschichtsschreibung in einer globalisierten Welt —— 184
5   Globalgeschichte der Historiografie – Perspektiven und
     Grenzen. Eine Schlussbemerkung in eigener Sache —— 192

III   Quellen und Literatur —— 197
1   Allgemeines —— 197
     1.1   Gedruckte Quellen —— 197
     1.2   Quellensammlungen —— 198
     1.3   Überblickswerke und Lehrbücher —— 199
2   Anfänge der Geschichtsschreibung —— 201
3   Geschichtsschreibung in der Antike —— 201
4   Geschichtsschreibung im lateinischen Mittelalter —— 202
5   Geschichtsschreibung in Byzanz —— 203
6   Geschichtsschreibung in der arabischen Welt und
     im Islam —— 203
7   Geschichtsschreibung in Asien und Indien —— 204
     7.1   Geschichtsschreibung in China —— 204
     7.2   Geschichtsschreibung in Japan —— 205
     7.3   Geschichtsschreibung in Korea —— 206
     7.4   Geschichtsschreibung in Indien —— 206
8   Geschichtsschreibung in Mittel- und Südamerika —— 207
9   Geschichtsschreibung der Frühen Neuzeit —— 208
10   Exkurs: Geschichtsphilosophie —— 209
11   Geschichtsschreibung der Aufklärungszeit —— 210
12   Geschichtsschreibung im 19. Jahrhundert —— 211
     12.1   Die Verwissenschaftlichung der
            Geschichtswissenschaft —— 211
     12.2   Die Verfachlichung der
            Geschichtsschreibung —— 212
13   Geschichtsschreibung seit dem 20. Jahrhundert —— 214
     13.1   Methodische Vorüberlegungen zur
            Periodisierung —— 214
     13.2   Die Pluralisierung der Historiografie im
            20. Jahrhundert —— 214

14 Formen von Geschichtsschreibung — 215
14.1 Geschichtsschreibung als Mischung aus Fakten und Fiktionen — 215
14.1.1 Allgemeine Werke — 215
14.1.2 Historisches Epos und Historischer Roman — 215
14.1.3 Ungeschehene Geschichte, Utopie, Dystopie — 216
14.2 Nicht-narrative Formen von Geschichtsschreibung — 217
14.2.1 Annalen, Chronologien — 217
14.2.2 Historische Datenbanken — 217
14.3 Narrative Formen von Geschichtsschreibung — 217

15 Funktionen von Geschichtsschreibung — 219
15.1 Allgemeine Werke — 219
15.2 Geschichtsschreibung als Erinnerung und Gedächtnis — 219
15.3 Erkenntnis- und Wissensbildung und ihre Vermittlung durch Historiografie — 220
15.4 Historia Magistra Vitae – die politisch moralische Lehrfunktion der Geschichte — 221
15.5 Identitäts- und Sinn(neu-)bildung — 221
15.5.1 Historische Identität — 221
15.5.2 Historische Sinnbildung — 222
15.5.3 Exkurs: Meistererzählungen — 222
15.6 Wechselverhältnis zwischen Geschichtswissenschaft und Demokratie — 222
15.7 Geschichtsschreibung als Literatur — 223
15.7.1 Exkurs: Hayden Whites literaturwissenschaftliche Analyse von Geschichtsschreibung — 224

16 Geschichtsschreibung, ihre Quellen und die Herstellung von Authentizität — 225
16.1 Geschichtsschreibung und ihre Quellen — 225
16.2 Authentizität in der Geschichtsschreibung — 226

17 Geschichtsschreibung in einer globalisierten Welt — 227

Personenregister —— 229

Ortsregister —— 233

Sachregister —— 235

Oldenbourg Grundriss der Geschichte —— 239

I Darstellung

1 Einleitung

Gelungene Geschichtsschreibung erzählt Geschichte nicht nur als das, was war, sondern auch als das, was immer schon gewesen ist. Grundlage dafür ist, dass Historiografie es nicht mit der Vergangenheit zu tun hat, sondern mit Geschichtlichem als etwas Anderem, das ihr als Fremdes in den Blick kommt. Denn das Vergangene ist vergangen, ist nicht mehr existent und also auch nicht mehr erzählbar. Berichten kann man nur von dem, was aus der Vergangenheit in die jeweilige Gegenwart überliefert ist: Beim Hören alter Erzählungen, beim Lesen früherer Geschichtswerke, beim Studium von Quellen entstehen der Historikerin und dem Historiker Bilder davon, wie es in der Zeit vor ihnen ausgesehen haben könnte. Dabei können sie nur das verstehen und schildern, was sie in einem gewissen Maße als etwas Anderes bereits kennen. Ein Prähistoriker etwa kann nicht über ein Tier der Vorzeit berichten, von dem niemand weiß, dass es je existiert hat, von dem keine Überreste oder Berichte überliefert sind. Gibt es aber Knochenfunde, Fußabdrücke und ähnliche Überbleibsel, so kann er Vergleiche anstellen mit anderen Überbleibseln und mit den Tieren, die er kennt. Er kann ein Bild des ihm fremden Tieres entwickeln, weil es Gemeinsamkeiten mit anderen Lebewesen hatte, die ihm bekannt sind; er kann dann eine Beschreibung geben, von dem, was war, und von dem, was immer schon gewesen ist, weil er eine zeitliche Differenz zwischen einem „Früher" und einem „Später" beziehungsweise einem „Heute" feststellt. Seinen sichtbaren Ausdruck findet diese Erkenntnis in einer Namensgebung. So wie der Prähistoriker einer anhand von Funden neu entdeckten seit langem ausgestorbenen Tierart einen neuen Namen gibt, mit dem diese in die Klassifikation der Tierarten eingereiht wird, benennen auch Historikerinnen und Historiker ihre Erkenntnisse. Historische Ereignisse und Strukturen erscheinen ihnen dann wegen ihrer Ähnlichkeit zu Ereignissen und Strukturen aus anderen Zeitstufen als „Revolution", als „soziale Bewegung", als „Erfindung", als „Verbrechen", als „Regierungswechsel" oder ähnliches. Diese Namensgebung ist immer begründungsbedürftig, und diese Begründung gibt Historiografie in Form einer Erzählung.

<aside>Was war und was immer schon gewesen ist</aside>

Zeitliches Differenzdenken ist ein genereller Grundzug von Geschichte und daher auch ein Grundzug für die Geschichte der Geschichtsschreibung. Geschichte bedarf etwas Dauerndem, an dessen Veränderung die Dimension Zeit in spezifischer Weise – nämlich historisch – erkennbar gemacht werden kann. Dabei wird die Dimension „Zeit" in Analogie zur Dimension „Raum" gedacht: So wie sich eine Person von einem Ort zu einem anderen bewegt, registriert der historische Blick eine zeitliche Bewegung von einem Zustand t_1 zu einem Zustand t_2.

Wir kennen unterschiedliche Formen und Genres von Historiografie: neben der wissenschaftlichen Geschichtsschreibung, etwa (teil-)fiktionale Darstellungen von Geschichte und neben Biografien Genres wie Annalen und Chroniken. Wie sie historisch einzuordnen, wie sie politisch-gesellschaftlich zu kontextuieren und wie sie zu bewerten sind, ergibt sich für uns aus dem zeitüberspannenden Vergleich. Genau darin liegt der Wert einer lange Zeiträume und mehrere Weltteile übergreifenden Historiografiegeschichte. Sie zeigt nicht nur, was war, sondern auch, was immer schon gewesen ist, indem sie versucht, die kulturellen, literarischen, geografischen etc. Besonderheiten jeweiliger Geschichtsschreibung offen zu legen und dabei zugleich Grundzüge erkennbar macht, die jeder Form von Historiografie zu eigen sind. Im Überblick über die Geschichte der Geschichtsschreibung ergibt sich so eine Erkenntnis von dem, was Geschichtsschreibung – gleichgültig in welche Form sie gegossen wird – ausmacht, was sie definiert und welchen Sinn und Zweck sie üblicherweise hat.

Geschichtsschreibung entsteht in einer jeweiligen Gegenwart, ist für diese Gegenwart (und ihre Zukunft) gedacht und verfolgt so bestimmte Absichten. Aus diesem Grund ist das Schreiben von Geschichte von den frühesten Zeiten bis in unsere Gegenwart ein Akt politischen Handelns im weiteren Sinne. Auch wer die Geschichte der Geschichtsschreibung schreibt, handelt politisch: Historiografie-Historikerinnen und -Historiker wollen mit den erzielten Erkenntnissen das Denken, aber auch das Handeln der Menschen in ihrer Gegenwart beeinflussen, indem sie das Wissen historisch erweitern und damit zu einer politisch-ethischen Wertebildung beitragen. Vor dem Hintergrund dessen, was Geschichtsschreibung einmal war und was sie immer schon gewesen ist, bewerten historiografisch – beziehungsweise ganz allgemein historisch – Interessierte ihr eigenes Handeln und das Handeln anderer neu. Vor dem Hintergrund der Wissenserweiterung werden sie in die Lage versetzt, bestehende Werte zu bestätigen, kritisch zu modifizieren oder zu verwerfen und sind offen für Werteum- und Werteneubildungen.

Mit der Kennzeichnung von Geschichtsschreibung als Akt politischen Handelns ist bereits ein Element genannt, das sich als roter Faden durch die Historiografiegeschichte seit ihren Anfängen durchzieht. Es zeigt, was Geschichtsschreibung schon immer gewesen ist: von den frühesten Formen, die häufig im Auftrag von Herrschenden entstanden, bis zur Geschichtsschreibung der Gegenwart, die ebenfalls bestimmten Absichten folgt. Der politische Kontext ist daher mit im Blick zu behalten, vor allem für den Zeitpunkt, an dem üblicherweise eine Wendezeit oder eine Änderung von Gepflogenheiten und Traditionen diagnostiziert wird. Dabei gilt ein besonderes Augenmerk den Verfasserinnen und Verfassern: Wem sind sie verpflichtet? Handeln sie in einem Auftrag? Folgen sie – vor allem in jüngeren Zeiten – bestimmten methodologischen Grundsätzen und Wissenschaftsmodellen, die mit einer besonderen historischen Perspektive des erkennenden Subjekts auf den jeweiligen Gegenstand verbunden sind?

<small>Roter Faden: Geschichtsschreibung als politisches Handeln</small>

Wenn man auf die Ziele blickt, die Geschichtsschreiberinnen und Geschichtsschreiber mit ihren Arbeiten verfolgten, ergibt sich bald ein weiterer roter Faden, der sich durch die Historiografiegeschichte zieht: Bis zur Postulierung einer „Wissenschaft als Selbstzweck" in der Moderne, einer Wissenschaft also, deren erster Zweck eine Erkenntnisbildung zu Bildungszwecken ist, die das Wissen und das Weltverständnis der Leserinnen und Leser erweitern soll, folgte Geschichtsschreibung – eng verbunden mit ihrem Verständnis als Akt politischen Handelns – in den meisten Fällen einem anderen pädagogischen Ziel: Ihr Sinn und Zweck wurde nicht selten in der Vermittlung ethisch-moralischer Leitsätze gesehen. Mit der Geschichte versuchten die Verfasserinnen und Verfasser ihren Leserinnen und Lesern vor Augen zu führen, was in früheren Zeiten gut und was schlecht gewesen sei. Damit folgten sie der Absicht, das Handeln ihrer Zeitgenossinnen und Zeitgenossen zu verbessern. Zu beachten wird sein, auf welche Weise sie dies zu befördern suchten und auf welche ethischen Ziele hin genau sie strebten.

<small>Roter Faden: Geschichtsschreibung als ethisch-moralische Erziehung</small>

Für die westliche Welt markiert der Übergang in die Neuzeit, die Moderne, die Sattelzeit oder wie auch immer die Epoche genannt wird, in der sich diese Änderung vollzogen hat, den Beginn einer Geschichtsschreibung nach noch heute geltenden methodischen Standards. Für die Historiografie außerhalb Europas und Nordamerikas war es in der Regel etwas zeitverzögert das Zeitalter des Kolonialismus und Imperialismus, in dem dieses westliche Geschichtsmodell dorthin übertragen wurde und in denen es heute als die geläufige Form (wissenschaftlich betriebener) historischer Arbeit praktiziert wird. „Demokratisierung", „Ideologisierbarkeit", „Verzeitlichung" und „Politisierung", jene Strömungen also, die REINHART KOSELLECK (1923–2006) der von ihm als Übergang von der Neuzeit zur Moderne charakterisierten „Sattelzeit" in Anschlag gebracht hat, bilden auch für die Geschichte der Geschichtsschreibung wichtige Distinktionsmerkmale eines „Vorher" und „Nachher", wobei im Folgenden bewusst auf die strukturierende Vorstellung von Paradigmenwechseln verzichtet werden soll. Denn auch die Sattelzeit hat eine Vorgeschichte, ist als Teil der von KOSELLECK als „Neuzeit" bezeichneten Epoche in eine längere Entwicklung eingebunden und knüpft an ältere Traditionen an.

Roter Faden: Autoritäten in der Geschichtsschreibung

Damit ist ein weiterer roter Faden gespannt: Es gilt, die Autorität im Blick zu behalten, mit der die Gültigkeit von Erkenntnissen in der Geschichtsschreibung behauptet werden soll. Sie wurde in der Zeit vor dem Übergang zur wissenschaftlichen Geschichtsschreibung vor allem durch kanonische Schriften, gelehrte Autoritäten, religiöse Dogmen oder schlicht politische Macht garantiert und in der Zeit danach vor allem als Form diskursiven Aushandelns in einem demokratisch strukturierten, auf den Vernunftprinzipien moderner Wissenschaft basierenden Kommunikationsraum.

Roter Faden: Fakten und Fiktionen

Zu bedenken ist allerdings, dass Geschichtsschreibung nicht nur ein Akt politischen Handelns ist, sondern zugleich ein Akt künstlerischen Gestaltens. Geschichtsschreibung ist Literatur. Auch dieser Gedanke zieht sich als roter Faden durch die nachstehenden Ausführungen. Nicht nur in der Zeit vor der Verwissenschaftlichung der Geschichte begriffen sich Historiografen in nicht geringem Maße auch als Künstler und verstanden ihr Tun als *ars historica*, als historische oder besser: historiografische Kunst. Geschichtsschreibung ist ein literarisches Genre, das in der Regel der Gattung der erzählenden Literatur (Epik) zugeordnet wird. Im Gegensatz zu Genres dieser Gattung, die üblicherweise, wie die „Schöne Literatur" (Belletristik), durch die Erzählung fiktiver (erdachter, erfundener) Personen und Handlungen charakterisiert sind, zeichnet sie sich durch ihren Fokus auf Fakten aus. Dabei ist die Unterscheidung zwischen Fakten und Fiktionen lange Zeit nicht wirklich trennscharf vollzogen worden. Große Teile der Historiografie in der Zeit vor ihrer Verwissenschaftlichung vermischen Blicke auf eine „tatsächliche" Geschichte mit mystischem Denken, Anekdoten und literarischen Fiktionen. Selbst in der Zeit danach ist die Trennung von Tatsachen und Erfindungen für die Leserinnen und Leser von Geschichtsschreibung eher ein Indikator und Ansporn, kritisch darauf zu schauen, was als tatsächlich behauptet wird, als ein wirklich scharf gegeneinander abzugrenzendes Oppositionspaar. Denn neben der akademischen Geschichtsschreibung gibt es weiterhin das allgemeine Geschichtsbild prägende Formen wie den Historischen Roman oder belletristische Biografien, in denen Faktisches und Fiktives vermischt ist.

Zu berücksichtigen an dem Umstand, dass Historikerinnen und Historiker sich oftmals als Literaten verstanden haben und noch heute verstehen, ist auch, dass sie ihre Darstellungen mitunter kunstvoll zu gestalten versuchen. Geschichtsschreibung beinhaltet daher immer stilistische Kunstfiguren und rhetorische Strategien, um Behauptetes als Tatsächliches erscheinen zu lassen. Hierzu zählen die Berufung auf Quellen und Zeugen, auf eigene Anschauung und auf Autoritäten ebenso wie der Beleg durch Fußnoten und das Einstreuen von Zitaten. Rhetorische Strategien zählen in der Geschichte der Historiografie zu den Mitteln, mit denen die Authentizität des Dargestellten untermauert werden soll.

Rhetorische Strategien in der Geschichtsschreibung

Hat der weite Blick auf lange Zeiträume und verschiedene Kulturen also Vorteile für die Erkenntnis dessen, was Geschichtsschreibung schon immer gewesen ist, so birgt er auch Nachteile, vor allem für die Geschichte dessen, was war. Wie andere Formen wissenschaftlicher Geschichtsschreibung, hat die Historiografiegeschichte in den letzten rund zweihundert Jahren einen Prozess der Globalisierung und Diversifizierung durchlaufen. Stand am Anfang vor allem der Blick auf west- und mitteleuropäische Traditionen im Vordergrund und wurde dieser von Universalhistorikern entworfen, so hat sich die Perspektive seitdem auf alle mögliche Formen von Geschichtsdenken in allen Kulturen der Welt ausgeweitet. Damit verbunden entstand ein Expertentum. Blickten etwa noch die Historiker der Aufklärungszeit auf die lange Strecke von den Anfängen historischen Bewusstseins bis zur Praxis historischer Arbeit in den ihnen bekannten Kulturen ihrer Gegenwart, so gibt es heute Spezialisten für bestimmte Epochen der Geschichtsschreibung und für Formen von Historiografie in bestimmten Kulturen.

Ausdifferenzierung der Historiografiegeschichte

Diese Ausdifferenzierung war zwangsläufig und vollzog sich zeitgleich mit einem steigenden Wissen über frühere Zeiten und fernere Kulturen. Aber sie führte auch zu einer Aufsplitterung des universalen Ansatzes in zahlreiche (Teil-)Diskurse: So gibt es heute Expertinnen und Experten für die Geschichtsschreibung in Indien und Ostasien, für jene im antiken Griechenland oder Rom, für die Historiografie des lateinischen Mittelalters und so weiter. Voraussetzung für die Arbeit dieser Fachleute ist eine intime Kenntnis der Kulturen, aus denen die Geschichtsschreibung stammt, die sie untersuchen. Diese Kenntnis beginnt meist bei den Sprachen: Wer sich etwa mit der arabischen Geschichtsschreibung beschäftigt, muss zu allererst zumindest die arabische Sprache, nach Möglichkeit auch noch weitere Sprachen des Vorderen Orients und Nordafrikas beherrschen.

Eine Darstellung der Historiografiegeschichte universal und global, wie sie hier angestrebt wird, steht vor einem grundsätzlichen Dilemma: Ihr Autor wird, bei aller Gelehrsamkeit, die man ihm zuschreiben mag, nie in der Lage sein, alle Quellen, ja selbst alle Sekundärliteratur zu seinem Gegenstand zu kennen und vor allem: im Original lesen zu können. Zudem wird er Schwierigkeiten haben, sie in den jeweiligen kulturellen, sozialen und politischen Kontext einzuordnen; ein solches Weltwissen besitzen keine Historikerin und kein Historiker.

Historiografiegeschichte als Montage aus „Halbfertigwaren"

Insofern scheint der Versuch, eine universale und globale Geschichte der Geschichtsschreibung zu schreiben, von vornherein zum Scheitern verurteilt. Denn eine solche Historiografiegeschichte ist immer in großen Stücken „Geschichtsschreibung aus zweiter Hand", ist immer mehr aus der Sekundärliteratur, denn aus den Quellen gearbeitet. Selbst dort, wo sie Quellen verwendet, greift sie meist auf Übersetzungen zurück. In der Sprache industrieller Produktion gesprochen, ist Historiografiegeschichte keine originelle Herstellung eines Produkts, sondern eine – freilich kritisch und reflektiert ausgeführte – Montage aus „Halbfertigwaren": Ihr zugrunde liegen Übersetzungen von Quellen, die Andere geleistet haben, und wissenschaftliche Darstellungen Anderer über die Geschichtsschreibung in unterschiedlichen Epochen, unterschiedlichen Kulturkreisen und zu unterschiedlichen Problemfeldern. Als eine Montage, die von diesem Material ausgeht, ist sie zudem einem Effekt ausgesetzt, der zugleich Teil der Historiografiegeschichte ist: Die Historikerinnen und Historiker, die sich mit Historiografiegeschichte beschäftigt haben, entstammen fast alle der „westlichen Welt" oder sind zumindest in dieser wissenschaftlich sozialisiert worden.

Das Modell, nach dem Historiografiegeschichte mit wissenschaftlichem Anspruch heute weitweit betrieben wird, entstand im Grundsatz in dem von Koselleck als „Sattelzeit" bezeichneten Zeitraum zwischen etwa 1750 und 1850 in der westlichen Welt. Es ist Teil der Herausbildung moderner Wissenschaften mit ihrer Verpflichtung auf (westliche) Rationalität und angebunden an einen politisch-sozialen Rahmen, in dem wissenschaftliche Ergebnisse offen und frei diskutiert werden dürfen. Freie Geschichtswissenschaft und also auch freie Historiografiegeschichte ist nur in rechtsstaatlich verfassten Systemen denkbar. Sie untermauert demokratisches Denken und findet darin den Ort ihrer Entfaltung.

Auch dies bildet einen roten Faden, der uns durch die Historiografiegeschichte führt: Historiografie mit modernem wissenschaftlichen Anspruch muss abgegrenzt werden von Formen des Geschichtsdenkens außerhalb freiheitlich verfasster Wissenschaftsstrukturen. Die Arbeit an der Geschichte kann theologisch, philosophisch oder ideologisch determiniert sein. In diesen Fällen wird Theologie, Philosophie oder Ideologie betrieben, nicht aber Geschichtswissenschaft. Aus diesem Grund muss zwischen diesen Formen von Geschichtsdenken einerseits und moderner wissenschaftlicher Geschichtsschreibung andererseits unterschieden werden. Diese Unterscheidung ist keine rein zeitliche. Man kann zwar eine Geschichtsschreibung vor der Etablierung des modernen Wissenschaftssystems in der westlichen Welt in der Sattelzeit von einer Historiografie nach dieser trennen; aber es gibt auch seit der Verwissenschaftlichung von Geschichte Formen von Geschichtsarbeit, die nach unserer Definition im strengen Sinne nicht als Geschichtsschreibung zu bezeichnen sind.

Roter Faden: Andere Formen des Geschichtsdenkens

Dazu gehören etwa historische Darstellungen, die geschlossenen apriorischen philosophischen Systemen folgen, wie der Hegelschen oder der marxistischen Philosophie; dazu gehören auch Formen ideologisch verzeichneter Geschichtsdarstellungen, wie sie in den totalitären Regimes der Welt angefertigt wurden und werden. Ihnen allen – das ist ihr gemeinsames Merkmal – fehlt ein offener Diskursraum, in dem das, was als Geschichte gelten kann und soll, ausgehandelt wird. Doch diese Einschränkung des Diskussionsraums beruht nur zum einen auf den jeweils vertretenen theologischen, philosophischen und ideologischen Inhalten. Sie schränken den Diskurs insofern ein, als sie ein Sprechen über bestimmte Gegenstände auf bestimmte *Ideologeme* festlegen, andere Formen des Sprechens und auch nicht-ideologiekonforme Inhalte dagegen ausklammern. Zum anderen und vor allem beschränken sie den Diskussionsraum auch durch vorgegebene *Logiken*. Dies wird sich etwa bei der Darstellung der Hegelschen und marxistischen Geschichtsphilosophie zeigen, trifft aber ebenso auf die Geschichtsentwürfe des lateinischen Mittelalters zu: Alle diese Ansätze folgen einer Geschichtslogik, das heißt sie formulieren apriori Geschichtsablaufmodelle, in die historische Gegebenheiten im Sinne von Beweisen für diese Modelle oder als Beispiel für deren Gültigkeit eingearbeitet werden. Besonders diese Geschichtslogik wurde von der modernen Geschichtswissenschaft als unwissenschaftlich kritisiert und verworfen.

Philosophie, Theologie, Ideologie

Dementsprechend beschränkten sich die philosophischen und theoretischen Ansätze von Geschichtswissenschaftlerinnen und Geschichtswissenschaftlern seit dem 20. Jahrhundert in den meisten Fällen auf eine formale Geschichtsphilosophie oder Geschichtstheorie, also die Frage danach, auf welche Weise Geschichte erkannt werden kann. Die Zeit der großen Systementwürfe, für die Geschichtsschreibung eine beweisende oder exemplifizierende Funktion gespielt hat, ist vorbei.

Westliches Wissenschaftsmodell

Das für moderne Geschichtsschreibung grundlegende Wissenschaftsmodell setzte sich in der Sattelzeit allein in der westlichen Welt durch. Über bestimmte Formen der Globalisierung, von denen der Kolonialismus und Imperialismus als wichtige Ausprägungen zu nennen sind, hat es sich seit der Mitte des 19. Jahrhunderts und besonders im 20. Jahrhundert über die gesamte Welt verbreitet. Der globale Wissenschaftsdiskurs ist ein Diskurs nach westlichen wissenschaftlichen Maßstäben. Führende Wissenschaftler in nichtwestlichen Kulturen wurden in ihren Heimatländern oder an Universitäten der westlichen Welt wissenschaftlich geschult. So erhielt etwa Q. EDWARD WANG (* 1958), der Mitverfasser von *A Global History of Modern Historiography* (Weltgeschichte der modernen Geschichtsschreibung, 2008), einen Teil seiner Ausbildung noch in China, geprägt wurde seine Form der Wissenschaft allerdings in den USA. Ähnliches trifft für eine weitere Mitverfasserin dieses Werks, SUPRIYA MUKHERJEE, zu, die die Abschnitte über Indien bearbeitete, in Buffalo (USA) ausgebildet wurde und in Manitoba (Kanada) lehrte.

Die „Halbfertigwaren", auf deren Grundlage eine Historiografiegeschichte montiert wird, sind also immer Übersetzungen – Übersetzungen von Quellen in die führenden globalen Wissenschaftssprachen, vornehmlich in das Englische, und Übersetzungen von Geschichtsdenken in die Form einer westlich geprägten Geschichtswissenschaft. Wer Historiografiegeschichte betreibt, schreibt in der Regel nicht über die Geschichte der Geschichtsschreibung, wie unterschiedliche Kulturkreise sie hervorgebracht haben, sondern er schreibt über Ansichten von der Geschichtsschreibung dieser Kulturkreise, wie sie die moderne westliche Geschichtswissenschaft und ihre historisch verfahrenden Nachbarwissenschaften (z. B. Archäologie, Ethnologie, Anthropologie) entwickelt haben. Globalisierung bedeutet hier nicht die Ausdehnung des Blicks auf unterschiedliche Objekte weltweit, sondern die Einholung der weltweiten Objekte in eine westlich geprägte Wissenschaftsauffassung. Die Historiografiehistorikerin und der Historiografiehistoriker kommen also kaum über diese Meta-Ebene hinaus an ihr Objekt heran – ein weiteres Dilemma.

Nun gibt es zwei Wege mit derlei Dilemmata umzugehen: Man kann die Waffen strecken und das Projekt aufgeben oder man stellt sich der Herausforderung immer eingedenk der Tatsache, dass das Dilemma existiert. Letzteres soll hier versucht werden mit der Absicht, dass die Herausarbeitung des historiografiegeschichtlichen Dilemmas zu einem reflektierteren Umgang mit der Geschichte der eigenen Tätigkeit führt, dass sie zeigt, was Geschichtsschreibung immer schon gewesen ist. Diese Erkenntnis ist ein wichtiger Ausgangspunkt, das eigene historiografische Tun im Vergleich mit anderen Praktiken kritisch zu überdenken. Im Spiegel des Anderen werden wir uns unserer selbst bewusst. Dabei spielt es vorderhand keine Rolle, ob wir die Quellen unverstellt im Spiegel erblicken oder ob wir die Bilder sehen, die von diesen Quellen entworfen wurden, so lange wir uns dessen bewusst sind, was wir vor uns haben. Allein schon ein Überblick über die Studien, die etwa zur chinesischen oder byzantinischen Geschichtsschreibung vorliegen, reicht aus, um unser eigenes Verständnis von Geschichte und von Formen ihrer Aufbereitung und Darstellung zu hinterfragen. Genau diesem Ziel ist der vorliegende Band verpflichtet, und genau hierfür bietet sich das Konzept der Reihe *Oldenbourg Grundriss der Geschichte* in besonderem Maße an.

Im ersten, der *Darstellung* verpflichteten Teil sollen die Bilder nachgezeichnet werden, die von Formen der Geschichtsschreibung in unterschiedlichen Kulturkreisen und für unterschiedliche Zeitstufen entworfen wurden. Dabei wird ein besonderes Gewicht auf der Neuzeit und der Herausbildung von Geschichtsschreibung als Teil moderner Geschichtswissenschaft liegen, weil diese die Gründung der Tradition darstellen, in der wir heute weltweit wissenschaftlich stehen.

Im zweiten Teil geht es um *Grundprobleme und Tendenzen der Forschung*. Er bietet zunächst eine Systematisierung der Formen von Geschichtsschreibung, wie sie sich im ersten Teil gezeigt hatten. Darüber hinaus stehen in ihm genau jene Probleme im Vordergrund, die oben als Gründe für das „Dilemma" universaler Historiografiegeschichte ausgemacht wurden. Schließlich werden Fragen aufgeworfen, die entstehen, wenn man moderne Geschichtsschreibung im politisch-sozialen Rahmen globalisierter Gesellschaften kontextuiert. Welche Funktionen etwa kommen der Geschichtsschreibung in diesen Gesellschaften zu? Über welche Wege weist sich Geschichtsschreibung als spezifisch wissenschaftlich aus? Wie wird Authentizität erzeugt, die Geschichtsschreibung gegen Formen fiktionaler Weltentwürfe und gegen *Fake News* abgrenzt?

Ein dritter Teil bietet ausführliche Angaben zu *Quellen und Literatur*. Neben einer Übersicht mit Hinweisen auf andere Historiografiegeschichten sind dort einschlägige Quellen und Quelleneditionen verzeichnet. Außerdem wird – den Kapiteln der ersten beiden Teile entsprechend – Sekundärliteratur genannt, die zur Vertiefung der behandelten Themenkomplexe geeignet ist. Die Bibliografie ist keineswegs vollständig und endgültig, sondern eine Auswahl. Auswahlkriterien waren hierbei, dass die genannten Titel Grundlegendes für das jeweilige Thema bieten und nach Möglichkeit den Stand der jüngsten Forschung präsentieren.

Abschließend sei noch ein Hinweis für die Leserinnen und Leser dieses Buchs gegeben: Die im Text genannten Personen und Werke sind – sofern möglich – mit ihren Lebensdaten genannt, um ihre Einordnung in die Chronologie zu gewährleisten; Titel werden in der Regel im fremdsprachlichen Original mit deutscher Übersetzung angegeben – nicht mit der Nennung von Titeln deutschsprachiger Ausgaben.

2 Anfänge der Geschichtsschreibung

Geschichts-Schreibung setzt zwei Dinge voraus: eine wie auch immer geartete Form von Geschichtsbegriff und Schrift. Die Anfänge der Geschichtsschreibung sind also nicht mit den Anfängen von Geschichtsdenken gleichzusetzen. Menschen denken wohl schon seit Jahrtausenden über das Gewesene, die Zeit vor ihnen nach, und legen sich selbst und anderen Rechenschaft darüber ab. Dabei war das Zeitdenken in den frühen, vorschriftlichen Zeiten stark von natürlichen Vorgängen geprägt: dem Wechsel der Jahres- und Tageszeiten, den Mondphasen und astronomischen Phänomenen, vegetativen Perioden (Dürre-, Überschwemmungs-, Erntezeiten etc.) wie auch der Vorstellung von Kindheit, Jugend, Adoleszenz und Alter.

Zeitdenken in den Anfängen von Geschichtsschreibung

Die ersten Quellen, die sich als historiografisch bezeichnen lassen, datieren aus der Zeit um 2500 v. Chr. und stammen aus dem Vorderen Orient, Ägypten und Asien. Es handelt sich dabei vorwiegend um Tontafeln, Steinplatten, Stelen und Reliefs, in die Schriftzeichen graviert wurden. Ein bekanntes Beispiel dieser Form von Historiografie ist ein beidseitig beschrifteter Annalenstein aus Diorit, von dem mehrere Fragmente (u. a. der „Palermostein" und der „Kairostein") erhalten sind. Er wurde während der 5. Dynastie (2504–2347 v. Chr.) im altägyptischen Reich erstellt und listet die Namen der Pharaonen der vorausliegenden rund 1500 Jahre sowie Geschehnisse einzelner Jahre (u. a. Naturereignisse, Feste, militärische Aktionen, Tempelgründungen) auf. Ähnliche Aufzeichnungen sind aus anderen vorderasiatischen Kulturen bekannt, etwa die vor 722 v. Chr. entstandene Assyrische Königsliste und die Sumerische Königsliste, die spätestens 2000 v. Chr. angelegt wurde. Neben diesen Listen oder mit ihnen gemischt finden sich zwei Formen erster narrativer Geschichtsschreibung: Chronologien und Annalen. Hethitische und assyrische Annalen berichten mit autobiografischem Blick von Ereignissen aus einzelnen Herrschaftsjahren; babylonische Chronologien stellen in der dritten Person Ereignisabfolgen dar. Erhaltene Fragmente lassen auch epische Darstellungsformen erkennen. So schildert das auf Tontafeln überlieferte Tukultī-Ninurta-Epos aus neuassyrischer Zeit den Sieg des assyrischen Königs Tukultī-Ninurta über das mesopotamische Volk der Kassiten in der ersten Hälfte des 13. Jahrhunderts v. Chr.

Erste Quellen

Frühe Chronologien und Annalen

Zu den frühesten Quellen der Geschichtsschreibung kann man auch die fünf Bücher Mose des Alten Testaments zählen, die in der Zeit nach 1450 v. Chr. verfasst wurden. Besonders aufschlussreich für deren Verständnis als historische Quelle ist eine Stelle im Buch Exodus, in dem Moses die Aufzeichnungen des Auszugs aus Ägypten und des Siegs über Amalek als Aufgabe übertragen werden: „Danach sprach der Herr zu Mose: Halte das [den Sieg über Amalek, SJ] zur Erinnerung in einer Urkunde fest, und präg es Josua ein!" (2. Mose 17,14). Anders als bei den Zehn Geboten handelt es sich hier also nicht in erster Linie um eine Festschreibung von Gesetzen oder moralischen Leitsätzen, sondern um die Dokumentation eines Geschehens, dessen Gedenken folgenden Generationen als Identifikationsmittel dienen sollte. Wie in diesem Origomythos (*origo* = lateinisch „Ursprung, Herkunft"), mit dem die Einheit eines Volks beziehungsweise eines Staats begründet wurde, diente die Geschichte später im Abendland dazu, im Rückgriff auf die Vergangenheit die „Erinnerung" an ein Geschehen in der Gegenwart präsent zu halten. Damit war neben der reinen Dokumentationsleistung, die eine Orientierung in der Zeit gewährleistete, eine weitere wichtige Funktion von Geschichtsschreibung erkannt.

3 Geschichtsschreibung in der Antike

Herodot, der „Vater der Geschichtsschreibung"

Der römische Politiker, Rhetor und Philosoph MARCUS TULLIUS CICERO (106–43 v. Chr.) nannte ihn *pater historiae* [1.1.:CICERO 2004, I,5, 10 f.], und als solcher, als „Vater der Geschichtsschreibung", wird HERODOT (490/80–430/20 v. Chr.) bis heute in vielen Historiografiegeschichten bezeichnet. Verbunden mit seinem Namen wird die Transformation eines älteren Typus des Geschichtsschreibers, des Logografen, der chronologisch vor allem über Stadtgründungen und Herrscher berichtet hatte, zum Historiografen. HERODOTS später in neun Bücher unterteilte *Historien*, die den Zeitraum zwischen etwa 700 und 479 v. Chr. behandeln, waren hierfür in der Tat in mehrfacher Hinsicht wegweisend. Für die Geschichte der Perserkriege, die in ihrem Zentrum stehen und den Fluchtpunkt der Erzählung bilden, stellen sie die maßgebliche Quelle dar. HERODOT versuchte, die historischen Kräfte, die leitenden Faktoren der Entwicklung aufzuzeigen, die den Gang der Geschichte bis in seine Zeit bestimmten, um seine Zeitgenossen zu einer historisch fundierten Standortbildung anzuleiten. Zudem markieren die Bücher den Übergang von einer mündlichen Tradition zur Schriftkultur im antiken Griechenland und galten lange als stilistisch vorbildlich. Für die Geschichtsschreibung der folgenden Jahrhunderte bis in die Neuzeit wirkten die *Historien* genrebildend.

Dies trifft auch auf den Namen zu: Das griechische Wort ίστορίαι wird bis heute in vielen Sprachen zur Bezeichnung einer Darstellungsform wie eines besonderen Darstellungsinhalts verwendet: Historie als *res gestae* hat es mit geschehenen Taten zu tun, mit Gegenständen also, die von Geschichtsforschung und Geschichtsschreibung untersucht und dargestellt werden; im Sinne einer *historia rerum gestarum* meint „Historie" eine schriftliche Form der Erzählung, also Geschichtsschreibung, die von diesen Gegenständen berichtet.

Entstehung des Geschichtsbegriffs

res gestae

historia rerum gestarum

HERODOTS Geschichtsschreibung – von ihm selbst als ίστοριής απόδειξις (Darlegung der Geschichte) bezeichnet – kann heutigen wissenschaftlichen Maßstäben nicht standhalten, setzte aber Maßstäbe in ihrer Zeit. Viele der dargestellten „Fakten" sind nachweislich falsch; vieles dürfte HERODOT aus mündlichen Erzählungen erfahren haben. Eigenen Angaben nach unternahm er zahlreiche Reisen in Länder Vorderasiens und Nordafrikas. Die *Historien* überschreiten mitunter die Grenze zum Fiktionalen, sind mit „Novellen, Anekdoten und Exkursen" [3: ERBSE 1992] angereichert und waren wohl auch zur Unterhaltung gedacht. Gleichwohl eröffnete sie HERODOT mit einem *Prooimium*, dessen Credo Leitsatz aller weiteren westlichen Geschichtsschreibung wurde:

> Dies ist die Darstellung der Forschung des Herodotos von Halikarnassos. Sie ist verfasst, damit die von Menschen vollbrachten Taten nicht mit der Zeit in Vergessenheit geraten und die großen und bewundernswerten Leistungen, die einerseits von den Griechen, andererseits von den Nichtgriechen erbracht wurden, nicht ohne Nachruhm bleiben. [1.1: HERODOT 2002, I, Pr., 11]

Ähnlich wie beim 2. Buch Mose wird also die „Erinnerung" an bestimmte Ereignisse als Aufgabe der Geschichtsschreibung definiert.

Kommt HERODOT besondere Bedeutung für die Begründung der abendländischen Historiografie zu, so gingen wichtige Impulse für die Theorie und Methode der Geschichtswissenschaft von THUKYDIDES (vor 454–399/96 v. Chr.) aus, der als Stratege ein hohes Amt innerhalb der athenischen Demokratie bekleidete. Seine Einsichten, so

Thukydides

REINHART KOSELLECK (1923–2006), „lassen sich nicht mehr überbieten, wohl aber ergänzen." Als Grund hierfür nennt KOSELLECK, dass künftig in der Geschichtswissenschaft „ein Paradigmenwechsel, der neu anfallende Erfahrungen aufzubereiten sucht, auf die wiederholte Anwendung bisher gewonnener Verfahren angewiesen bleibt" [3: KOSELLECK 1988, 37].

Diese bleibenden Verfahren begründete THUKYDIDES in seinem Fragment gebliebenen Werk über den Peloponnesischen Krieg, in dem er erstmals ein Wahrheitsgebot für die Geschichtsschreibung aufstellte und einen quellenkritischen Umgang forderte. Seine Historiografie, die sich hinsichtlich ihrer Stilistik programmatisch von Belletristik unterscheidet, sollte politisch aufklärend wirken:

> Die Taten freilich, die in diesem Krieg vollbracht wurden, glaubte ich nicht nach dem Bericht des ersten Besten aufschreiben zu dürfen, auch nicht nach meinem eigenen Dafürhalten, sondern ich habe Selbsterlebtes und von anderer Seite Berichtetes mit größtmöglicher Genauigkeit in jedem einzelnen Falle erforscht. Schwierig war die Auffindung der Wahrheit, weil die jeweiligen Augenzeugen nicht dasselbe über dasselbe berichteten, sondern je nach Gunst oder Gedächtnis. Zum bloßen Anhören wird vielleicht durch das Fehlen des erzählerischen Elements meine Darstellung weniger erfreulich scheinen. Wer aber klare Erkenntnis des Vergangenen erstrebt und damit auch des Künftigen, das wieder einmal nach der menschlichen Natur so oder ähnlich eintreten wird, der wird mein Werk für nützlich halten, und das soll mir genügen. Als ein *Besitz für immer* [Hervorhebung durch mich, SJ], nicht als Glanzstück für einmaliges Hören ist es aufgeschrieben. [1.1: THUKYDIDES 2000, I,22, 23 f.]

Die Orientierungsleistung von Geschichtsschreibung

Wie im 2. Buch Mose und bei HERODOT ging es THUKYDIDES auch um die Erinnerung, doch mit dem Vorbehalt, dass diese trügerisch oder parteilich sein kann. Quellen müssen also kritisch geprüft werden, die Geschichte muss „wahr" sein, weil sie der Planung der Zukunft dient. Sie ist κτῆμα ἐς ἀεί, ein „Besitz für immer". Damit erweiterte THUKYDIDES die oben angesprochene Orientierungsleistung von Geschichtsschreibung: Der Blick zurück dient über die Gegenwart des Sehenden hinaus der Vorbereitung des Zukünftigen. Dabei wird der Methode mindestens ebenso viel Bedeutung für das Ergebnis zugemessen wie der Persönlichkeit des Historiografen, denn Geschichtsschreibung folge nicht „eigenem Dafürhalten"; Selbsterlebtes müsse mit Berichten abgeglichen werden.

Biografie

Standen die politische und Militärgeschichte gemischt mit Reiseberichten in der Blütezeit der griechischen Stadtstaaten im Zentrum der Historiografie, so formte sich bereits in dieser Ära eine weitere Form von Geschichtsschreibung heraus, die bis heute einen beachtlichen Teil historiografischer Produktion einnimmt: die Biografie. Entscheidend für die Hinwendung zur Biografie war vor allem, dass sich der Blick von der städtischen Gemeinschaft und ihrer Vertreter als Kollektivindividuum später in der Zeit Alexanders des Großen und des so genannten Hellenismus stärker hin auf das Einzelindividuum zu richten begann. Bereits THUKYDIDES hatte einzelne Politiker, etwa Themistokles, im Rahmen seiner Arbeiten porträtiert, diese Porträts aber stets im Kontext seiner geschichtlichen Erzählung belassen.

Das änderte sich mit XENOPHON AUS ATHEN (430–350 v. Chr.). Dieser nun schuf „Charakterbilder" von Persönlichkeiten wie dem spartanischen König Agesilaos II., deren Handeln er schilderte, um seinen Lesern tugendhafte oder verwerfliche Handlungsweisen und Charaktereigenschaften beispielhaft vorzuführen. Ähnliches lässt sich auch für die Biografien des PLUTARCH (um 45–um 125) zeigen, der Viten römischer Kaiser aus dem ersten Jahrhundert vor Christus und vor allem βίοι παράλληλοι (Parallelbiografien) schuf, in denen er jeweils einen Griechen und einen Römer mit ähnlichen Eigenschaften oder (politischen) Leistungen verglich. Bezeichnenderweise standen diese Arbeiten nicht im Zentrum von PLUTARCHS Schaffen: Ein Großteil seiner Schriften, später *Moralia* genannt, behandelten ethische Themen, und genau hierin finden sie mit PLUTARCHS Biografien zusammen.

> Xenophon, Plutarch, Sallust

XENOPHON, PLUTARCH, aber auch etwa SALLUST (86–35/34 v. Chr.), der eine stark personenzentrierte Geschichtsschreibung schuf, und SUETON (um 70–140), der *De viris illustribus* (Über berühmte Männer) berichtete, nutzten die Biografie als historiografisches Genre, um moralische Erziehungsarbeit zu leisten. Vorbildhafte ethische Tugenden sollten am historischen Beispiel, am Handeln des einzelnen Menschen, vorgeführt und als nachahmenswert idealisiert werden. Geschichtsschreibung trat in die Dienste von Erziehung und Normenbildung und verfolgte damit andere Funktionen als die Beförderung sozialer Identitätsbildung wie in der Historiografie zuvor. Dass gerade die Biografie in Form von Heiligenlegenden oder stark formalisierten Herrscherviten während des christlichen Mittelalters hohe Konjunktur hatte, lag nicht nur an den gegenüber der griechischen Polis veränderten Herrschafts- und Sozialstrukturen, sondern auch am Vorbild des Neuen Testaments und des darin geschilderten

Leben Jesu. Die Macht und Tugendhaftigkeit des „besonderen" Einzelnen – des Märtyrers, des Kirchenlehrers, des Heiligen, aber auch des Herrschers und Heeresführers – zu verdeutlichen, zu schildern und die Leistungen der Vorfahren den Gegenwärtigen als Ideale vorzustellen, war praktische Arbeit am Ethos.

Gleichwohl blieben die Ansätze der politischen und Militärgeschichte, wie auch Vorbilder von Arbeiten mit historischem Dokumentationscharakter – etwa reine Chronologien oder tabellarische Zusammenstellungen von Ereignissen – über die nächsten Jahrhunderte als Formen von Historiografie erhalten und mischten sich mitunter mit der Biografie. Sie verfolgten in der Blütezeit Roms nicht selten das Ziel, den römischen Staat in seiner politischen wie militärischen Überlegenheit auszuweisen und sein Vorgehen zu legitimieren. So verfasste etwa der griechisch-römische Historiker POLYBIOS (um 200–um 120 v. Chr.) fragmentarisch überlieferte *Historien*, in denen er die Zeit vom Ersten Punischen Krieg (264–241 v. Chr.) bis zur Zerstörung Korinths (146 v. Chr.) universalgeschichtlich darstellte, also mit Blick auf die gesamte ihm bekannte Welt. Wie die zeitgenössischen Biografen folgte er dabei einem „pragmatischen", also auf Erziehung durch historische Beispiele angelegtem Anspruch: Ziel war es, dass der Leser aus der Geschichte lernen solle.

Auch die römische Geschichtsschreibung der Folgezeit trug häufig stark politisch legitimatorischen Charakter beziehungsweise verstand sich als Beitrag zu politischer Bildung: GAIUS JULIUS CAESAR (100–44 v. Chr.) feierte seinen eigenen militärischen Erfolg über die Gallier in seinen *Commentarii de bello Gallico* (Berichte über den Gallischen Krieg), dem ältesten, vollständig erhaltenen Geschichtswerk der Antike; TITUS LIVIUS (59 v. Chr.–16/17 n. Chr.) legte 142 Bücher zur römischen Geschichte vor (von denen nur zehn erhalten sind), in denen er die römische Moral, besonders die des Militärs glorifizierte; auch PUBLIUS CORNELIUS TACITUS (um 55–um 125) versuchte mit seinen *Annalen* und *Historien* die Moralbildung zu befördern. Allerdings stellte er weniger tugendhaftes Handeln dar, als moralisches Fehlverhalten, das als solches benannt wurde, um für eine Art „Krisenintervention" zu dienen. Fast alle römischen Geschichtsschreiber entstammten der Oberschicht oder standen ihr nahe. Sie legten auch stilistische Ansprüche an ihr Werk, was sie zu viel rezipierten „Klassikern" lateinischer Literatur werden ließ und ihrer Geschichtsauffassung Vorschub leistete.

Das Aufkommen des Christentums und der Zerfall des römischen Weltreichs stellten die abendländische Historiografie vor neue Herausforderungen. Die nun entstehenden Werke richteten sich – vor allem im Westen des Römischen Reichs – auf einen immer stärker werdenden politischen Akteur: die sich formierende christliche Kirche.

4 Geschichtsschreibung im lateinischen Mittelalter

Soziale Gruppen, die gesellschaftlichem Druck und politischer Repression ausgesetzt sind, neigen dazu, Geschichtsschreibung als Mittel der Identitätsbildung und Herkunftsbezeugung (auch gegen gruppeninterne Gegner) zu nutzen. Dies gilt für die entstehende christliche Kirche am Ausgang der Antike ebenso wie später für die sich am Ende des Mittelalters konsolidierenden protestantischen Konfessionen. Die hagiografische Besinnung auf die Opfer (Märtyrer) und deren Glorifizierung gehörte neben der Dokumentation des Aufstiegs der eigenen Bewegung – all dies Charakteristika der Auseinandersetzung mit der eigenen Geschichte in allen Weltreligionen – von Beginn an zu den Kernanliegen christlicher Historiografie.

Ziele früher Kirchengeschichtsschreibung

Üblicherweise wird der Gelehrte EUSEBIUS (260/64–339/40), seit 313 Bischof von Caesarea (Palästina), als „Vater der Kirchengeschichte" bezeichnet. Er schuf unter anderem die Schrift *De martyribus palaestinae* (Über die Märtyrer Palästinas) über die Opfer der diokletianischen Verfolgungen um das Jahr 300 herum, eine griechische, später in das Lateinische übersetzte *Historia ecclesiastica* (Kirchengeschichte) und ein *Chronicon*, für die er zahlreiche Quellen heranzog. Auch für seine *Vita Constantini* (Leben Konstantins) benutzte er neben Augenzeugenberichten und Selbsterlebtem Aktenmaterial. Bezeichnend dabei war, dass EUSEBIUS auch Quellen aus anderen „heidnischen" Kulturen mitberücksichtigte. Die Synchronisierung von kirchlicher und politischer beziehungsweise heidnischer Geschichte führte dazu, dass auf Dauer die Autorität der Kirche auch für die weltliche Geschichte als maßgeblich gesetzt wurde, so etwa in der Kirchengeschichtsschreibung von EUSEBIUS' Nachfolgern

Eusebius von Caesarea

im 5. Jahrhundert Salamanes Hermeias Sozomenos (+ um 450), Sokrates Scholastikos (um 380–nach 439) und Theodoret von Kyrrhos (393–um 460), wobei sich die Historiografie der römischen Kirche bald von der hier noch später zu betrachtenden byzantinischen Geschichtsschreibung trennte.

Sozomenos, Sokrates Scholastikos, Theodoret

Nicht nur auf der Ebene der „universalen Kirche" wurde Kirchengeschichtsschreibung betrieben, sondern auch in einzelnen Kulturen, dort vor allem in Form von Gründungsgeschichten, die die Entwicklung der Kirche seit der jeweiligen Christianisierung skizzierten. Prominente Beispiele für eine solche Form der Kirchengeschichte sind die *Historia ecclesiastica gentis Anglorum* (Kirchengeschichte des englischen Volkes) des Benediktiners Beda Venerabilis (672/73–735), die sich deutlich am Vorbild des Eusebius orientierte, und die im karolingischen Geiste verfasste *Gesta episcoporum Mettensium* (Gesta der Bischöfe von Metz) des Langobarden Paulus Diaconus (725/30–vor 800), der auch eine Fragment gebliebene, weit verbreitete *Historia Langobardorum* (Geschichte der Langobarden) und eine Biografie des Kirchenvaters Papst Gregors des Großen verfasste.

Kirchengeschichte als Gründungsgeschichte

Im lateinischen Mittelalter und den sich in ihm etablierenden wissensproduzierenden Institutionen, vor allem den Klöstern und Universitäten, nahm die Historiografie einen untergeordneten Platz ein. Sie galt als Subdisziplin der Grammatik oder der Theologie, nach deren Vorgaben sie typologisch in Form einer Geschichtstheologie umgesetzt wurde. So wurden Geschehnisse der Bibel als Spiegel für die Deutung der jeweiligen Gegenwart genutzt, die Historiografie den aus der biblischen Geschichte abgeleiteten Vorstellungen vom Anfang und Ende der Geschichte angepasst und christliche Ethik als pragmatische Vorgabe vorausgesetzt.

Geschichtsschreibung im Zeichen christlicher Lehre

Aus diesem Grund wird die Geschichtsschreibung des lateinischen Mittelalters in der modernen Wissenschaftsgeschichte auch als Heilsgeschichte bezeichnet: Der Blick zurück, den die Bibel bot, wurde über die Gegenwart hinaus in eschatologischer Sicht (Eschatologie = Lehre von den letzten Dingen) auf ein Ende, die Ankunft des Jüngsten Gerichts, hin verlängert und ausgerichtet. Geschichtsschreibung stellte damit in soteriologischem Sinne (Soteriologie = Lehre von der Erlösung der Menschen) das Heil der Menschheit in Aussicht. Deshalb trat auch die zeitliche, entwicklungs- oder prozessförmige Dynamik der Erzählung gegenüber typologischen Charakterisierungen von Personen und Handlungen und beispielhafter

Heilsgeschichte

Darstellung in den Hintergrund, was die mittelalterliche Geschichtsschreibung aus „moderner" Sicht starr und schematisch erscheinen lässt. Ein weiterer Unterschied der mittelalterlichen Geschichtsdarstellungen zu ihren Vorgängern besteht darin, dass erstere häufig nicht von einzelnen Autoren stammten, sondern als Fortsetzungswerke geschrieben wurden, deren Autoren mitunter der Nachwelt unbekannt blieben.

Neben der Biografie, der *Vita*, deren Übergang zu fiktionalen Erzählformen wie der Legende oft fließend war, gehörten *Gesta*, also Tatenbeschreibungen einzelner Personen, Nekrologe (Totenverzeichnisse mit Nachrufcharakter) sowie Chroniken und Annalen zu den bevorzugten Genres der Zeit. Bezeichnend ist dabei, dass einige dieser Genres nach modernen Maßstäben nur bedingt als Geschichtsschreibung bezeichnet werden können: So zeichnen sich vor allem die Chroniken und die Annalen durch ihre Aneinanderreihung von Ereignissen aus, für die lediglich die zeitliche Abfolgestruktur eines „Und dann – und dann – und dann ..." beziehungsweise der Jahreszeitraum einen Rahmen setzen. Damit unterscheiden sie sich insofern von Geschichtsschreibung im Sinne der antiken Vorbilder und auch der Moderne, als sie nicht durch Narration, also durch eine geschlossene Erzählung, Sinn bilden, sondern – um einen heutigen Begriff zu verwenden – „faktenpositivistisch" bleiben.

<small>Biografie, Vita, Gesta</small>

Weil demgemäß häufig nicht „die Geschichte" – verstanden als sinnhafte Erzählung von zeitlich strukturierten Ursache-Wirkungs-Zusammenhängen mit Aussageintention – im Zentrum mittelalterlicher Geschichtsschreibung stand, sondern eher Formen des auf die Vergangenheit bezogenen Erinnerns, Gedenkens oder des Gedächtnisses, hat die Forschung den Begriff der *Memoria* auf sie angewendet, der aus dem rituellen Totengedenken stammt. Seit dem Hohen Mittelalter wurden besonders Adelsgeschlechter und städtische Eliten zu Trägern einer solchen Memorialkultur, in denen die Erinnerung an Tote und deren Taten einen hohen Stellenwert einnahm.

<small>Memoria</small>

Aus der Vielzahl von Schriften, die rein chronikalischen oder erinnernden Charakter tragen, stechen einzelne Werke heraus, die sich auch im heutigen Sinn als Geschichtsschreibung bezeichnen lassen. So etwa die vergleichsweise „weltliche" am Vorbild SUETONS orientierte *Vita Karoli Magni* (Leben Karls des Großen), verfasst von dem ostfränkischen Gelehrten EINHARD (um 770–840), die ebenso stilbildend für das Bild Karls des Großen wie für spätere Geschichts-

<small>Mittelalterliche Chroniken</small>

werke wurde. Mindestens ebenso große Bedeutung wie EINHARDS Werk entfaltete die *Chronica sive Historia de duabus civitatibus* (Chronik oder Geschichte der zwei Reiche), des Bischofs OTTO VON FREISING (um 1112–1158), eine auch als *Weltchronik* bezeichnete Darstellung, die die Verschmelzung des weltlichen römischen Reichs mit dem Reich der Kirche schildert und als Voraussetzung für die „Erfüllung der Zeit" im Jüngsten Gericht ausweist.

Durch ihre Perspektivenvielfalt, die auf Zeugenbefragungen und den Eindrücken eigener Reisen beruht, bestechen die vier Bände *Chroniques de France, d'Angleterre, d'Ecosse, de Bretagne, de Gascogne, de Flandre et lieux circonvoisins* (Chroniken Frankreichs, Englands, Schottlands, der Bretagne, der Gascogne, Flanderns und der benachbarten Örtlichkeiten) des aus dem Hennegau stammenden JEAN FROISSART (um 1337–um 1405). Wegweisend für die spanische Geschichtsschreibung wurde die *Crónica de Alfonso III* (Chronik Alfonsos III.), die der König von Asturien, ALFONS III. (DER GROSSE) (848–910) entweder selbst verfasste oder in Auftrag gab, um für sein Reich vor dem Hintergrund einer vorangegangenen Dekadenzepoche Propaganda zu betreiben. Nach ihrem Vorbild entstanden später in Aragon und Katalonien ähnliche Herrschaftschroniken, etwa im 13. Jahrhundert die des BERNARD DESCLOT über König Pedro III. von Aragon oder die *Crónica o descripcio dels fets a hezanyes del inclypt Rey Don Jaume primer ...* (Chronik oder Beschreibung der Ereignisse von der Thronbesteigung König Jaimes I. ...) über Jaime I. (Conqueridor), an die Geschichtsschreiber nach der Vereinigung der iberischen Königreiche anknüpften.

Diesen und weiteren Werken ist gemeinsam, dass sie in Zeiten politischer Krisen – Erbfolgestreitigkeiten, Kreuzzügen, Kriegen – entstanden und auf diese reagierten, allerdings ohne dabei den religiös gesetzten geschichtlichen Deutungsrahmen zu verlassen und die kirchlichen Autoritäten infrage zu stellen. Vielmehr postulierten sie Formen des „Ordo-Denkens", in dem eine von Gott gesetzte Ordnung (lateinisch *ordo*) – des zeitlichen Ablaufs wie des gesellschaftlichen Aufbaus – ideologisch postuliert wurde.

Geschichtsschreibung und die wachsende Macht der Städte

Wie schon die Historiografie am Ende der Antike gerieten diese Formen von Geschichtsschreibung in dem Moment unter Legitimationsdruck, in dem sich ihre sozial-politischen Rahmenbedingungen änderten. Das Erstarken des Bürgerstandes neben der aus Priesterschaft, Adel und Bauernschaft bestehenden etablierten „Ordnung" brachte neue Formen von Geschichtsschreibung hervor. So entstanden seit dem Spätmittelalter in vielen großen Städten des Römischen Reichs Chroniken, die vom steigenden Selbstbewusstsein der Städte als politischer Handlungsträger und des Bürgertums als städtischen Entscheidungsträgers zeugen. Neben diesen sozialen Gruppen formierte sich seit Beginn des 16. Jahrhunderts eine starke innerkirchliche Reformbewegung, die sich ihrer Wurzeln historiografisch zu vergewissern suchte.

5 Geschichtsschreibung in Byzanz

Mit dem Zerbrechen des Römischen Weltreichs spätestens seit dem Ende des 4. Jahrhunderts entwickelten sich die Formen der Geschichtsschreibung im Westen und im Osten auseinander. Zwar enthielt die Historiografie auch im Osten durch das maßstabsetzende Werk des EUSEBIUS' wichtige Impulse. Allerdings wirkte hier die Tradition politischer Geschichtsschreibung, wie sie von den Historikern der griechischen und römischen Antike gepflegt worden war, stärker nach, – auch weil die später als „Byzantiner" bezeichneten Bewohner des Ostens sich selbst als Römer und ihr Reich als Fortführung des Römischen Reichs verstanden und im Laufe der Jahre eine Gräzisierung durchliefen, die das griechische Erbe und die Fähigkeit zum Lesen der griechischen „Klassiker" aufrechterhielten.

Antike Traditionen in der byzantinischen Geschichtsschreibung

Leider sind viele Werke der Frühphase byzantinischer Geschichtsschreibung heute weitgehend verloren. Ihre überlieferten Fragmente lassen die Orientierung an HERODOT und THUKYDIDES erkennen. So auch das Werk des PROKOPIOS VON CAESAREA (um 500–um 560), eines oströmischen Beamten mit vermutlich juristischer Ausbildung, das als letztes großes Geschichtswerk der Spätantike bezeichnet wurde. PROKOPS in klassischem (attischem) Griechisch verfasste, acht Bücher umfassende *Historien* gelten als bedeutendes Zeugnis für das Zeitalter Kaiser Justinians. Stilistisch sind sie als Mischung aus Militärgeschichte und anekdotischen Einsprengseln vor allem an HERODOT orientiert. Wichtig ist, dass sie sowohl Augenzeugenberichte als auch amtliche Schriften berücksichtigen, zu denen PROKOP offensichtlich Zugang hatte, und weitgehend von christlichen Perspektiven frei sind.

Prokop von Caesarea

Die byzantinische Geschichtsschreibung nach PROKOP wandte sich nach einer längeren „dunklen Zeit" und dem langsamen Wiedererstarken der Wissenschaften seit dem 9. Jahrhundert zunächst der Chronik als bevorzugtem Genre zu. In einer Art griechischer „Renaissance" wurden die antiken Geschichtsschreiber als Quellen herangezogen und ihr Stil kopiert. Von LEON DIAKONOS (um 950–um 1000) und seinem Fortsetzer, dem hohen Konstatinopeler Hofbeamten MICHAEL PSELLOS (1018–um 1080) stammen wichtige Werke zur Zeitgeschichte des 10. Jahrhunderts, einer Blütezeit byzantinischer Kultur, so die *Chronographia* des Letztgenannten. Sie wurden von der Historiografiegeschichte der Frühen Neuzeit als „subjektiv" abgelehnt, da die Autoren sich und ihre Stellungen und Leistungen stark in ihre Geschichtsschreibung einbrachten und der rhetorische Anspruch der Werke als ihren dokumentarischen Wert vermeintlich mindernd beurteilt wurde. Auch die Nähe dieser und folgender Autoren zum Herrscherhaus oder gar deren Verwandtschaft zu diesem wurde als Parteilichkeit ausgelegt, so etwa im Fall der Kaisertochter ANNA KOMNENA (1083–um 1154), einer schreibenden Frau (!), die in der *Alexiade* das Leben ihres Vaters, des byzantinischen Kaisers Alexios I. Komnenos porträtierte, und ihres Mannes NIKEPHOROS BRYENNIOS (um 1081–1136), der in seinen *Hyle Historias* (Stoffe für eine Geschichte) den Aufstieg des Komnenengeschlechts glorifizierte.

Die byzantinische Geschichtsschreibung seit Anfang des 13. Jahrhunderts spiegelte den einsetzenden Niedergang des Oströmischen Reichs und den Verlust von Konstantinopel als dessen Zentrum. Historiker wie NIKETAS CHONIATES (um 1155–1217), GEORGIOS PACHYMERES (1242–1310) und vor allem GEORGIOS SPHRANTZES (1401–1477/79) schilderten die Dekadenzphase des Reichs, die sie durch eine sich verstärkende Idealisierung des antiken Griechentums kulturell zu kompensieren suchten. Die Geschichtsschreibung wurde so zum Hort einer (auch sprachlichen) Hochkultur, die sich zunehmend von der sozialen und politischen Wirklichkeit im Reich entfernte, bis sie nach der *Halosis*, der Eroberung Konstantinopels, unterging und durch die osmanische Kultur verdrängt wurde.

Wurde die byzantinische Geschichtsschreibung im Westen lange Zeit nicht oder aus den genannten Gründen als defizitär betrachtet, so wird ihr heute eine bedeutende kulturgeschichtliche Funktion zugemessen: Während das lateinische Mittelalter und die christliche Kirche im Westen die Traditionen antiker griechischer Geschichtsschreibung weitgehend aufgegeben hatten, bewahrte die oströmische Historiografie vom Ende des Römischen Weltreichs bis zum Untergang von Byzanz über rund 1000 Jahre deren Erbe und hielt die Erinnerung vor allem an HERODOT und THUKYDIDES sowie deren Darstellungsstil hoch, was die „Wiederentdeckung" dieser Vorbilder im Renaissance-Humanismus erleichterte.

6 Geschichtsschreibung in der arabischen Welt und im Islam

Wie die Ursprünge der antiken Geschichtsschreibung dürften auch die ersten Formen arabischer Geschichtsüberlieferung mündlich gewesen sein, denn der Begriff *achbari* – später im Sinne von „Geschichtsschreiber" verwendet – stand ursprünglich für den Übermittler von Nachrichten, für den „Berichterstatter", der seine subjektiven Eindrücke und Erlebnisse in seinen Vortrag einbrachte. Für die Beurteilung historischer Nachrichten bleibt dabei zu berücksichtigen, dass es im Arabischen keinen Terminus gibt, der deckungsgleich mit dem griechisch-römischen *(h)istoria* wäre. Das substantivierte Verb *ta'rīch*, das später zunehmend im Sinne von „Geschichte" Verwendung fand, bezeichnete zunächst eine Form des Zeitdenkens, eine Art von Chronologie, die ein Nacheinander von Ereignissen und Handlungen zusammenfasst. Demgemäß entsprechen viele der frühen arabischen Geschichtswerke, von denen nur einige erhalten sind, in etwa dem, was in der westlichen Tradition als „Chronik" gefasst wird.

Arabischer Geschichtsbegriff

Als weiteres Genre geschichtsähnlicher Überlieferung entstand der *hadith*, in dem über die Taten und die Sprüche des Propheten Mohammed und seines Umfelds (*matn*) mit dem Ziel berichtet wurde, den Nachkommen Zeugnis abzulegen und deren soziale Identitätsbildung zu befördern. Dabei wurde seit dem 7. Jahrhundert möglichst umfangreich auch die Überlieferungskette (*isnād*) dokumentiert, über die diese Taten und Sprüche bis in die Gegenwart hinein erhalten worden sind. Sie diente als Beleg der Glaubwürdigkeit.

Wie dem frühen Christentum ging es dem entstehenden Islam darum, seine Identität und Legitimität historisch zu festigen, wobei hier die Persönlichkeit des Mohammed und seiner Nachfolger sowie die Ausdehnung des Herrschaftsgebiets (*futuh*) und der Kampf um die Kalifate im Mittelpunkt standen. Dabei setzte die Islamisierung der arabischen Welt anders als das Christentum nicht auf die Exklusion von „Heiden", sondern band Ungläubige in die Staatsbil-

Arabische Geschichtsschreibung und Islam

dung ein, deren Sprachen weiter gepflegt wurden. Die islamische Geschichtsschreibung konnte daher stärker als das Christentum auch auf den Schriften und Wissensbeständen jener Kulturen fußen, in deren Hoheitsgebiet sich die *umma*, die islamische Gemeinschaft, zunehmend ausdehnte [6: ROSENTHAL 1968, 24–65].

at-Tabarī, Ibn 'Asākir
Wegweisend für die Entwicklung und Vorlage für Autoren der folgenden Jahrhunderte wurden Werke des persischen Gelehrten und Imams ABŪ DSCHA'FAR MUHAMMAD IBN DSCHARĪR AT-TABARĪ (839–923), der im Zentrum islamischer Wissenschaft und Macht, in Bagdad, wirkte. Von AT-TABARĪ stammen neben religiösen Schriften und Koranexegesen Annalen (*ta'rīch*), in denen er mit universalistischem Blick die Zeit von der Schöpfung der Welt bis zur Gegenwart in chronologischer Folge (seit Beginn der islamischen Zeitrechnung) beschrieb, auch die Kulturen der „Ungläubigen" berücksichtigte und hierfür ältere Geschichtswerke als Quellen heranzog. Zeitgleich entstanden Genealogien, zum Teil mit biografischem Charakter, und Stadtgeschichten sowie die mit ihnen mitunter verbundenen Gelehrtenbiografien als weitere Sujets historiografischer Produktion, so etwa das Werk *Ta'rīch madīnat Dimaschq* (Geschichte von Damaskus) des IBN 'ASĀKIR (1105–1176).

Ibn Chaldūn
Ihren Höhepunkt erreichte die islamische Geschichtsschreibung mit dem nordafrikanischen Adligen und Universalwissenschaftler IBN CHALDŪN (1332–1406). Er schuf das siebenbändige *Kitāb al-'Ibar wa-dīwānu l-mubtada' wa-l-ḫabar fī aiyāmi l-'Arab wa-l-'Aǧam wa-'l-Barbar wa-man 'āṣara-hum min ḏawī s-sulṭāni l-akbar* (Buch der Hinweise, Aufzeichnung der Anfänge und Ereignisse aus den Tagen der Araber, Perser und Berber und denen ihrer Zeitgenossen, die große Macht besaßen) und vor allem die umfangreiche *Muqaddima* (Einleitung), in der er die chronikalisch-annalistische Tradition seiner Vorgänger aufgab und sich einer eher analytischen Deutungsweise der Geschichte zuwandte.

Zentral für IBN CHALDŪN ist das Konzept der *'Asabīya*, eine Art soziologischer Theorie der Stammesgemeinschaft als eines geschlossenen, als Akteur nach außen handelnden Sozialverbands. IBN CHALDŪNS Geschichte beschreibt eine Dekadenzentwicklung, nach der die ursprünglich auf Blutsverwandtschaft basierende *'Asabīya* vor allem in den Städten zunehmend an Bindungskraft verlor und schließlich von einer anderen stärkeren *'Asabīya* verdrängt wurde. Mit dieser sozio-politischen Verfallstheorie legte IBN CHALDŪN eine Form des Geschichtsmodells vor, das in etwa mit dem Kreislaufmodell des POLYBIOS in der antiken Tradition vergleichbar ist. Die Darstellung der Geschichte dient hier auch dem Zweck, die religiöse und soziale Stärke ländlicher Gemeinschaften gegenüber einer sich seiner Wurzeln entfremdenden Stadtgesellschaft zu behaupten.

Überblicksdarstellungen zur arabisch-islamischen Historiografie datieren deren Niedergang üblicherweise mit der Zeit des Untergangs der umayyadischen Kalifate um 1000 beziehungsweise dem „Mongolensturm" im 13. Jahrhundert. Der Untergang der Kalifate im Süden Spaniens, in Ägypten, Persien und Indien sowie in den nachfolgenden Hoheitsgebieten des Osmanenreichs und des indischen Mogulreichs führte zu religiösen, staatlichen, aber auch sprachlichen Verschiebungen. So bediente sich die indo-persische Historiografie des (Neu-)Persischen als der bevorzugten Verkehrssprache im Vorderen Orient, die osmanische Historiografie hingegen des Osmanischen mit arabischen und persischen Einsprengseln (und hier vor dem Hintergrund der byzantinischen Tradition).

Indo-persische und osmanische Geschichtsschreibung

Mit diesen Verschiebungen veränderte sich auch die identifikatorische Leistung der Geschichtsschreibung: Waren die Werke „in der Sprache des Korans" stärker auf eine islamische Identität ausgelegt, so zielten Geschichtswerke nun in stärker säkularem Sinne auf eine historische Identität der Völker in den Gebieten der heutigen Türkei, des Irans und Indiens. Geschichtsschreibung blieb damit weiterhin auf einen durchaus muslimisch geprägten moralisch-pädagogischen Zweck ausgerichtet, in dessen Zentrum jedoch die in der Figur des Herrschers personifizierte politisch-soziale Gemeinschaftsbildung trat und der in späterer Zeit für eine programmatische „Herrschaftsethik" in den Dienst genommen wurde [6: WEINTRITT 2008, 234]. So sind etwa die Vielzahl der idealisierten Herrscherporträts und „Fürstenspiegel" zu erklären, die im Osmanenreich und in Südasien seit dem 14. Jahrhundert entstanden.

Während die Genres der Universalgeschichten und der wertfreieren Chroniken weiter gepflegt wurden, trat die Annalistik gegenüber einer stärker als Abfolge von Biografien strukturierten Geschichtsschreibung in den Hintergrund [6: WEINTRITT 2008]. Der Blick zurück in die Geschichte diente in normierendem Sinne der Orientierung in der Gegenwart – ein Charakteristikum der Geschichtsschreibung dieser Weltregion, das sich bis in die Zeit der europäischen Einflussnahme erhalten hat.

Aufschlussreich für eine Ergründung des historischen Denkens in Vorder- und Südasien sind theoretische Einsprengsel, die in den *as-Sachāwī*

Geschichtswerken zu finden sind und aus heutiger Sicht erstaunlich „modern" klingen. So schrieb der ägyptische Hadith-Gelehrte SCHAMS AD-DĪN MUHAMMAD IBN ʿABD AR-RAHMĀN AS-SACHĀWĪ (1427–1497):

> Die Probleme, mit denen sich die Geschichtswissenschaft auseinandersetzt, sind die allgemeinen Umstände des Menschen und der Zeit, welche in Einzelereignisse innerhalb des generellen Rahmens der zufälligen Umstände, die für den Menschen und für die Zeit gelten, zerfallen. Das Lehrreiche der Geschichte besteht in der Kenntnis der Dinge, wie sie wirklich sind. [...] Diese Kenntnisse [über die Propheten und ihre Gewohnheiten sowie die Gelehrten und ihre Schulen helfen dem Menschen, SJ], seine religiösen Überzeugungen und die Art, sich religiösen Angelegenheiten zu nähern, sowie seine Einstellung zu den praktischen Problemen in dieser Welt zu verbessern. [zitiert nach 6: CONERMANN 2002, 95 f.]

al-Īǧī, al-Kāfiyaǧī

Auch in methodischer Hinsicht lassen die theoretischen Einschübe ein reflektiertes Vorgehen erkennen. Der vermutlich theologisch wie juristisch ausgebildete Geschichtsschreiber ʾAḌUD-AD-DĪN ABD-AR-RAHMĀN BEN-AHMAD AL-ĪǦĪ (1414–1492) urteilte in der zweiten Hälfte des 14. Jahrhunderts:

> Die Geschichtsschreibung stellt eine sehr schwer zu handhabende Disziplin dar, die sich dem Studenten erst nach langer, gewissenhafter Arbeit erschließt. Um sie zu meistern, ist ständige Lektüre erforderlich, wobei nur eine konstante und das Wesentliche erfassende Abwägung auf Grundlage der besten und gewissenhaftesten Überlieferer eine profunde Kenntnis an Informationen gewährleistet und dabei hilft, ihre wahre Bedeutung zu erfassen. [zitiert nach 6: CONERMANN 2002, 89]

Einige Jahrzehnte später fand der in Kleinasien geborene und später in Ägypten wirkende Gelehrte MUHAMMAD IBN SULAYMĀN AL-KĀFIYAǦĪ (um 1386/87–1474) für die Leistung von Geschichtsschreibung folgende Definition: „Die Historiographie ist der Maßstab der und die Meßlatte für alle Ereignisse." [zitiert nach 6: CONERMANN 2002, 93]

7 Geschichtsschreibung in Asien und Indien

7.1 Geschichtsschreibung in China

Die Anfänge chinesischer Geschichtsschreibung liegen weit zurück. Bereits aus der Shang-Dynastie (18.–11. Jahrhundert v. Chr.) sind Inschriften überliefert, auf denen historische Ereignisse und Namen führender Persönlichkeiten genannt werden. So führt etwa ein so genannter Orakelknochen aus der Shang-Hauptstadt Yinxu die Namen von dreißig Königen aus früheren Zeiten auf, deren Existenz als gesichert bewertet wird. Neben den Inhalten ist die Form der Überlieferung bemerkenswert: So dienten Knochen, Steine und Bronzeplatten als Material für sie – Materialien also, denen eine lange Haltbarkeit zugeschrieben wurde, was als Beleg gesehen werden kann, dass die Aufzeichnungen nicht allein bürokratischen Zwecken dienten, sondern (auch) für eine Nachwelt bestimmt waren. Viele dieser Quellen flossen in das *Shūjīng* (Buch der Urkunden) ein, in dem Gesetze und Erlasse gesammelt und kommentiert sind und das auf die frühe östliche Zhou-Zeit (771–256 v. Chr.) datiert wird. Shūjīng

Dem Typus der Annalen entspricht das *Chūnqiū* (Frühlings- und Herbstannalen), einer der fünf dem KONFUZIUS (vermutlich 551–479 v. Chr.) zugesprochenen „Klassiker", der in späteren Zeiten mehrfache Kommentierungen erfuhr. Wie westliche Geschichtsschreibung auch diente das Werk der politischen Standpunktbildung beziehungsweise Standortbehauptung. Die Erfahrung von Wandel und Vergänglichkeit führten dazu, in moralisierender Weise den Zustand des Jetzt gegen den „Schrecken der Geschichte" zu verteidigen und eine „Gleichförmigkeit des Zeitverlaufs" [7.1: VOGELSANG 2007, 293] zu betonen, worin eine „Radikalisierung des historischen Bewußtseins" in der chinesischen Historiografiegeschichte vor Beginn der westlichen Zeitrechnung nach Christus gesehen wird [7.1: VOGELSANG 2007, 294]. Standen die frühen Werke noch ganz im Zeichen des Festhaltens von Traditionen, so verschob sich die Ausrichtung der Geschichtsschreibung zunehmend zu einer exempelhaften und schließlich zu einer kritischen Behandlung der Geschichte, die spätere Jahrhunderte prägt. Chūnqiū

Als erstes narratives Geschichtswerk entstand wohl vor dem Ende des 4. Jahrhunderts v. Chr., also vor Begründung des Kaiserreichs, das *Zuozhuan* (Überlieferung des Zuo zur Zeit der Frühling- und-Herbstperiode), eine annalistische Behandlung der vorangegangenen rund 400 Jahre. Als erstes systematisches Geschichtswerk im Sinne einer kritischen Geschichtsbehandlung gilt das *Shiji* (Aufzeichnungen der Chronisten bzw. der Historiker), das mit dem *Zouzhuan* als traditionsbegründend für die spätere chinesische Geschichtsschreibung bewertet wird. Verfasst wurde es von SIMA QIAN (um 145–um 90 v. Chr.), der wegen dieser Leistung und des annalis- Zuozhuan

Sima Qian: Shiji tischen Stils mit TACITUS verglichen und als Begründer chinesischer Geschichtsschreibung bezeichnet wurde. Das *Shiji* umfasst 130 Kapitel und bietet eine Mischung aus Biografien großer Persönlichkeiten sowie – in der chinesischen Historiografie neuartigen – Abhandlungen über religiöse Riten, kulturelle Praktiken und Rechtsbestände aus der Zeit von den mythologischen Anfängen der chinesischen Geschichte bis zu SIMA QIANS Gegenwart. Das Geschichtswerk wurde zum direkten Vorbild für das *Han Shu*, (Annalen der Han) das von BAN BIAO (3–54) begonnen und von seinem Sohn BAN GU (32–92) und seiner Tochter BAN ZHAO (um 45–117) abgeschlossen wurde. Es stellt die chinesische Geschichte im Zeitraum von 206 v. Chr. bis 24 n. Chr. dar und diente der Legitimation politischer Herrschaft während des bruchhaften Übergangs der Westlichen zur Östlichen Han-Dynastie.

Han Shu

Für die Selbstreflexion der chinesischen Geschichtsschreibung grundlegend und angesichts seines Alters im weltweiten Vergleich äußerst bemerkenswert ist das *Shitong* (Allgemeingültigkeit der Geschichtsschreibung). Das Buch wurde während der Tang-Dynastie zwischen 708 und 710 von LIU ZHIJI (661–721) zusammengestellt. Es besteht aus zwei Teilen, von denen der Hauptteil Anleitungen gibt, wie der Historiker sein Material sammeln und zu Geschichtsschreibung formen solle. Der andere Teil behandelt mit historiografiegeschichtlichem Interesse Formen früherer Geschichtsschreibung und ihre Autoren.

Shitong

Eines der bedeutendsten historiografischen Werke entstand im 11. Jahrhundert westlicher Zeitrechnung: eine Universalgeschichte, die insgesamt 15 Jahrhunderte chinesischer Geschichte umfasst. Ihr Autor war SIMA GUANG (1019–1086), ein Beamter der Song-Dynastie, der 1085/86 zum Kanzler der kaiserlichen Regierung aufstieg. Er vollendete im Jahr 1064 das *Lìniántú* (Karte der Folgejahre), das in fünf Bänden die Geschichte vom Beginn der Zeit der Streitenden Reiche 403 v. Chr. bis zum Beginn der Song-Dynastie im Jahr 959 behandelt. 1066 führte er seine Darstellung im acht Bände umfassenden *Tōngzhì* (Umfassende Aufzeichnungen) fort, in dem er näher auf die politischen Ereignisse in der Zeit der Streitenden Reiche (403–207 v. Chr.) einging. Bekannt wurden die Werke unter ihrem späteren Titel *Zīzhì Tōngjiàn* (Umfassender Zeitspiegel zur Hilfe bei der Regierung), der die Funktion erkennen lässt, den diese Form der politischen Annalistik erfüllen sollte. Die Bezeichnung als „Spiegel", die auch im westlichen Kulturraum während des Mittelalters

Sima Guang

und der Frühen Neuzeit Verwendung fand, betont den moralisch-pädagogischen Anspruch des Geschichtsschreibers: Häufig im Auftrag eines Monarchen entstanden, dienten die Spiegel wie auch das in 294 Bücher unterteilte *Zīzhì Tōngjiàn* als geschichtsbewusste, konservative Tugendlehre, die vor dem Hintergrund historischer Erfahrungen zu gutem Herrschen anleiten sollten.

Geschichtsschreibung als Tugendlehre

Das Werk des Sima Guang profitierte von Privilegien, die der Kaiser dem Autor gewährte, und zeichnet sich durch eine besondere Quellennähe aus, wie sie zu seiner Zeit im abendländischen Kulturraum nicht erreicht wurde. Nicht nur förderte der Kaiser seinen Historiografen durch finanzielle Unterstützung; auch gewährte er ihm Zugang zu seiner Bibliothek, wo Sima Guang mit einer aus versierten Historikern bestehenden Forschergruppe arbeiten konnte.

Chinesische Geschichtsforschung

Etwa zeitgleich zu Sima Guangs Geschichtsschreibung schuf der Historiker, Dichter und Politiker Ouyang Xiu (1007–1072) – ebenfalls im Team mit anderen Forschern der Song-Dynastie und in offiziellem Auftrag – im Jahr 1060 das zehnbändige *Xīn táng shū* (Neue Tang-Annalen), das die Geschichte der Tang-Dynastie von 618 bis 907 behandelt. Ouyang Xiu, der sich auch mit den alten auf Stein und Bronze erhaltenen Quellen beschäftigte, war zudem Autor des *Xīn wǔdài shǐ* (Historische Aufzeichnungen der Fünf Dynastien) über die chinesische Geschichte im anschließenden Zeitraum von 907 bis 960. In dem Werk fügte er in 74 Kapiteln eine Mischung aus Annalen, Biografien, Genealogien sowie Abhandlungen zu chinesischen Traditionen und Einzelereignissen zusammen. Es entstand als eines der wenigen Werke dieser Zeit nicht in offiziellem Auftrag und wurde erst ein Jahr nach Ouyang Xius Tod veröffentlicht. Kritisiert wurde es für seinen moralisierenden Stil und die Wertungen, die die Darstellung durchziehen.

Ouyang Xiu

Die Tradition der offiziellen Hofhistoriografie wurde vor allem unter den Herrschern der Ming-Dynastie (1368–1644) gefördert und fortgesetzt. Das *Ming Shilu* (Wahre Begebenheiten der Ming) wurde nach dem Tod des jeweiligen Kaisers in annalistischer Weise ergänzt und wuchs dabei auf fast 40.000 Seiten an. Es gilt bis heute als grundlegende Quelle für die chinesische Geschichte seiner Zeit und als Überlieferung vieler nicht mehr erhaltener Primärquellen. Allerdings reicht es in seiner Quellennähe und vor allem Forschungsmethodik an die Arbeiten Sima Guangs nicht heran.

Offizielle Hofhistoriografie

Entstehung „moderner" chinesischer Geschichtsschreibung

Formen „moderner" Historiografie entstanden unter der Mandschu-Herrschaft der Qing-Dynastie, die von der Mitte des 17. Jahrhunderts bis zur Xinhai-Revolution 1911 das Reich regierte. Angeregt von Vorbildern aus dem Westen und aus Japan, vermischten sie zunächst Traditionelles mit neuen historischen Perspektiven, entwickelten aber auch aus den neuen Anregungen Kritik an der Tradition. Dies trifft etwa auf LIANG QICHAO (1873–1929) zu, der für politische Reformen eintrat und einen Teil seines Lebens im japanischen Exil verbrachte. Erkennbar ist dabei vor allem der nationale Impetus, den der Journalist, Wissenschaftshistoriker und Verfechter einer konstitutionellen Monarchie nach dem Vorbild des Westens übernahm. LIANG QICHAO opponierte gegen die Hofhistoriografie und sah die – als Wissenschaft betriebene – Arbeit an der Geschichte als Aufgabe der Intellektuellen. Grundlage hierfür sei die Schaffung eines modernen Nationalbewusstseins. Eine sehr einflussreiche kritische Revision der (nationalen) chinesischen Historiografietradition und eine Reflektion der identifikatorischen Leistung von Geschichtsdenken legte der später hierfür als „reaktionär" gebrandmarkte Historiker GU JIEGANG (1893–1980) vor. Sein sieben Bände umfassendes Werk *Ku shih pien* (1926–1941, Kritische Auseinandersetzung mit der alten Geschichte) enthält auch einen autobiografischen Abriss, in dem GU die Rolle des Historikers für die Wissensproduktion am eigenen Beispiel thematisierte.

„Westernisierung" chinesischer Geschichtsschreibung

Tsiang Tingfu

Der Trend einer „Westernisierung" chinesischer Historiografie verstärkte sich in der ersten Hälfte des 20. Jahrhunderts in einer nachrückenden jüngeren Historikergeneration, die zum Teil im Ausland ausgebildet worden war. So besuchte der spätere Historiker und Diplomat TSIANG TINGFU (1895–1965) das Oberlin College und die Columbia University in den USA und konvertierte zum Christentum. Im Jahr 1923 kehrte er nach China zurück, lehrte hier Geschichtswissenschaft nach westlichem Vorbild und veröffentlichte, teilweise in englischer Sprache, unter anderem vergleichende Arbeiten zur chinesischen und zur britischen beziehungsweise europäischen Geschichte. Aus der Gruppe der auch als die „Vier großen Historiker" Chinas bezeichneten Gelehrten die um die Jahrhundertmitte die chinesische Geschichtswissenschaft bestimmte, ragte neben LÜ SIMIAN (1884–1957), und CHEN YUAN (1880–1971) besonders CHEN YINKE (1890–1969) heraus, der zahlreiche europäische Sprachen sprach, in Berlin, Zürich, Paris und an der Harvard University studiert hatte und die hier erlernte Methodik auf die Erforschung der

Lü Simian, Chen Yuan, Chen Yinke

älteren chinesischen Geschichte anwandte. Sie wurde zum Vorbild einer nachfolgenden Generation, die auch von der marxistischen Geschichtsphilosophie inspiriert war. Die kommunistische Sicht auf die Geschichte, die eine Beschäftigung etwa mit der Geschichte der chinesischen Landbevölkerung beförderte, wurde nach der Ausrufung der Volksrepublik China im Jahr 1949 zur politisch vorgegebenen, leitenden Auffassung, die inzwischen allerdings wieder eine Öffnung gegenüber der westlichen Wissenschaft erfahren hat. So wurde etwa im Jahr 2002 unter der Leitung der Historiker Jörn Rüsen (*1938) und Zhang Wenjie die Reihe *Li Shi De Guan Nian Yi Cong* (Ideen der Geschichte) gegründet, in der seither zentrale Werke westlicher Geschichtstheorie in chinesischer Übersetzung ediert werden, um den Theoriediskurs in der Volksrepublik durch internationale Impulse zu bereichern.

7.2 Geschichtsschreibung in Japan

Die Anfänge japanischer Geschichtsschreibung fallen in eine Zeit, in der die Kultur des Landes stark unter chinesischen (konfuzianischen), in geringerem Maße auch koreanischen Einflüssen stand. So wurde das früheste Dokument, das *Kojiki* (Aufzeichnung alter Geschehnisse), im Jahr 712 unter der Herrschaft von Kaiserin Gemmei weitgehend in chinesischer Sprache verfasst; das *–ki* im Bestandteil des Titels deutet den biografischen Bezug an. Niedergeschrieben wurde es von dem Hofschreiber Ō no Yasumaro (+ 723), doch dürfte sein geistiger Urheber der oder die (das Geschlecht ist nicht geklärt) Hieda no Are gewesen sein, der/die zum Hofstaat Kaiser Temmus gehörte. Inhalt des *Kojiki* ist die Beschreibung der japanischen Mythologie und frühesten Geschichte vom Zeitalter der Götter bis zur Zeit Kaiserin Suikos (554–628). Thematisch dem *Kojiki* verwandt und vollständig in chinesischer Sprache verfasst ist das annalistische *Nihonshoki* (720, Chronik Japans in einzelnen Schriften), dessen Autor laut Vorwort Prinz Toneri-shinnō (676–735), der Sohn Temmus, war, das aber vermutlich als Kompilation mehrerer Urheber entstand, wie stilistische Inkonsistenzen nahelegen.

Wie das *Kojiki* ist das *Nihonshoki* als Versuch gedeutet worden, der japanischen Kultur – ohne dies explizit zu machen – nach chinesischem Vorbild eine staatsstabilisierende historiografische Grundlage in Zeiten einer grundlegenden Gesetzesreform zu schaf-

Hofgeschichtsschreibung in chinesischer Sprache

Reichsannalen (Rikkokushi)

fen; es enthält neben einer Schöpfungsgeschichte Genealogien beziehungsweise Biografien der älteren Kaiser und wird auch als erste der sechs japanischen Reichsannalen (*Rikkokushi*) bezeichnet, wobei der Wortbestand –*shi* ihre Form als monografische Abhandlung erkennen lässt. Einen Unterschied stellt die Berufung auf Quellen dar. Während es beim *Kojiki* unklar ist, ob es auf älteren Quellen beruht, basiert das *Nihonshoki* angeblich auf den älteren Darstellungen des *Tennōki* und *Kokuki*, die nicht überliefert sind. Auch flossen hier Auszüge aus chinesischen und koreanischen Werken ein. Obwohl es im politischen Sinne apologetische Züge trägt, hebt es sich durch eine vergleichsweise sachliche Darstellung von seinem Vorgänger ab.

Die weiteren fünf Reichsannalen entstanden ebenfalls nach dem Vorbild der chinesischen Dynastiegeschichten und auf kaiserliche Veranlassung in den beiden folgenden Jahrhunderten: das *Shoku Nihongi* (Fortsetzung des Nihonshoki) über die Zeit zwischen 697 und 791 im Jahr 797, das von Kaiser Saga (786–842) veranlasste *Nihon kōki* (Spätere Annalen Japans) für die Zeit von 792 bis 833 im Jahr 840, das *Shoku Nihon kōki* (Fortsetzung der älteren Annalen Japans) 869, das von dem ersten Regenten der Fujiwara-Familie, Fujiwara no Yoshifusa (804–872), mitherausgegebene *Nihon Montoku Tennō jitsuroku* (Glaubhafte Aufzeichnungen zum Tennō Montoku von Japan) über die Zeitspanne von 833 bis 850 im Jahr 871 und das auf Anordnung Kaiser Udas (867–931) geschriebene *Nihon sandai jitsuroku* (Glaubhafte Aufzeichnungen über die drei Herrschaften Japans) über die Geschichte zwischen 858 und 887 im Jahr 901. Kennzeichnend für die Reichsannalistik wie für die frühen japanischen Annalen überhaupt war die Darstellung der Reichsgeschichte in Form von Herrschaftsgeschichte, in deren Zentrum die Schilderung und Würdigung einzelner Herrscher stand.

Neue Formen der Geschichtsschreibung

Monogatari

Die Zeit nach den Reichsannalen brachte einen Wechsel der Form mit, in der Geschichte geschrieben wurde. An die Stelle der offiziellen Geschichtsschreibung, die in kaiserlichem Auftrag an den Höfen produziert wurde, traten in der mittleren Heian-Zeit vorwiegend fiktional gestaltete epische Formen wie das *Monogatari* (Bericht), das nicht mehr in klassischem Chinesisch verfasst, zum Teil als Gespräch ausgestaltet wurde und häufig von kriegerischen Auseinandersetzungen handelte. Erst am Ende des (europäischen) Mittelalters im 15. Jahrhundert entstanden wieder Formen politischer Geschichtsschreibung, die sich am Vorbild der Reichsannalen orientierten und sich mitunter explizit auf diese bezogen.

Nach dem Ende einer Zeit immer wieder aufflammender Bürgerkriegszustände blühten in der Edo-Zeit (1603–1868) unter dem Shogunat der Tokugawa wieder Formen offizieller Historiografie auf, die den politischen Status quo im historischen Rückgriff zu legitimieren und zu verwurzeln suchten. So schuf der konfuzianisch geprägte Gelehrte und Ökonom Arai Hakuseki (1657–1725), ein Vertrauter des Shōguns Tokugawa Ienobu das *Koshitsū* (Abriss der Alten Geschichte) über die japanische Frühzeit und das *Tokushi Yoron* (Ansichten der Geschichte) über die Zeit vom 9. bis 16. Jahrhundert. Ebenfalls konfuzianisch imprägniert sind die Werke Rai San'yōs (1780–1832), dessen *Nihon Gaishi* (Inoffizielle Geschichte Japans) eine kritische Reflexion der zurückliegenden Shogunate liefert, und dessen *Nihon Seiki* (Politische Geschichte Japans), eine Geschichte des Kaisertums in Japan, auf einer Metaebene historiografische Traditionen reflektiert.

Neue Hofgeschichtsschreibung

In der Tokugawa-Zeit begann sich die Geschichtsschreibung auch wissenschaftlich zu institutionalisieren. Im Jahr 1793 wurde das *Wagakukōdansho* (Institut für japanische Klassiker) etabliert, eine Forschungs- und Bildungseinrichtung in Edo, die sich der japanischen Geschichte und Kultur widmete sowie ältere Quellen sammelte. Ergänzend dazu folgte 1869 auf Anordnung von Kaiser Meiji die Eröffnung der kaiserlichen Forschungsstelle *Shiryohenshukokushikoseikyoku* (Institut zur Sammlung von Dokumenten zur Nationalgeschichte). Es entstand nach dem Vorbild deutscher Geschichtswissenschaft, sollte die historiografische Lücke füllen, die aus Sicht des restituierten Kaiserstaats nach dem Ende der Reichsannalen entstanden war und bildet bis heute eine Zentralinstitution japanischer Geschichtswissenschaft, die an der Universität Tokio angesiedelt ist und seit 1929 unter dem Namen *Shiryō hensan-jo* (Historisches Institut) firmiert. In seinem Zusammenhang wurde 1906 das 397 Bände umfassende *Dai Nihon shi* (Große Geschichte Japans) fertiggestellt, dessen Anfänge in die Mitte des 17. Jahrhunderts zurückreichen, das in Chinesisch verfasst ist und als nationales Grundlagenwerk dienen sollte. Zudem publiziert das Institut seit 1901 das *Dai Nihon Shiryo*, eine Sammlung historischer Quellen vom 9. bis zum 17. Jahrhundert in ebenfalls weit mehr als 300 Bänden.

Verwissenschaftlichung und Verfachlichung japanischer Geschichtsschreibung

Historiografische Großprojekte

Gründung von Vereinen und Zeitschriften

Wie in den westlichen Staaten wurde der Institutionalisierungsprozess durch die Gründung wissenschaftlicher Vereinigungen und Zeitschriften flankiert. SHIGENO YASUTSUGU (1827–1910), der eine Professur an der Vorgängerinstitution der 1877 eingerichteten Universität Tokio inne hatte und sich im Alter auf Reisen nach Europa mit den dortigen wissenschaftlichen Entwicklungen vertraut machte, gründete in Japan die *Shigakkai* (Gesellschaft für Geschichte), deren Zeitschrift *Shigakkai Zasshi* er herausgab. Er kritisierte die angebliche Unwissenschaftlichkeit seiner Vorgänger – ganz explizit das *Dai Nihon Shiryo* –, plädierte für eine Verwissenschaftlichung der Geschichtsschreibung, entwarf in seinen Geschichtswerken ein Bild Japans, das durch den modernen westlichen Nationsbegriff geprägt war, und trat für die Schaffung eines Groß-Japans ein.

Wie in anderen nicht-westlichen Staaten setzte sich im 20. Jahrhundert auch in Japan das westliche Modell von Geschichtswissenschaft als Leitwissenschaft durch. Eine Folge davon war, dass sich Ende des 19. Jahrhunderts der Gebrauch des ursprünglich aus dem Chinesischen stammenden Begriffs *rekishi* für „Geschichte" durchsetzte und zwar analog zum Verständnis von *historia* als Bezeichnung sowohl für die *res gestae* als auch für die *historia rerum gestarum* [7.2: SATO 1998, 446]. Mit der Westernisierung verbunden waren nicht nur Ansätze, die sich in westlicher Terminologie als „historistisch" bezeichnen lassen, sondern auch eine Ausprägung sozialistischer Historiografie, die seit den 1930er Jahren betrieben wurden. Mehrfach im Mittelpunkt von Debatten stand dabei die nicht zu klärende Frage, inwiefern westliche Modernisierungsmodelle auf die japanische Geschichte übertragen werden könnten.

7.3 Geschichtsschreibung in Korea

Gwanggaeto-Stele

Ähnlich wie in China und Japan reichen die ältesten historiografischen Zeugnisse auf der koreanischen Halbinsel weit in die Jahrhunderte vor Beginn der westlichen Zeitrechnung zurück. Auch hier finden sich Inschriften auf Knochen sowie eingeritzte Zeichen in Steinen oder auf Bronzeträgern. Ein bedeutendes dingliches Artefakt stellt die Stele des Königs Gwanggaeto dar, des Herrschers von Goguryeo, dem koreanischen Nordreich. Im Jahr 414, ein Jahr nach dem Tod Gwanggaetos von dessen Sohn Jangsu errichtet, sollte das Denkmal an politische und militärische Taten Gwanggaetos erinnern, der mit Feldzügen im Norden und nach Süden, vor allem in den Auseinandersetzungen mit den Wa, die Größe seines Reichs erweitert und dieses innerlich gefestigt hatte. Hierzu greift die Inschrift auf die mythische Abstammung des Königshauses zurück und verleiht Gwanggaeto einen göttergleichen Heldenstatus. Für sie verwendet wurden chinesische Schriftzeichen, denn die koreanische Tradition stand lange Zeit unter chinesischem (kulturellen) Einfluss, der bis zur Entwicklung einer eigenen koreanischen Schrift im 15. Jahrhundert anhielt und von dem auch die erste große Schriftquelle geprägt ist.

Als Urheber des in chinesischer Schrift verfassten *Samguk Sagi* (Chronik der Drei Königreiche) wird der Historiograf und Politiker KIM BU-SIK (1075–1151) genannt; möglicherweise waren aber verschiedene Autoren an der Abfassung beteiligt. Das chronikalische Werk, als deren Vorbild wohl das chinesische *Shiji* des SIMA QIAN diente, entstand 1145/46 und enthält 50 Bücher über die koreanischen Reiche Silla, Goguryeo und Baekje, die den Zeitraum zwischen dem ersten und dem siebten Jahrhundert darstellen. In die Aufzeichnungen, die neben der politischen Entwicklung Ausführungen zur koreanischen Kultur bieten, wurden Zeittafeln und biografische Exkurse eingearbeitet. Absicht des Autors war es offensichtlich, die Legitimität der zeitgenössisch herrschenden Goryeo-Dynastie historisch zu untermauern, indem unterschiedliche Traditionen der koreanischen Reiche zusammengeführt wurden. Auch hierbei diente die chinesische imperiale Tradition als Vorbild.

<small>Samguk Sagi</small>

Denselben Gegenstand – die Geschichte der drei Königreiche – behandelt ein weiteres bedeutendes Zeugnis koreanischer Historiografie. Das *Samguk Yusa* (Legenden der Drei Königreiche) ist eine Geschichtensammlung aus dem 13. Jahrhundert. Als ihr Autor wird der buddhistische Mönch IL-YEON (1206–1289) genannt. Die Kompilation älterer Aufzeichnungen dürfte aber von Anderen mitverfasst beziehungsweise überarbeitet worden sein, zumal die älteste erhaltene Fassung ein Holzdruck aus dem Jahr 1512 ist. Wie die deutsche Übersetzung des Titels andeutet, ist das *Samguk Yusa* stärker legendenhaltig als sein faktenorientierterer Vorgänger, das *Samguk Sagi*. Die 138 Geschichten der fünf Bücher weben aus Mythen, buddhistischen Religionstraditionen und Biografien ein legendenhaftes Bild der Frühzeit koreanischer Staatenbildung mit Rückgriff auf den vermeintlichen Gründer von Go-Joseon, Dangun Wanggeom, und zeugen – auch sprachlich – vom weiterhin bestehenden Vorbild der

<small>Samguk Yusa</small>

chinesischen Kultur. Es ähnelt damit dem etwa zeitgleich entstandenen *Jewang Un'gi* (Reimchronik der Herrscher und Könige), einer historisch-chronologischen Dichtung über die koreanische Geschichte seit den mythischen Anfängen.

Goryeosa

Der dritte historiografische Text der älteren koreanischen Geschichtsschreibung, der für das historische Selbstbewusstsein Koreas in späteren Zeiten bedeutsam wurde, ist das *Goryeosa* (Geschichte von Goryeo), das ausschließlich die Zeit der Goryeo-Dynastie vom Anfang des 10. bis zum Ende des 14. Jahrhunderts thematisiert. Es entstand während mehrerer Jahrzehnte bis zur Mitte des 15. Jahrhunderts nach der Gründung des Königreichs Joseon in einer Zeit kriegerischer und revolutionärer Umbrüche und wurde in Hanja verfasst. Das *Goryeosa* besteht aus 139 Büchern, die unterschiedliche Themen behandeln: etwa ein Drittel sind der politischen Geschichte in chronologischer Folge gewidmet, ein weiteres Drittel bietet Biografien, der Rest besteht aus Ausführungen zur koreanischen Geografie und Tabellen. Grundlage für die Schrift bildeten nicht überlieferte Quellen, sodass dem *Goryeosa* ein wichtiger Quellenwert zukommt.

Einführung der koreanischen Sprache

Das erste Werk in der koreanischen Sprache Hangul mit historischem Inhalt war das Gedicht *Yongbi ochon-ga* (Lieder von den Drachen, die zum Himmel auffliegen). Es entstand in der Folge des 1446 von König Sejong per Dekret in Auftrag gegebenen *Hunmin chongum* (Richtige Lautschrift zur Belehrung des Volkes) und verherrlichte die Taten der Herrscher der Yi-Dynastie, die mit Leistungen von Persönlichkeiten früherer Zeiten verglichen wurden.

Ende der eigenständigen Geschichtsschreibung

Danach endete die Tradition eigenständiger koreanischer Geschichtsschreibung vorerst weitgehend. Nach zahlreichen lokalen und regionalen Konflikten war das Ende des 16. Jahrhunderts geprägt von den Kriegen gegen japanische Invasoren. 1637 wurde Korea ein Vasallenstaat der chinesischen Qing-Dynastie und blieb dies bis 1895, als die Halbinsel an das Königreich Japan fiel und 1909 zur Kolonie erklärt wurde.

Moderne koreanische Geschichtsschreibung

Im Zuge eines aufkommenden Nationalismus und eines Unabhängigkeitsstrebens gegenüber der Besatzungsmacht gewann die Historiografie seither wieder an Bedeutung. Zum einen wurden ethnisch argumentierende Ansätze aufgegriffen, so etwa von dem Historiker und Anarchisten Sin Chaeho (1880–1936) in seinen Werken *Doksa Shillok* (1908, Eine neue Lesart der Geschichte) und *Joseon Sanggosa* (1931, Zur Frühgeschichte von Joseon), die eine ethnische

Sin Chaeho

Einheit des koreanischen Volks zu begründen suchten. Zum anderen fanden marxistische Ansätze Anwendung, so etwa in den wirtschaftsgeschichtlichen Arbeiten Paek Nam-uns (1894–1979), der 1948 erster Erziehungsminister in der nordkoreanischen Regierung von Kim Il-Sung wurde. Schließlich versuchte auch die japanische Besatzungsmacht, die Geschichtsschreibung in ihrem Sinne zu funktionalisieren. Im Jahr 1925 wurde auf Initiative der japanischen Verwaltung das *Korean History Compilation Committee* eingerichtet, dessen Aufgabenstellung es war, historische Materialien zur koreanischen Geschichte zu sammeln, und das seit 1946 als *National Institute of Korean History* in Süd-Korea weiterbetrieben wird. Während Historiker wie Yi Pyong-do (1896–1989), die an dieser Institution editorisch tätig waren und für eine *Han-guksa sillon* (Neue Geschichte Koreas) eintraten, bald in den Ruf gerieten, die Sichtweise der japanischen Herrschaft auf die koreanische Geschichte zu verbreiten, traten andere für eine *In-minjokjuui yoksahak* (Neue nationale Geschichtsschreibung) ein und fanden in der 1934 gegründeten *Chindan Hakhoe* (Chindan-Gesellschaft) zusammen. Die Etablierung der Zweistaatlichkeit Koreas nach 1945/47 führte dann zur Ausbildung zweier unterschiedlicher Historiografiekonzeptionen: Während in Nord-Korea ein Geschichtsbild gemäß der Philosophie des Historischen Materialismus staatlich festgeschrieben wurde, öffnete sich Süd-Korea – durchaus mit anti-kommunistischen Invektiven – westlichen Einflüssen. Die Schule der Annales gewann starken Vorbildcharakter, wozu beitrug, dass viele der modernen Historikerinnen und Historiker an westlichen Universitäten ausgebildet wurden und bis heute werden.

Während also die ältere koreanische, herrschaftsnahe Geschichtsschreibung in Sprache, Form und inhaltlicher Ausrichtung dem chinesischen Vorbild glich, weist die Entwicklung der koreanischen Historiografie im 20. Jahrhundert Parallelen zur – noch zu behandelnden – indischen Geschichtsschreibung auf, mit der sie den anti-kolonialen Impetus teilt. Ähnlichkeiten zur Entwicklung in Japan bildet die Adaption eines westlichen, zum Teil auch ethnisch begründeten Nationsverständnisses, das in der Geschichtsschreibung eine wichtige Stütze für die Begründung eines modernen Nationalstaats sah.

7.4 Geschichtsschreibung in Indien

Die Geschichte der indischen Geschichtsschreibung bildet insofern einen Ausnahmefall, da lange Zeit darüber gestritten wurde, ob man überhaupt von einer solchen im vor-kolonialen Zeitalter sprechen könne. Die Auseinandersetzung über die „geschichtslosen Inder" reicht bis in die Zeit des (europäischen) Mittelalters zurück. So urteilte der persische Mathematiker und Astronom ABU R-RAIHAN MUHAMMAD B. AHMAD AL-BĪRŪNĪ (973–1048), der sich in seinem Werk *Kitāb fī taḥqīq mā li-l-Hind min maqāla maqbūla fī l-'aql au marḏūla* (Bericht über die Erzählungen der Hindus) mit der indischen Geschichte beschäftigte: „Die Hindus schenken der historischen Ordnung der Dinge keine sonderliche Beachtung." [zitiert nach 7.4: CONRAD 2013, 186]

„Geschichtslosigkeit" der Inder

Das Bild von der Geschichtslosigkeit der „alten Inder" beruht vor allem auf einer kolonialen Tradition. Für sie wurden die Studie des britischen Philologen WILLIAM JONES (1746–1794) *On Hindus* (1786) und vor allem JAMES MILLS (1773–1836) Werk *The History of British India* (3 Bde., 1817) richtungweisend, in denen die Existenz historischer Aufzeichnungen bestritten und ein Interesse der Hindus an Geschichte und Chronologie in Abrede gestellt wurden. Diese Völker „*had buried their history in a ‚cloud of fables'*", urteilte JONES [7.4: JONES 1970, 251] Diese Ansicht wurde auch von führenden indischen Historikern, wie dem in den USA lehrenden VINAY LAL (*1961) kolportiert, so in *The History of History. Politics and Scholarship in Modern India* (2003).

Gegen diese Auffassung wurde Protest erhoben. So wurde auf fiktionale Texte verwiesen, in die historische Fakten eingeflossen seien: Die legendenartigen *Itihasa* (So war es), etwa die Heldenepen *Mahabharata* und *Ramayana*, und die *Puranas* (Alte Geschichte) genannten heiligen Schriften enthielten Darstellungen oder Hintergründe tatsächlicher Geschichte. Davon ausgehend versuchten die in den USA lehrenden VELCHERU NARANYANA RAO (*1932) und SANJAY SUBRAHMANYAM (*1961) sowie der israelische Indologe DAVID SHULMAN (*1949) in ihrem Band *Textures of Time. Writing History in South India 1600–1800* (2001) ein spezifisch indisches Geschichtsbewusstsein zu konturieren, das sich durch eine Vorstellung von zeitlicher Differenz sowie Fakten- und Kausalitätsorientierung auszeichne. Dieses Geschichtsdenken habe sich seit dem 17. Jahrhundert (europäischer Zeitrechnung) in Indien etabliert und dabei methodische

Faktoren berücksichtigt, die für die europäische Geschichtsschreibung typisch sind: Quellennähe, Herstellung von Kausalzusammenhängen und die Konzeption von Geschichte als Erzählung.

Dabei muss zweierlei in Rechnung gestellt werden: Zum einen bewegen sich alle drei Autoren in westlichen akademischen Zusammenhängen, messen also indigene Ausprägungen von Historiografie am westlichen „Standard"; zum anderen bedienen sie sich zur Untermauerung ihrer Argumentation einer Strategie, wie sie Angelika Epple (*1966) für die Konstitution einer spezifisch weiblichen Geschichtsschreibung geltend gemacht hat: So wie Epple den Begriff von Geschichtsschreibung etwa auf Briefe erweiterte (siehe hierzu S. 119 f.), weil bis zum Beginn der Moderne von Frauen kaum übliche Formen von Historiografie produziert wurden, konstruieren Rao, Shulman und Subrahmanyam eine narrative Struktur, die sie *Textures* nennen und in der sie eine historiografische Ausdrucksform sehen, um das Fehlen von Genres wie Chroniken oder Historien in der süd-indischen Tradition zu kompensieren. Einen ähnlichen Ansatz verfolgte der deutsche Ethnologe und Indologe Georg Berkemer (*1957), der auf frühe und rezente orale Traditionen, vedische Texte, Epen und Dichtungen seit der Gupta-Zeit zurückgriff, um hierin – immer mit mythischem Gedankengut durchsetzte – Spuren von Geschichtlichkeit nachzuweisen und auf die soziale Gruppe zu beziehen, für die die Texte gedacht waren. So seien etwa individuelle Identitätsangebote entstanden, die über „das Verwandtschaftssystem als zentralen Fokus sozialen Lebens" hinausgereicht hätten. [7.4: Berkemer 1998, 185]

Die moderne indische Historiografie stand anfänglich ganz im Zeichen der Fremdsicht der britischen Kolonialisten und der Konstruktion einer indischen Nation. Die ersten in Bengali verfassten Geschichtswerke – eine Herrscherbiografie und zwei Herrscherchroniken – entstanden im ersten Jahrzehnt des 19. Jahrhundert und stammen von Ramram Basu (1751–1813), Rajiblochan Mukhopadhyay und Mrityunjay Vidyalankar (1762–1819), die am College of Fort William in Kalkutta ausgebildet worden waren. Als Vorreiter bei der Verwendung westlicher Methodenstandards gilt Ramkrishna Gopal Bhandarkar (1837–1925). Er hatte das Elphinstone College in Bombay besucht, Europa bereist und legte geschichtstheoretische Schriften vor, in denen er für eine empirische Vorgehensweise und objektive, entmythologisierende Darstellung der indischen Geschichte plädierte, auch um – wie andere indische Historiker seiner Zeit – gegen

Moderne indische Historiografie

westliche Vorurteile anzugehen. Zeitgleich legte der islamische Religionsgelehrte und Historiker Shibli Nu'mani (1857–1915) Studien in Urdu vor, die die kritische Methode auch in der muslimischen Historiografie Indiens etablierten.

Insgesamt entstand eine breite indische Geschichtsforschung nach britischem Vorbild, wobei auch kommunistische Positionen bezogen werden konnten, etwa bei Rajani Palme Dutt (1896–1974). Dabei wurde die historische Reflexion auch als Mittel im Freiheitskampf, so bei Kashi Prasad Jayaswal (1881–1937) und dem Begründer moderner indischer Wirtschaftsgeschichte, Romesh Chunder Dutt (1848–1909), oder in den religiösen Auseinandersetzungen auf dem Subkontinent eingesetzt und mündete in den 1970er Jahren in Arbeiten, die zu den Post Colonial Studies gezählt werden können. Damit begab sich die moderne indische Geschichtswissenschaft auf einen schwierigen Weg: Denn einerseits versuchte sie, sich einem westlichen Diktat zu widersetzen und die indische Geschichte in neuem Sinne umzuschreiben; Zeugnis hierfür sind die voluminösen Werke *History and Culture of the Indian People* (11 Bde., 1951–1977), herausgegeben von Ramesh Chandra Majumdar (1888–1980), und *The Cultural Heritage of India* (6 Bde., 1956–1986), herausgegeben vom Sri Ramakrishna Birth Centenary Publication Committee in Kalkutta. Andererseits bediente sie sich hierfür der Sprache der kolonialen Besatzer und nutzte westliche wissenschaftliche Praktiken.

8 Geschichtsschreibung in Mittel- und Südamerika

Die schriftlichen beziehungsweise illustrativen Quellen zur mesoamerikanischen Geschichtsschreibung in präkolumbischer Zeit sind rar. Dies liegt zum einen daran, dass Sprachen wie das aztekische Nahuatl erst in der Zeit nach der spanischen Kolonisierung alphabetisiert wurden; zum anderen wurden in dieser Zeit auch viele „heidnische" Quellen von den Eroberern vernichtet und der Gebrauch indigener Sprachen im Jahr 1575 offiziell verboten.

Aztekencodices Gleichwohl sind einige so genannte Aztekencodices überliefert, die davon zeugen, dass Formen von Geschichtsdenken verschriftlicht wurden. Physisch bestehen diese bunt kolorierten Codices häufig aus Pergament oder papyrusähnlichem Amatl, das in Leporellofaltung zu Büchern zusammengefasst wurde. Inhaltlich sind sie oft chronologisch oder kalendarisch strukturiert und bieten Informationen zur Mythologie und zu historischen Ereignissen.

Die meisten überlieferten Codices stammen aus der Zeit direkt nach dem Eintreffen der Spanier in Mittel- und Südamerika. Während einerseits ältere Quellen in größerem Maßstab vernichtet wurden, beförderten ethnologisch interessierte Kolonialisten wie der Missionar Fray BERNARDINO DE SAHAGÚN (1499/1500–1590) die Dokumentation der Geschichte der indigenen Bevölkerung. Von ihm stammt auch das erste große Geschichtswerk aus postkolumbischer Zeit, die *Historia general de las cosas de Nueva España* (12 Bde., 1569, Allgemeine Geschichte von den Begebenheiten im Neuen Spanien), in die Feldforschungen des Missionars, Nachschriften verlorener Codices und im Sinne von Oral History bei der einheimischen Bevölkerung erhobene Informationen einflossen; eine weitere wichtige Quelle stellen zahlreiche Bildwerke dar, die DE SAHAGÚN in den *Codex Florentinus*, eine Ausgabe seines Werks, einbrachte.

Bernardino de Sahagún

Von ähnlichem Quellenwert für die mittel- und südamerikanische Frühzeit vor 1544 ist die in Nahuatl verfasste *Historia Tolteca-Chichimeca* (Toltekisch-Chichimekische Geschichte), die zwischen 1547 und 1560 entstand. Des Weiteren dienen die Werke FERNANDO DE ALVA CORTÉS IXTLILXÓCHITLS (1568/80–1648) als frühe Quelle für die Geschichte der Tolteken und Chichimeken. DE ALVA, der aztekische Wurzeln hatte, wurde in einer spanischen Kolonialschule ausgebildet und schrieb im ersten Jahrzehnt des 17. Jahrhunderts im Auftrag des spanischen Vizekönigs die *Relación histórica de la nación tulteca* (Historischer Bericht über die toltekische Nation), in die ältere indigene Quellen einflossen. Später verfasste er eine als *Historia chichimeca* (Chichimekische Geschichte) bezeichnete Darstellung der mittelamerikanischen Geschichte, die aber aufgrund der Darstellungspraxis nur bedingten Quellenwert besitzt. Fast zeitgleich entstand die *Crónica Mexicayotl*, ein dreiteiliges Werk, das in Nahuatl die Geschichte der Mexica (Azteken) von ihren mystischen Anfängen bis in die Zeit der Conquistadores erzählt. Zu ihren Mitverfassern wird Don HERNANDO DE ALVARADO TEZOZÓMOC (+ nach 1609), ein Abkömmling der Montezumas, gerechnet, der in spanischer Sprache auch die *Crónica Mexicana* schrieb, wobei dieses Werk bereits deutlich von europäischen Geschichtswerken der Zeit inspiriert ist.

Fernando de Alva Cortés Ixtlilxóchitls

Mit dem 17. Jahrhundert endete die indigene Geschichtsschreibung in Mittel- und Südamerika. Die Ausrottung und Unterdrückung der indigenen Bevölkerung, die Christianisierung und die Europäisierung des Ausbildungswesens führten dazu, dass sich die Entwicklung der Geschichtsschreibung jener der europäischen Mutterländer anpasste beziehungsweise von Geschichtsschreibern aus diesen Staaten oder mit Wurzeln in diesen Staaten übernommen wurde.

9 Geschichtsschreibung der Frühen Neuzeit

Die „Epoche" der Frühen Neuzeit

Die Trennung zwischen Mittelalter und Neuzeit, die für die ältere europäische Historiografiegeschichte durchgängig üblich war, ist heute umstritten, da sie meist ereignisgeschichtlich begründet wurde: etwa mit der Eroberung Konstantinopels durch die Türken 1453, der „Entdeckung Amerikas durch Kolumbus" 1492, der Reformation oder der „Erfindung des Buchdrucks" mit beweglichen Lettern. Dagegen wurden übergreifende Kontinuitätslinien geltend gemacht, zum Beispiel mit sozial- oder mentalitätsgeschichtlichem Blick auf die konfessionellen Auseinandersetzungen oder „Modernisierungsschübe". Epocheneinteilungen und Periodisierungen sind immer theoretische Konstrukte, die dazu dienen, historische Ereignisse und Entwicklungen als Charakteristika für eine Epoche als „epochentypisch" zu behaupten. Dies führt häufig dazu, dass Epochengrenzen zu Paradigmenwechseln überhöht werden. Wie bereits die Betrachtung des Übergangs von der antiken zur mittelalterlichen Geschichtsschreibung gezeigt hatte, sind aber die Übergänge meist fließend und keineswegs flächendeckend gleichzeitig.

Ähnliches lässt sich auch beobachten, wenn man – wie hier – an einer Unterscheidung zwischen Mittelalter und Neuzeit festhält. Während in Teilen Europas noch – aus der Sicht späterer Zeiten heraus – „finsteres Mittelalter" herrschte, entwickelten sich in anderen Teilen – wie in den italienischen (Stadt-)Staaten, was nun im Folgenden zu zeigen sein wird – neue Formen von Geschichtsschreibung, die uns heute als „moderner" oder „näher" erscheinen. Lax formuliert könnte man sagen: Während die einen Historiografen noch im Mittelalter lebten, waren andere schon in die Neuzeit aufgebrochen.

Leben und Schreiben in der „neuen Zeit"

Neben arbeitspragmatischen Aspekten, die eine Trennung zwischen Mittelalter und Neuzeit als formales Gliederungsprinzip einer chronologischen Betrachtung anbieten, gibt es ein wahrnehmungsgeschichtliches Argument, das für diese Unterscheidung spricht. Es wurde von REINHART KOSELLECK (1923–2006) prominent gemacht und ist für alle nun vorgestellten historiografischen Ansätze von besonderer Bedeutung: Die Neuzeit ist demnach weniger eine Epoche, die sich durch bestimmte Ereignisse auszeichnet, als vielmehr ein Zeitraum, in dem sich das Bewusstsein – auch und gerade bei den Historikern – durchsetzte, in einer neuen Zeit zu leben. „Neu" bedeutet hierbei, dass ein Bewusstsein entstand, dass Dinge sich verändert, Betrachtungsweisen sich gewandelt haben und dass sich der Blick auf eine „offene Zukunft" auftat, deren Gestaltung die Historiker im Rückgriff auf die Geschichte zu lenken suchten.

Mit diesem Blickwechsel nach vorn in das prinzipiell Offene und Unbekannte verbunden war eine Lösung von dogmatischen theologischen wie philosophischen Vorgaben, die auf „ewige Gültigkeit" bestanden. Darüber hinaus erhielt die Persönlichkeit des Historikers als autonomem, erkennendem Subjekt mehr Bedeutung für das, was als Geschichte bezeichnet wurde. Schließlich ergab sich für ihn eine gewisse Rechenschaftspflicht: Ohne leitende Dogmen musste er für seine Leser deutlich machen, auf welcher Grundlage und auf welchen methodischen Wegen er zu seinem Geschichtsbild gelangte. Der Historiograf, der auf den Gewissheiten anderer (der Kirche, der Herrschenden) aufbaute und sie übernahm, entwickelte sich so immer mehr zu einem Historiker, der die Geschichte erforschte und über seine Forschungen in Form von Geschichtsschreibung Zeugnis ablegte. Die so verstandene Neuzeit zeichnet sich also als eine Epoche aus, in der sich das entwickelte, was wir heute als moderne Geschichtsschreibung, als „unsere" (westliche) Geschichtsschreibung bezeichnen.

Erweiterung des Zeithorizonts

Die erste Phase dieser Entwicklung in der Neuzeit wird häufig „Humanismus" genannt. Der Begriff ist vieldeutig und wie so viele Begriffe, die später als Bezeichnungen für bestimmte Zeitalter Verwendung fanden, erst in der zeitlich deutlich späteren historischen Deutung entstanden. Er bezeichnet zunächst ein Bildungsideal, dessen Ziel es war, den Menschen zum Menschen zu erziehen. Auf den Zeitraum nach dem Ende des Mittelalters bezogen wurde er vermutlich erstmals von dem Historiker GEORG VOIGT (1827–1891) in seinem Werk *Die Wiederbelebung des classischen Altherthums oder das erste Jahrhundert des Humanismus* (1859). Wie der Titel nahelegt, wird seitdem in der Regel von „Renaissance-Humanismus" ge-

Renaissance-Humanismus in Italien

sprochen, um den epochalen Charakter gegenüber „Humanismus" als einer epochenübergreifenden Denkhaltung abzugrenzen.

Francesco Petrarca

Der Anfangspunkt dieses Zeitabschnitts wird meist mit dem Werk des Dichters und Geschichtsschreibers Francesco Petrarca (1304–1374) gesetzt. Kennzeichnend für Petrarca und für die weiteren Vertreter des Renaissance-Humanismus wurde der geistige Rückbezug auf das „Erbe der Antike". Vor allem die Schriften Ciceros und Lukians, aber auch die Rhetorik des Aristoteles dienten den Renaissance-Historikern als große Vorbilder. Petrarca idealisierte in seinem *Liber de viris illustribus* (Buch über berühmte Männer) das antike Rom in 21 Biografien, die er Persönlichkeiten von Romulus bis Caesar widmete. Dabei legte er seiner Geschichtsschreibung antike Quellen zugrunde, allerdings ohne diese kritisch zu hinterfragen. Wegweisend wurde nicht nur die auch sprachlich-stilistische Orientierung an den klassischen Vorbildern, sondern zudem die Darstellungsintention: Im Gegensatz zu Schriften, die im Auftrag eines bestimmten Herrschers angefertigt wurden oder der Untermauerung der kirchlich-theologischen Lehre dienten, verfolgte Petrarca eher ein moralisches Ziel, indem er seiner Zeit die Tugenden einer anderen Epoche vor Augen führen wollte.

Geschichtsschreibung und städtisches Selbstbewusstsein

Daran knüpften seine Nachfolger an. Für sie bildete in der Regel nicht die Kirche oder das Reich den politischen Bezugspunkt, auf den sie ihr Schaffen ausrichteten, sondern die einzelnen italienischen Stadt- und Territorialstaaten, so etwa bei dem florentinischen Staatskanzler und Platon-Übersetzer Leonardo Bruni (um 1369–1444) in seiner *Historia del popolo fiorentino* (1410). Diese Geschichte des Volks von Florenz wurde von späteren Autoren wiederholt imitiert und auf andere Staaten übertragen, wobei diese Arbeiten im Gegensatz zu Brunis Werk meist Auftragsarbeiten politischer Entscheidungsträger waren. Damit gewann die Geschichtsschreibung des Renaissance-Humanismus eminente politische Bedeutung.

Niccolò Machiavelli

Als herausragende Persönlichkeiten unter den Geschichtsschreibern des Renaissance-Humanismus gelten Machiavelli und Guicciardini. Das Werk des Philosophen, Politikers und Schriftstellers Niccolò Machiavelli (1469–1527) steht ganz im Zeichen seines Kampfs gegen die Herrschaft der Medici. Bekannt wurde sein Autor vor allem durch seine Schrift *Il Principe* (um 1513, Der Fürst), die als ein Gründungsdokument neuzeitlicher politischer Philosophie gilt, und den *Discorsi* (1513–1519, Gespräche), in denen er seine Auffassungen von politischer Macht, Machtausübung und politischem System darlegte. Besonders in den von Livius inspirierten *Discorsi* nutzte Machiavelli antike Vorbilder, um Parallelen zur aktuellen Politik zu ziehen und Handlungsmaximen für sie zu entwickeln:

> Untersucht man sorgfältig die Vergangenheit, so ist es ein Leichtes, die zukünftigen Ereignisse vorherzusehen und dieselben Hilfsmittel anzuwenden, welche von den Alten angewendet worden sind, oder neue Mittel, entsprechend der Ähnlichkeit der Vorfälle, zu ersinnen. [1.1: Machiavelli 1977, I, 39]

Die Geschichte war für Machiavelli wie für sein Vorbild Cicero eine Lehrmeisterin des Lebens: *historia magistra vitae*. Ihr Studium wurde damit unerlässlich für jene, die verantwortungsvoll und zukunftsorientiert die Gegenwart gestalten wollten: „Was aber die Übung des Geistes anlangt, so muß der Herrscher die Geschichte studieren und die Handlungen ausgezeichneter Männer betrachten" [1.1: Machiavelli 1990, XIV, 76 f.]. Damit kam dem Geschichtsschreiber herausragende politische Bedeutung zu, seine Tätigkeit wurde zu einer Art politischer Orientierungslinie, ein Ziel, das Machiavelli auch in seinem eigenen historiografischen Schaffen umzusetzen suchte. In seiner *Istorie fiorentine* (1520–1525, Geschichte von Florenz), einer Auftragsschrift für Kardinal Giulio de Medici, seit 1523 Papst Clemens VII., stellte er die Geschichte von der Gründung der Stadt Florenz bis in die Medici-Zeit dar – dabei keineswegs objektiv, sondern parteiergreifend und abermals mit vielen Versatzstücken aus der Antike sowie mit fiktiven Einsprengseln versehen, die den Zeitgenossen als handlungsanleitende Beispiele dienen sollten.

Geschichte als Lehrmeisterin des Lebens

Eine umfangreiche zur *Storia d'Italia* (1537–1540, Geschichte Italiens) schuf Francesco Guicciardini (1483–1540), ebenfalls aus Florenz stammend, dort politisch tätig und mit Machiavelli befreundet. Er hatte bereits von 1508 bis 1510 ohne Auftrag die patriotischen *Storie fiorentine* (Geschichten von Florenz) vorgelegt, für die er Aktenmaterial nutzte. In seinem Spätwerk ließ er die Stadtstaatsgeschichte in einem größeren universalgeschichtlichen Rahmen aufgehen und schuf so einen, auch aufgrund seiner Quellenbasiertheit, bis in das 19. Jahrhundert als mustergültig geltenden Überblick über die Geschichte Italiens.

Francesco Guicciardini

Wie Machiavelli schrieb auch Guicciardini in italienischer Sprache und hob sich damit deutlich von der lateinischen Geschichtsschreibung des Mittelalters ab. Ähnlich wie bei der islamischen Literatur, die sich in späterer Zeit statt des Arabischen des Neupersischen und des osmanischen Türkischs bediente, bedeutete dies nicht nur einen formalen Wandel, sondern eine Abkehr von der Sprache der Theologie und Philosophie hin zu einer Sprache der Politik und des Volkes. Auch formal gingen beide Geschichtsschreiber neue Wege: Sie gaben die noch bei BRUNI anzutreffende Form der Chronik auf, in der unterschiedliche Ereignisse einer Zeitstufe gemeinsam genannt wurden und strukturierten ihre Werke stärker thematisch mit einem Fokus auf die Abfolge von Geschehen und Handlungen der politischen Ereignisgeschichte. Damit schufen sie Vorbilder für dieses Genre der Geschichtsschreibung, die über einen langen Zeitraum hinweg als vorbildhaft wirkten.

Giorgio Vasari

Ähnliches für das Genre der Biografik leistete der Maler und Architekt GIORGIO VASARI (1511–1574), der zuweilen auch als erster moderner Kunsthistoriker bezeichnet wird. Nach einer ersten Ausgabe seines Werks *Le Vite de' più eccellenti pittori, scultori et architettori [...]* (Die Leben der hervorragendsten Maler, Bildhauer und Architekten), die 1550 erschien und weitgehend das allgemein Bekannte über bildende Künstler von Cimabue (um 1240–um 1302) bis in VASARIS Zeit enthielt, legte er 1568 eine überarbeitete und erweiterte Auflage in sechs Teilen vor, für die er nach Quellen geforscht hatte und die ein vollständiges Bild der Kunstgeschichte der letzten zweieinhalb Jahrhunderte in Lebensbildern vorgeben sollte. Insgesamt umfasst das Werk 316 Biografien. Die chronologische Reihung, die Anlage der Lebensbeschreibungen und moralische Einsprengsel scheinen aus heutiger Sicht nicht sehr innovativ. Entscheidender war, dass VASARI zwischen alter und neuer Kunst unterschied. So prägte er den Begriff „Gotik" als abwertende Bezeichnung für die Kunst des Mittelalters und war der erste oder einer der ersten, die von einer *rinascita* (Wiedergeburt), einer Renaissance, sprachen, die Grundlage für die Kunst wie für das allgemeine Denken seiner Zeit sei – einer geschichtsbewussten, zukunftsorientierten Denkart. Das hierin bekundete Bewusstsein, in einer neuen Zeit zu leben, gehört zu den Grundzügen der Neuzeit und zur Grundlage weiterer Geschichtsschreibung.

Lorenzo Valla

Auch in methodischer Hinsicht setzte der Rennaissance-Humanismus Wegmarken. Die Werke des römischen Gelehrten und Kanonikers LORENZO VALLA (1405/07–1457) wurden mehrfach übersetzt und fanden in ganz Europa weite Verbreitung. In seinen für den Kontext historischer Quellenkritik besonders wichtigen Schriften *De falso credita et ementita donatione Constantini* (1440, Über die für falsch gehaltene und verfälschte Schenkung Konstantins) und *Duo Tarquinii filiine an nepotes fuerint, adversum Livium* (1440, Ob die beiden Tarquinii Söhne oder Enkel [des T. Priscus] gewesen sind, gegen Livius) wies VALLA zeitgleich zu anderen Wissenschaftlern im historisch-kritischen Zugriff nach, dass die „Konstantinische Schenkung" – eine angeblich von Kaiser Konstantin ausgestellte, auf das Jahr 800 datierte Urkunde, in der den Päpsten eine Oberhoheit eingeräumt wurde – unecht sei. Neben seiner Urkundenkritik, und für die Geschichtswissenschaft nach ihm mindestens ebenso bedeutend, war, dass er auch die Historiografie des LIVIUS kritisch hinterfragte und ihr Fehler nachzuweisen suchte. LIVIUS galt zu dieser Zeit als unangefochtene Autorität. Damit unterzog VALLA sein historisches Material einer umfassenden Prüfung der Echtheit wie der Richtigkeit und brachte auch den Nimbus der antiken Vorbilder ins Wanken. Die historische Kritik scheute also nicht mehr vor Autoritäten – kirchlichen wie weltlichen – zurück, was einen wichtigen Schritt hin zu einem Ideal historischer Objektivität bedeutete.

Der italienische Renaissance-Humanismus wurde bald zum Vorbild einer Gelehrtenbewegung, die ganz Europa ergriff, wodurch auch die in den Landessprachen abgefasste Geschichtsschreibung an Bedeutung gewann. In Frankreich blühte die Annalistik neu auf. Der französische König Ludwig XII. beförderte den Veroneser Humanisten PAULUS AEMILIUS (um 1455–1529) an seinem Hof darin, mit *De rebus gestis Francorum* (Von den Taten der Franken) eine Geschichte der französischen Monarchie zu schreiben, von der bis 1529 zehn Bücher fertiggestellt wurden. Ein weiteres aufblühendes Genre war die Memoirenliteratur, die in Frankreich auf eine längere Tradition zurückblickte. Der Diplomat und Historiker PHILIPPE DE COMMYNES (um 1447–1511) aus Flandern verfasste eine Chronik, die unter dem Titel *Mémoires* (Erinnerungen) Eingang in die Literatur- und Wissenschaftsgeschichte fand. Sie vermischte persönlich Erlebtes mit historischen Versatzstücken und politischen Lehren und wurde Nachfolgenden wie dem Herzog von Saint-Simon, LOUIS DE ROUVROY (1675–1755), zum Vorbild.

Renaissance-Humanismus in Frankreich, England, Schottland und den Niederlanden

Auch in England und Schottland fand die konventionelle Annalistik in Form von *Chronicles* Nachahmer. So schufen THOMAS MORUS (1478–1535) eine Fragment gebliebene Geschichte König Richards III. und FRANCIS BACON (1561–1626) die *History of the Reign of Henry*

VII (1622), um politisch Partei zu ergreifen. Als eine solche Parteinahme ist auch die 1582 erschienene *Rerum Scoticarum Historia* (Geschichte schottischer Begebenheiten) des schottischen Protestanten GEORGE BUCHANAN (1506–1582) zu werten, die im Geist des elisabethanischen Englands die schottische Geschichte von den mythischen Anfängen bis in die Gegenwart des Verfassers behandelte.

Eine populäre Ausnahme von den annalistischen beziehungsweise chronikalen Werken bildete die *History of the World* des englischen Abenteurers, Politikers und Schriftstellers SIR WALTER RALEIGH (1552/54–1618), die während dessen Haftzeit wegen politischer Verschwörung von 1603 bis 1616 in London entstand, an das Vorbild der Weltgeschichte anknüpfte und in der der Autor persönliche Erlebnisse in den nordamerikanischen Kolonien verarbeitete.

Von den Auseinandersetzungen mit der spanisch-katholischen Herrschaft geprägt waren die Historiografien, die in den Ländern des heutigen Belgiens und der Niederlande entstanden. Sie beschrieben etwa der Jesuit FAMIANO STRADA (1572–1649) in *De bello belgico* (Vom belgischen Krieg) mit katholischem und der Calvinist EVERARD VAN REYD (1550–1602) in seiner *Historie der Nederlantscher oorlogen* (postum 1626, Historie der niederländischen Kriege) mit protestantischem Zungenschlag. Ebenfalls von konfessionellen Auseinandersetzungen, aber auch vom Aufstieg Portugals und Spaniens als Kolonialmächten geprägt war die Historiografie auf der iberischen Halbinsel zu dieser Zeit: Herausragend hier waren die Arbeiten des Spaniers JERÓNIMO DE ZURITA Y CASTRO (1512–1580), *Annales de la Corona de Aragón* (1562–1580, Annalen der Krone von Aragon), sowie des Portugiesen DAMIÃO DE GÓIS (1502–1574), *Crónica do Felicíssimo Rei D. Manuel* (1566, Chronik des höchst glücklichen Königs Don Manuel) und *Crónica do Principe D. João* (1567, Chronik des Fürsten Don João). Von besonderem Wert für die Geschichte der jungen Kolonien, deren Unterwerfung und „Christianisierung" sind die historischen Schriften des spanischen Dominikaners BARTOLOMÉ DE LAS CASAS (1484/85–1566), der wenige Jahre als Bischof von Chiapas (Mexiko) wirkte und wegen seines Eintretens gegen die Gewalt gegen Indigene in Mittelamerika und gegen Sklavenhaltung als „Verteidiger der Indios" gewürdigt wird. Seine als kritische Literatur zu bezeichnenden, erst deutlich nach seinem Tod gedruckten Werke *Historia general de las Indias* (3 Bde., Allgemeine Geschichte der indischen Länder) und *Brevísima relación de la destrucción de las Indias occidentales* (Kurzgefasster Bericht von der Verwüstung der westindischen Länder) sowie weitere Berichte waren später zeitweise offiziell verboten, weil sie dem Ansehen Spaniens angeblich schadeten.

Weniger als in Westeuropa wirkte sich die humanistische Tradition in den deutschen Ländern aus. Hier blieben meist lateinische universalhistorische Versuche stärker der mittelalterlichen Tradition verhaftet. Verbindend mit den Historiografien in anderen Staaten blieb aber das Aufkommen der so genannten Hofhistoriografie, die auch in nicht-europäischen Kulturen, etwa in China und Japan, und in früheren Zeiten gepflegt worden war. Unter dieser Bezeichnung versteht man Geschichtswerke, die von – meist weltlichen – Herrschern in Auftrag gegeben oder zu deren Nutzen verfasst wurden. Mitunter waren ihre Verfasser fest bestallte Hofhistoriografen, ein Amt, das etwa in Brandenburg-Preußen noch von 1792 bis 1922 besetzt wurde. Im Zentrum dieser Form von Geschichtsschreibung stand nicht nur die Dokumentation des höfischen Lebens und der politischen Entscheidungen dort, sondern besonders auch die glorifizierende Darstellung der politischen Entscheider.

Hofhistoriografie

Als eine Form der Emanzipation von dieser Geschichtsschreibung in der Sache, aber als eine Art von Fortsetzung unter anderen Vorzeichen sind die Städtechroniken zu sehen, die über einen längeren Zeitraum geschrieben wurden. Mit ihnen versuchten die großen Reichsstädte, ähnlich wie die italienischen Stadtstaaten als ihre Vorbilder, ihre Selbstständigkeit und Unabhängigkeit von übergeordneten Herrschaftsinstanzen auch historisch zu erweisen und sich selbstbewusst zu präsentieren.

Städtechroniken

Die Darstellung politischer Machtentfaltung und konfessioneller Auseinandersetzungen prägte seit dem 16. Jahrhundert die weitere Historiografiegeschichte. Vor allem die junge protestantische Bewegung trachtete danach, sich im historischen Rückgriff eine eigene Geschichte zu schaffen, mit der sie eine eigene Identität in Abgrenzung zur Alten Kirche begründen wollte. Einen wichtigen Grundstein für eine genuin protestantische Form der Geschichtsschreibung in ganz Europa bis weit in die Frühe Neuzeit hinein bilden die *Magdeburger Centurien* (1559–1574). Ihr Initiator war der in Venedig humanistisch geschulte lutherische Theologe MATTHIAS FLACIUS (ILLYRICUS) (1520–1575); verfasst wurden sie von verschiedenen, auch „Zenturiatoren" genannten, gelehrten Bearbeitern, besonders dem späteren evangelischen Bischof von Pomesanien JOHANNES WIGAND (1523–1587), mit dem Ziel, dem noch jungen Protestantismus eine historische Argumentationsgrundlage zu geben.

Geschichtsschreibung im Zeichen der Konfessionen: Protestantismus

Magdeburger Centurien

Hierzu sollten die Fehler und Indoktrinationen der Alten Kirche aufgezeigt werden, um eine Kontrastfolie zur „wahren" Glaubenslehre zu bilden. Zu diesem Zweck unternahmen die Zenturiatoren ausgedehnte kirchengeschichtliche Quellenstudien und gliederten ihr Wissen nach Jahrhunderten. Ihre Quellenkritik setzten sie dabei nicht dazu ein, eine „objektive Darstellung" der Entwicklung nachzuskizzieren, sondern Fälschungen und theologische Indienstnahmen durch die Alte Kirche aufzuzeigen. Die *Centurien* waren somit ein Stück „Parteigeschichtsschreibung" aus protestantischer Sicht, das die Geschichte als Kampf zwischen Gott und Rechtgläubigkeit auf der einen Seite und Bösem und falschem Glauben auf der anderen beschrieb. Die Bewertung der geistlichen wie weltlichen Herrscher wurde diesem Schema unterworfen. Eine inhaltliche Neuerung etwa gegenüber der Geschichtsschreibung der italienischen Stadtstaaten bedeuteten die *Centurien* insofern, als sie nicht nur die politische Geschichte in den Blick nahmen, sondern auch geistes-, religions- und theologiegeschichtliche Aspekte mit in die Darstellung einbezogen, so etwa die Lehre der Kirche und deren Ritus.

Geschichtsschreibung im Zeichen der Konfessionen: Katholizismus

Wichtig war nicht nur der Vorbildcharakter, den die *Centurien* für die weitere Geschichtsschreibung auf evangelischer Seite bekamen, sondern auch die Gegenbewegung, die sie auf altkirchlicher „katholischer" Seite auslösten. Verstand sich dieses Lager zwar als Wahrer der Tradition und damit als Fortsetzung der älteren kirchlichen Geschichtsschreibung, so geriet es seit dem 16. Jahrhundert immer mehr unter Zugzwang. Als erste Antwort entstanden so die *Annales ecclesiastici a Christo nato ad annum 1198* (12 Bde., 1588–1607, Kirchengeschichte von Christi Geburt bis zum Jahr 1198) des römischen Kardinals und Bibliothekars CESARE BARONIUS (1538–1607), die weniger auf die Geschichte der Glaubensinhalte abhoben, als vielmehr die historischen Leistungen der Kirche als Institution herauszuarbeiten suchten, dabei aber auch auf Quellen fußten.

War dieses Werk wie auch Frühwerke des französischen Bischofs JACQUES BÉNIGNE BOSSUET (1627–1704) auf eine Selbstdarstellung der katholischen Tradition mit Rechtfertigungstendenz ausgerichtet, so schuf BOSSUET auch die erste historische Darstellung der protestantischen Bewegung aus katholischer Sicht. In seiner *Histoire des variations des Églises protestantes* (1688, Geschichte der Veränderungen der protestantischen Kirchen) entwarf er ein Bild vom Protestantismus als disparater, sektiererischer Bewegung, das er mit der katholischen Lehre und Kirche als einheitlichem und geschlossenen Lager kontrastierte und für das er auch die Schriften des gegnerischen Lagers eingehend studierte. Wichtig dabei war, dass er den Protestantismus nicht wie die Kanzelliteratur moralisch verurteilte, sondern sie durch Hinweis auf theologische Uneinheitlichkeiten zu widerlegen suchte, wobei er den Humanisten durchaus anerkennend gegenüber trat.

Dagegen präsentierte der aufblühende Jesuiten-Orden – auch wenn er formal viel von den Humanisten übernahm – eine dezidiert anti-humanistische, anti-reformatorische Sicht. Er verstand sich als innere Erneuerungsbewegung aus der katholischen Kirche heraus, verurteilte den Protestantismus als Häresie und schuf eine eigene religiöse Kultur mit dem Ziel, sie missionarisch in die Welt zu tragen. Während die Welt Europas in tiefen kriegerischen Auseinandersetzungen zwischen den Glaubenslagern versank, die selbstredend auch Einfluss auf die Lagerbildung unter den Historikern hatten, etablierten protestantische wie katholische Geschichtsschreiber die methodischen Errungenschaften ihrer Vorgänger.

Jesuiten-Orden

Ein entscheidender Impuls für die methodische Verwissenschaftlichung vor allem von Geschichtsforschung ging dabei von katholischer Seite aus: Anfang des 17. Jahrhunderts entstand in Frankreich die Benediktinerkongregation des heiligen Maurus, der sich in den folgenden Jahrzehnten zahlreiche weitere Benediktinergemeinschaften anschlossen. Von Anfang an waren die Mönche um Gelehrsamkeit auf der Grundlage historischer Bildung bemüht, sodass der Name „Mauriner" bald zur Bezeichnung für eine Schule historisch forschender Gelehrter am Kloster Saint-Germain-des-Près in Paris wurde. Zwar standen die Mauriner durchaus auch als Partei auf einer Seite der apologetischen Kämpfe um den rechten Glauben und positionierten sich gegen die humanistische Geschichtsschreibung, doch zeichneten sie sich durch ihr Bestreben aus, die kirchliche Lehre durch historische „Wahrheiten" zu untermauern.

Mauriner und Bollandisten

Ähnliches lässt sich für die *Société des Bollandistes* behaupten, einer Gruppe jesuitischer Historiker, die nach ihrem führenden Kopf, dem niederländischen Ordensoberen JEAN BOLLAND (1596–1665), benannt ist. Sie edierte seit 1643 mit den *Acta Sanctorum* (Die Taten der Heiligen) ein chronologisch (nach Festtagen angelegtes) hagiografisches Verzeichnis von Heiligen und Märtyrern, allerdings auf der Grundlage kritisch gesichteter Heiligenlegenden und anderer Quellen, und schuf damit den Grundstein für ein immer wieder wissenschaftlich modernisiertes und bis zur Mitte des 20. Jahrhunderts fortgeführtes Editionsprojekt.

Anfänge der Quellenkritik

Zu diesem Zweck widmeten sich die gelehrten Mönche einem intensiven Quellenstudium. Herangezogen wurden nun nicht mehr allein jene Materialien, die für die Überlegenheit der eigenen Richtung oder die Fehlerhaftigkeit der anderen aussagekräftig erschienen. Vielmehr gingen sie von der festen Glaubensüberzeugung aus, dass die Berücksichtigung möglichst aller Quellen zum Nutzen des eigenen Standpunkts sei, weil dann die dogmatisch vorausgesetzte Wahrheit zum Ausdruck kommen müsse und die methodischen Defizite und Auslassungen der Protestanten erkennbar würden.

Historische Hilfswissenschaften

Um die Quellen zu bewerten und einzuordnen, entwickelten die Mauriner einen Kanon von Hilfswissenschaften, die bis heute zum Rüstzeug quellenforschender Historikerinnen und Historiker zählen: Sie widmeten sich vor allem der Chronologie als Lehre von der zeitlichen Folge von Ereignissen und Persönlichkeiten, der Diplomatik als Urkundenforschung, der Paläografie als Schriftforschung und der Epigrafik als Lehre von den Inschriften. Als Mittel der „Quellensäuberung" waren diese Hilfswissenschaften dem Ziel verschrieben, die Echtheit und Richtigkeit von Quellen zu verifizieren und die Überlieferung von Quellen und Quelleninhalten möglichst lückenlos und klar darzustellen.

Jean Mabillon

Eine besondere Stellung unter den Maurinern nahm JEAN MABILLON (1632–1707) ein. Er gab 1667 die Werke BERNHARDS VON CLAIRVAUX (um 1090–1153) heraus und später die *Acta sanctorum ordinis Sancti Benedicti 500–1100* (9 Bde., 1668–1701, Viten der Heiligen des Benediktinerordens 500–1100). Für die Etablierung der Historischen Hilfswissenschaften besonders wegweisend wurde sein Werk *De re diplomatica libri sex* (1681, 2. Auflage mit Ergänzungsband, 1704, Sechs Bücher über Gegenstände der Urkundenlehre). MABILLON trug hierfür antike und mittelalterliche Quellen zusammen, beschrieb deren Form und Inhalte und bewertete sie auf dieser Grundlage. Quellennähe zeichnete auch sein Spätwerk aus, die Ordensannalen *Annales ordinis Sancti Benedicti 480–1157* (5 Bde., 1703–1713, Fortsetzungsband von anderen Autoren 1739, Annalen des Benediktinerordens 480–1157). Dass mit diesen Bänden der Brückenschlag zwischen konfessioneller Geschichtsschreibung und historischer Wissenschaft geschlagen wurde, verdeutlicht MABILLONS Berufung zu einem der Gründungsmitglieder der Gelehrtengesellschaft *Académie des inscriptions et belles-lettres* im Jahr 1701 in Paris.

Die fortschreitende Lösung der Geschichtsschreibung von theologischen und politischen Vorgaben markiert einen wichtigen Schritt in der Geschichte der Geschichtsschreibung. Gelehrte brachten vor allem hermeneutische Kenntnisse (Hermeneutik = Lehre von der Textauslegung) in ihre Arbeit ein. An der Bibel und den Texten der „Klassiker" geschult, entwickelten sie Verfahren, historische Quellen und ihre Inhalte zu analysieren, zu deuten und zu bewerten. Im Verbund der später als „Historische Hilfswissenschaften" zusammengefassten Disziplinen formierte sich das methodische Instrumentarium des modernen Historikers: Quellenkritik und Quelleninterpretation gerieten dabei zu den zentralen Untersuchungsschritten historischer Forschung, die immer detaillierter entfaltet wurden. Ein Entwicklungsprozess wurde in Gang gesetzt, der später als „Verwissenschaftlichung" bezeichnet wurde. Damit gemeint ist die zunehmende Verpflichtung historischer Arbeitsprozesse auf den Grundsatz der Vernunft. Arbeitsprozesse wurden standardisiert, blieben in ihrem Ergebnis – der Geschichtsschreibung – nachvollziehbar und somit auch kritisierbar und widerlegbar.

Hermeneutik

Das änderte auch die Stellung, die Geschichtsschreibung über Jahrhunderte in der westlichen Welt inne gehabt hatte. Mit dem Anspruch, geschichtliche Persönlichkeiten, Ereignisse und Entwicklungen „in Wahrheit" darzustellen, unterscheidet sich die moderne Historiografie seither in ihrem Anspruch von geschichtlichen Erzählungen, Legenden, historischen Ego-Dokumenten etc. Grundlage für diese Unterscheidung ist eine methodologisch fundierte, nachprüfbare und hinsichtlich der Ergebnisse diskutierbare historische Forschung. Der Prozess der Verwissenschaftlichung von historischer Arbeit nach methodologischen Maßstäben, der in der Frühen Neuzeit einsetzte und nach dem Ende der Wirkkraft der philosophischen Systementwürfe auf die Geschichtsschreibung gegen Ende des 18. Jahrhundert an Dynamik gewann, rückte die derart betriebene Forschung in das Zentrum der sich im Kanon akademischer Disziplinen formierenden Geschichtswissenschaft. Der Geschichtsschreibung fiel nunmehr zunehmend die Aufgabe zu, die Ergebnisse der Forschung widerzugeben und deren Fragestellungen und Verfahren zu dokumentieren, wobei zunächst weiterhin gängige Genres wie die Allgemeine oder Universal-Geschichte, die Chronik und die Annalen Verwendung fanden.

Geschichtsschreibung und Geschichtsforschung

All diese Formen von Geschichtsschreibung stammen von Männern. Heutige genderkritische Studien zur Geschichtsschreibung dieser Zeit haben daher darauf hingewiesen, dass diese Historiografie somit ebenso männlich dominiert war wie die männlich dominierte Wissenschaft, die ihr zugrunde lag. Formen von Textproduktion, die sich in einem weiteren Sinne auch als Geschichtsschreibung bezeichnen lassen – etwa die Äußerungen über Geschichtliches von Frauen im Rahmen von privaten Aufzeichnungen oder Briefen – wurden und werden zum Teil immer noch aus einem engeren Begriff von Historiografie ausgeklammert.

10 Exkurs: Geschichtsphilosophie

Geschichtsschreibung im Zeichen von Ideologiekritik und Moralität

Das kritische Potenzial von Geschichtsschreibung, das seit Beginn der Neuzeit für die Kritik bestimmter Positionen – der anderen Konfession, des anderen politischen Lagers etc. – benutzt worden war, universalisierte sich in der Aufklärungszeit, also der Zeit seit der ersten Hälfte des 18. Jahrhunderts, in der die Vernunft zur höchsten Urteilsinstanz erklärt wurde, die Naturwissenschaften einen bedeutenden Aufschwung erfuhren und sich ein Fortschrittsbegriff entwickelte, der das Verständnis von Zukunft prägte. Ein Umstand, der die so genannte Aufklärungshistorie dabei von Anfang an begleitete, war ihre Moralität. Als grundsätzliche Ideologiekritik an kirchlichen wie weltlichen Herrschern entwickelten die Vertreter der Aufklärung ein eigenes Ethos, auf das hin sie ihre Geschichtsschreibung ausrichteten. Vereinfacht könnte man sagen: Stand die Geschichtsschreibung in früherer Zeit in Abhängigkeit von kirchlichen und staatlichen Dogmen, so geriet sie im 18. Jahrhundert in die Abhängigkeit von der Philosophie, die nach den Grundsätzen der Vernunft Entwicklungslinien und (moralische) Ziele der Geschichte zu definieren suchte, nach der sie die Geschichtsschreibung ausrichtete.

10.1 Geschichtsphilosophie der Aufklärungszeit

Das Zeitalter der Aufklärung war die Blütezeit eines Genres, das mitunter in einem weiteren Sinn mit zur Historiografie gerechnet wird, sich aber – wie eingangs erwähnt – in entscheidenden Punkten von dieser unterscheidet: der Geschichtsphilosophie. Als ihr Begründer wird üblicherweise der französische Schriftsteller, Publizist und Philosoph Voltaire (1694–1778) betrachtet. Voltaire war vermutlich der erste, der den Begriff „Geschichtsphilosophie" benutzte, und zwar in seinem Werk *Essai sur les moeurs et l'ésprit des nations et sur les principaux faits de l'histoire depuis Charlemagne jusqu'au Louis XIII.* (erste autorisierte Fassung 1754, Abhandlung über die Sitten und den Geist der Nationen und über die wichtigsten Tatsachen aus der Geschichte von Karl dem Großen bis Ludwig XIII., 1756 unter dem Titel *Essai sur l'histoire générale*, Abhandlung über die Allgemeine Geschichte). In den vier Bänden des *Essai* stellte Voltaire die Weltgeschichte von den Anfängen bis in die Zeit Ludwigs XIV. dar und berücksichtigte dabei auch Kulturkreise Asiens und Afrikas, die bislang kaum Gegenstand historischer Darstellungen gewesen waren. Zwar wurde das Werk, das sich stilistisch nicht an den Klassikern orientierte, wegen seiner „galanten" Sprache, zahlreicher eingestreuter Bonmots und Vergleichen älterer Zeiten mit der Gegenwart von den Zeitgenossen getadelt, doch zeichnet es sich im selben Maß durch konsequente Quellen- und Sachkritik aus.

Voltaire

Vom Aufbau her chronologisch gegliedert, stellt der *Essai* eine neue Form von Kulturgeschichtsschreibung dar, die Kulturen eher vergleicht als hierarchisiert und eine Gesamtbewertung des Mittelalters als historischer Epoche bietet. Insgesamt verfolgt er das Ziel, die kirchliche Lehre, nach der die Geschichte durch göttliche Vorsehung bestimmt ist, zu widerlegen. Geschichte nach Voltaire ist Menschenwerk, nicht mehr vom Geist Gottes, sondern vom „Geist der Zeiten" geleitet und über das beschränkte Wirken der einzelnen weltlichen Herrscher und Persönlichkeiten hinausreichend.

Die bis heute weitest verbreitete Definition von Geschichtsphilosophie, wie sie Voltaire und die Philosophen nach ihm betrieben, stammt von Karl Löwith (1897–1973). Ihr zufolge ist Geschichtsphilosophie eine

Definition von Geschichtsphilosophie

> systematic interpretation of universal history in accordance with a principle by which historical events and successions are unified and directed toward an ultimate meaning. [...] Philosophy of history originates with the Hebrew and Christian faith in a fulfilment and [...] ends with the secularization of its eschatological presentation. [10: Löwith 1949, 1 f.]

Die Zeit zwischen der Mitte des 18. und der Mitte des 19. Jahrhunderts war das große Zeitalter der Geschichtsphilosophie. Besonders in Deutschland entstanden wichtige Schriften – zunächst unter den philosophischen Vorzeichen der Aufklärungszeit, später unter de-

Immanuel Kant

nen des Idealismus und Materialismus. Auch wenn der Geschichtsphilosophie im Werk Immanuel Kants (1724–1804) nur untergeordnete Bedeutung zukommt, beeinflusste seine Konzeption nachfolgende Denker. Vor allem seine Schrift *Idee zu einer allgemeinen Geschichte in weltbürgerlicher Absicht* (1784) knüpfte insofern an Voltaires *Essai* an, als sie ihr erstes Ziel nicht in der Darstellung empirischer Fakten sah, sondern Geschichte darin als Mittel erscheint, moralischen Maximen zur Geltung zur verhelfen.

> Ein philosophischer Versuch, die allgemeine Weltgeschichte nach einem Plane der Natur, der auf die vollkommene bürgerliche Vereinigung in der Menschengattung abziele, zu bearbeiten, muß als möglich und selbst für diese Naturabsicht beförderlich angesehen werden. Es ist zwar ein befremdlicher und dem Anscheine nach ungereimter Anschlag, nach einer Idee, wie der Weltlauf gehen müßte, wenn er gewissen vernünftigen Zwecken angemessen sein sollte, eine Geschichte abfassen zu wollen. [...] Wenn man indessen annehmen darf: daß die Natur selbst im Spiele der menschlichen Freiheit nicht ohne Plan und Endabsicht verfahre, so könnte diese Idee doch wohl brauchbar werden; und ob wir gleich zu kurzsichtig sind, den geheimen Mechanism ihrer Veranstaltung zu durchschauen, so dürfte diese Idee uns doch zum Leitfaden dienen, ein sonst planloses Aggregat menschlicher Handlungen wenigstens im Großen als ein System darzustellen. [1.1: Kant 1977, A 407]

Das „Ziel" der Geschichte

Die allgemeine Weltgeschichte im Sinne Kants strebt ganz offen danach, den theologischen Begriff der „Vorsehung" oder „Fügung" zu ersetzen. Der Blick auf die Geschichte und den „geheimen Mechanism ihrer Veranstaltung" – so das Gegenkonzept zu „Vorsehung" – dient dazu, die „Endabsicht" der Geschichte auf rationalen Wegen zu ergründen und zur Erziehung des vernünftigen Weltbürgers anzuleiten. Die Geschichtsphilosophie übernimmt damit jene leitende Instanz für Geschichtsforschung und -schreibung, die in früheren Zeiten kirchlichen und politischen Dogmen zukam. Sie schreibt dem Historiker Ziele vor, auf die hin seine praktische Arbeit auszurichten sei.

Friedrich Schiller

Der Entwurf von Geschichte als Form von Erziehung des forschenden und studierenden Subjekts steht auch im Zentrum der Arbeit von Friedrich Schiller (1759–1805) als Historiograf und Geschichtsphilosoph. Im Jahr 1788 als Professor für Geschichte an die Universität Jena berufen, schuf Schiller in engem Wechselspiel mit seinen schriftstellerischen Arbeiten – etwa den Schauspielen „Don Karlos" (1787), dem dreiteiligen „Wallenstein" (1799) und „Maria

Stuart" (1800) –, mit denen er wegweisend für das Genre historischer Belletristik wurde, historiografische und geschichtsphilosophische Schriften. So legte er 1788 den ersten Band des mehrbändig geplanten Werks *Geschichte des Abfalls der vereinigten Niederlande von der spanischen Regierung* vor, ohne weitere folgen zu lassen; im Jahr 1790 erschien seine *Geschichte des Dreißigjährigen Kriegs*.

Erkennbar ist, dass SCHILLER sein Darstellungsmaterial nicht wie VOLTAIRE nutzte, um politische Kritik zu üben beziehungsweise eigene politische Maximen zu verdeutlichen. Vielmehr bewegen sich die Werke auf der Schnittstelle zwischen Belletristik (Schöner Literatur) und Historiografie: Die Darstellung von Ereignissen, mehr noch von Persönlichkeiten ist von Empathie und Anteilnahme geprägt; die *Geschichte des Abfalls* zeugt von einer Parteinahme für die in der Französischen Revolution entwickelten politischen, gesellschaftlichen und moralisch-philosophischen Ziele.

Bedeutender für die Historiografiegeschichte als seine Geschichtsschreibung wurde SCHILLERS Jenaer Antrittsvorlesung vom 26. Mai 1789 *Was heißt und zu welchem Ende studiert man Universalgeschichte?*. Darin unterschied er zwischen dem „Brotgelehrten", dessen Interesse im Partikularen verbleibt, und dem – in Anlehnung an KANT so genannten – „philosophischen Kopf" [1.1: SCHILLER 1789, 107], der auf das Allgemeine, den Zusammenhang der Dinge und des Wissens ziele, auf das, was JOHANN WOLFGANG GOETHE (1749–1832) im ersten Teil des *Faust* (1808) als Streben bezeichnete, „Daß ich erkenne, was die Welt / Im Innersten zusammenhält" [1.1: GOETHE 1808, 34]. SCHILLER folgte dem Ideal der Universalgeschichte als höhere Form menschlichen Wissensstrebens des Geschichtsforschers, der „sich auf dem Wege sieht, oder auch nur einen späten Nachfolger darauf leitet, das Problem der Weltordnung aufzulösen, und dem höchsten Geist in seiner schönsten Wirkung zu begegnen." [1.1: SCHILLER 1789, 132]

Was heißt und zu welchem Ende studiert man Universalgeschichte?

Den Übergang von einer aufklärerischen Geschichtsphilosophie zu einer im Geiste der Romantik verfassten, markiert der evangelische Theologe und Philosoph JOHANN GOTTFRIED HERDER (1744–1803), der wenige kleinere historiografische Schriften – etwa zum Ursprung der Sprache vorlegte –, dafür aber zwei bedeutende geschichtsphilosophische Abhandlungen schuf: In *Auch eine Philosophie der Geschichte zur Bildung der Menschheit* (1774) entwarf HERDER das Bild von Geschichte als Abfolge von Epochen, die als jeweilige „Volksgeister" in ihrer Zeit jeweils ihr Recht haben und

Johann Gottfried Herder

Geschichte als Entwicklung der Humanität

nicht gegeneinander oder gegenüber der Gegenwart gewertet werden, und die alle von einem Fortschritt in der Entwicklung des Menschengeschlechts zeugen. Was das Ziel dieser Entwicklung sei, beschrieb er in seinen *Ideen zur Philosophie der Geschichte der Menschheit* (4 Teile, 1784–1791) und den die Gedanken fortsetzenden *Briefen zur Beförderung der Humanität* (10 Sammlungen, 1793–1797). Geschichte zeugt danach von einer Menschwerdung des Menschen, Humanität ist der „Charakter unseres Geschlechts". Nicht nur HERDERS Theorie der Nationen, in denen sich dieser Charakter in jeweils historischer und kultureller Eigenart zum Ausdruck bringt, wurde Vorbild für die Geschichtstheorie des Historismus, auch die Vorstellung, im Lauf der Geschichte eine Vervollkommnung des Menschen zu erkennen, leitete spätere Historiker an.

10.2 Geschichtsphilosophie im Deutschen Idealismus

Das bereits in der Antike bekannte, in der Aufklärungshistorie favorisierte formal-geschichtslogische Modell, nach dem die Geschichte eine Stufenfolge einzelner Epochen bildet, die bis in die Gegenwart reicht und das Ziel der Geschichte vor Augen treten lasse, wurde von den Philosophen des Deutschen Idealismus weiter ausgebaut. Neben FRIEDRICH WILHELM JOSEPH SCHELLING (1775–1854) und JOHANN GOTTLIEB FICHTE (1762–1814) war es vor allem GEORG WILHELM FRIEDRICH HEGEL (1770–1831), der der deutschen Geschichtswissenschaft im 19. Jahrhundert und darüber hinaus ein geistiges Fundament schuf. Die Ursachen für den deutlichen Unterschied zwischen den Idealisten und den Philosophen der Aufklärungszeit dürfen dabei nicht allein in einer philosophischen Weiterentwicklung gesucht werden. Auch das politische Gefüge Europas hatte sich verändert: Die Idealisten waren Zeitzeugen eines Umbruchs des politischen Systems, das ausgehend von der Französischen Revolution und den auf sie folgenden Befreiungskriegen, das politische Antlitz europäischer Staaten verändert hatte. So war etwa der Revolutionsoptimismus des frühen SCHILLER vor dem Hintergrund der Revolutionsfolgen einem deutlich konservativeren Geschichtsbild gewichen, das im politischen Ideal des Nationalstaats – bei HEGEL idealisiert im preußischen, protestantisch geprägten Staat – gipfelte. Gleichwohl gab es auch Gemeinsamkeiten. So verband Aufklärungsphilosophen und Idealisten der

Geschichtsschreibung nach der Französischen Revolution

Glaube, dass die Geschichte von einer mitunter als Fortschritt interpretierten Abfolge der Vernunft zeuge.

In seinen Schriften zur politischen Philosophie, mehr noch in seinen postum im Jahr 1837 herausgegebenen Berliner *Vorlesungen zur Philosophie der Geschichte* entwarf Hegel ein geschichtslogisches Stufenmodell, dass die Abfolge weltgeschichtlicher Epochen mit Hinblick auf ihre „Perfektibilität", ihr Streben nach Vervollkommnung, propagierte: In einer ersten Epoche, die Hegel als „Jünglingsalter" mit der orientalischen Welt identifizierte, habe das Bewusstsein geherrscht, das „*Einer* [Hervorhebung im Original] frei sei". Im zweiten Zeitalter – der griechisch-römischen Welt – dagegen habe man erkannt, „daß *einige* [Hervorhebung im Original] frei sind". Die dritte Epoche, die Hegel mit der Reformation beginnen ließ, habe die Erkenntnis hervorgebracht, dass „*der Mensch* [Hervorhebung im Original] als *Mensch* [Hervorhebung im Original] frei ist" [1.1: Hegel 1955, 63]. Geschichte ist bei Hegel also teleologisch (griechisch *telos* = Ziel) konzipiert; ihr Ziel ist die Freiwerdung des Menschen oder – philosophisch gesprochen – das Zu-sich-selbst-Kommen des Weltgeistes. „Die Weltgeschichte ist der Fortschritt im Bewußtsein der Freiheit" [1.1: Hegel 1955, 63].

> Hegels Geschichtsphilosophie

> Die Epochen der Geschichte

Hegel entwarf seine Geschichtsphilosophie im Rahmen eines philosophischen Systems. Ausgehend von dem Gedanken, dass der Weltgeist sich in historischen Volksgeistern entäußert und konkretisiert habe, folgte er dem Stufengang dieser Volksgeister, um in seiner Epoche als höchster Stufe der Weltgeschichte anzugelangen, in der sich der Weltgeist seiner selbst bewusst wird:

> Geschichte als Teil eines philosophischen Systems

> Die Weltgeschichte ist die Darstellung des göttlichen absoluten Prozesses des Geistes in seinen höchsten Gestalten, dieses Stufengangs, wodurch er seine Wahrheit, das Selbstbewußtsein über sich erlangt. Die Gestaltungen dieser Stufen sind die welthistorischen Volksgeister, die Bestimmtheiten ihres sittlichen Lebens, ihrer Verfassung, ihrer Kunst, Religion und Wissenschaft. Diese Stufen zu realisieren, ist der unendliche Trieb des Weltgeistes. [1.1: Hegel 1955, 75]

Erkennbar ist der Gang der Weltgeschichte für den Historiker deshalb, weil es zum einen in der Geschichte prinzipiell immer vernünftig zugegangen sei, auch wenn dieses den Mitlebenden nicht immer erkennbar gewesen sei; Hegel bezeichnete dies als „List der Vernunft". Zum anderen arbeite die Geschichte, „philosophisch be-

> Die „List der Vernunft"

trachtet", historische Notwendigkeiten in diesem Fortschrittsprozess heraus.

Das Absolute: Der Weltgeist

HEGELS Geschichtsphilosophie sah sich des Vorwurfs des Pantheismus ausgesetzt, also des Einholens Gottes in die Welt. Ohne auf diese theologische Debatte weiter eingehen zu wollen, lässt sich festhalten, dass der für die ältere Geschichtsschreibung charakteristische Gottesbegriff in der Aufklärungszeit und stärker noch im Idealismus durch einen Begriff des Absoluten, bei HEGEL des „Weltgeistes", ersetzt wurde, der die alte Heilsgeschichte wenngleich nicht profanisierte (entweihte), so doch säkularisierte (verweltlichte) und „vermenschlichte".

Die Vernunft in der Geschichte

Handlungen wurden so nicht mehr als Wunder oder als direktes Eingreifen Gottes betrachtet; vielmehr zeuge das Handeln und die Vernünftigkeit des Menschengeschlechts wie auch einzelner Menschen von deren Humanität und damit von Gott, der dem Menschen sein Menschsein verliehen habe. Im Handeln der Menschen bringe sich der direkt nicht erkennbare göttliche Wille zum Ausdruck und werde als solcher „empirisch" erkennbar, eben im Ablauf der Weltgeschichte. Mitunter wurden die Geschichtswissenschaftler des 19. Jahrhunderts auch deshalb als „Geschichtstheologen" bezeichnet, weil sie göttliches Wirken in der Geschichte und die Rechtfertigung seiner Gerechtigkeit nicht mehr auf theologischem Weg, sondern über die Betrachtung des universalhistorischen Entwicklungsgangs nachzuweisen suchten.

Wilhelm von Humboldt

Ein weiterer Denker, der für die Entwicklung der Geschichtsphilosophie – zumindest im deutschsprachigen Raum – von großer Bedeutung war, ist WILHELM VON HUMBOLDT (1767–1835), dessen Name häufig mit der Bildungsreform Anfang des 19. Jahrhunderts und dem so genannten Neuhumanismus verbunden wird. Beide Etiketten können auch auf sein geschichtsphilosophisches Schaffen übertragen werden, denn HUMBOLDT zielte in seinen Entwürfen – er schuf kein geschlossenes System – auf ein ideales Bild vom Menschen als eines in Wissen und Humanität sich perfektionierenden Wesens. HUMBOLDT ging hinsichtlich der Säkularisierung der Geschichte noch über seine Vorgänger hinaus. In der kleinen Schrift *Betrachtungen über die bewegenden Ursachen in der Weltgeschichte* (1818) nannte er drei „Ursachen der Weltbegebenheiten": „die Natur der Dinge, die Freiheit des Menschen, und die Fügung des Zufalls" [1.1: HUMBOLDT 1971, 285]. Während sich erstere durch Naturgesetze ergründen lasse und zweites dem Prinzip der Vernunft unterworfen sei, ersetzt die Kategorie „Zufall" bei HUMBOLDT die Erklärung von Begebenheiten und menschlichen Handlungsentscheidungen, die in früherer Zeit als „Gottes Wille", „Fügung" oder „Schicksal" gedeutet worden waren.

Die Erklärung von geschichtlichen Begebenheiten und Handlungen erfolgt also in der modernen Geschichtsschreibung nach den Grundsätzen der allgemeinen Vernunft oder – sofern sich keine vernünftigen Gründe finden lassen – durch Platzhalter, wie die eben genannten, die Leerstellen in einer Kette rationaler Begründungen markieren. Denkt man über diese Leerstellen näher nach, so kommt man zu einem wichtigen Unterscheidungsmerkmal zwischen Vergangenheit und Geschichte beziehungsweise Geschichtsschreibung, das gleichzeitig mit dem Singular „die Geschichte" konstituiert wurde: Die Vergangenheit ist prinzipiell nicht vernünftig. Vergangene Begebenheiten und Handlungen waren oft Folge von Zufällen, Nebeneffekten anderer Handlungen, ausgelöst durch schwer ergründbare psychische Vorbedingungen der Handelnden und unbeabsichtigte Folgen. Einzelne Ereignisse in der Vergangenheit sind nicht an sich bedeutender oder wichtiger als andere. Vergangenheit bedeutet Chaos. Moderne Geschichtsforschung und Geschichtsschreibung sind dagegen prinzipiell vernünftig. Sie versuchen, anhand von Quellen Ordnung in das Chaos der Vergangenheit zu bringen, indem sie sortieren und bewerten. Sie strukturieren Abläufe, bieten Begründungsmöglichkeiten für Entscheidungen und führen Begebenheiten auf frühere Begebenheiten zurück. Damit diese prinzipielle Vernünftigkeit von Historiografie durchgehend aufrecht erhalten werden kann, müssen Lücken im rationalen Begründungsgefüge als solche markiert werden.

Vergangenheit ist Chaos, Geschichte folgt der Vernunft

Was damit gemeint ist, hat REINHART KOSELLECK (1923–2006) herausgearbeitet, der den Zufall als „Motivationsrest" in der Geschichte bezeichnete: Die Geschichtsschreibung hält die Ergebnisse einer nach den Grundsätzen der Vernunft verfahrenden Geschichtsforschung fest. Sie liefert kausale (ursächliche) Gründe für Handlungen und Ereignisse. Doch nicht alle Handlungen und Ereignisse lassen sich kausal auflösen. Dass jemand bei einem Verkehrsunfall starb, dass jemand an einem Ort war und somit auf das Geschehen an einem anderen Ort keinen Einfluss nehmen konnte, dass jemand aus Gründen, die nicht erkennbar sind, eine bestimmte Entscheidung traf: All dies sind Beispiele dafür, dass keine historische Interpretation konsistent auf kausalen Ursachenketten zu gründen ist.

Der Zufall in der Geschichte

Dort, wo dies nicht der Fall ist, sprechen Historikerinnen und Historiker seit dem 19. Jahrhundert aber in der Regel nicht mehr von einem „Wunder" oder von „Schicksal", sondern von Zufall.

Der Zufall wurde also zu einer Erklärungskategorie für das rational nicht Erklärbare. Kein seriöser Historiker würde behaupten, dass es göttliche Fügung war, dass Hitler dem Attentat Georg Elsers im Münchner Bürgerbräukeller 1939 entging. Es war Zufall! Der Zufall bestätigt damit als Ausnahme die Regel: die Kausalität, der Historiografie in der westlichen Welt und darüber hinaus unterworfen ist. Er markiert das, was übrig bleibt, wenn alle anderen Handlungen und Entscheidungen rational aufgelöst wurden.

Noch einflussreicher wurde ein anderer Gedanke HUMBOLDTS, den er 1821 in seiner Rede vor der Preußischen Akademie der Wissenschaften zu Berlin mit dem Titel *Ueber die Aufgabe des Geschichtschreibers* vortrug.

> Die Aufgabe des Geschichtschreibers ist die Darstellung des Geschehenen. Je reiner und vollständiger ihm diese gelingt, desto vollkommener hat er jene gelöst. [...] Das Geschehene aber ist nur zum Theil in der Sinnenwelt sichtbar, das Uebrige muss hierzu empfunden, geschlossen, errathen werden. [1.1: HUMBOLDT 1971, 289]

Geschichte und historische Ideen

Wie aber ist es möglich, dass der Historiker erkennt, was nicht in der Sinnenwelt sichtbar ist? HUMBOLDT löste diese Frage zunächst in der Weise, wie auch HEGEL es tat: Alles in der Sinnenwelt Erkennbare zeuge von einer hinter ihm liegenden, nicht unmittelbar erkennbaren Sphäre. Waren bei HEGEL die konkreten empirisch erkennbaren Volksgeister Ausdruck des hinter ihnen stehenden absoluten Weltgeistes, so waren bei HUMBOLDT die Menschen Träger von Ideen, wie dem Guten, Schönen und Wahren. In ihrem Handeln strebten sie nach der Verwirklichung dieser Ideen in jeweils historischer Konkretion. Die Sphäre der Ideen, die unhistorisch hinter oder über der Geschichte steht, scheint also bei der Interpretation der jeweiligen historischen Individuen und der Situationen auf, in denen sie handeln. Das Gute, Schöne und Wahre nimmt zu unterschiedlichen Zeiten unterschiedliche Gestalten an.

Wie aber kann der Historiker den ideellen Gehalt in dem empirisch nachweisbaren Handlungen und Ereignissen erkennen? HUMBOLDT antwortete darauf: weil er Mensch ist!

> Jedes Begreifen einer Sache setzt, als Bedingung seiner Möglichkeit, in dem Begreifenden schon ein Analogon des nachher wirklich Begriffenen voraus, eine vorhergängige, ursprüngliche Uebereinstimmung, zwischen dem Subject und Object. [1.1: HUMBOLDT 1971, 297]

HUMBOLDT knüpfte damit an die hermeneutische Tradition an, die in der Geschichtsschreibung seit der Frühen Neuzeit gepflegt wurde. Aussagen in Quellen, die Gestalt von Überresten lassen sich vom Heute aus rückwirkend verstehen, weil sie etwas beschreiben, was in anderer Gestalt Teil unserer Lebenswelt ist. Aggressive Haltungen können gedeutet werden, weil uns Aggression vertraut ist, psychologische Reaktionen wie Angst, Zorn oder Liebe lassen sich verstehen, weil wir sie von uns selbst kennen. Historisches Begreifen

Geschichtsdenken in diesem Sinne ist bis heute ein Differenzdenken, das zeitlich getrenntes Gleiches mit einander in Beziehung bringt. Was uns gänzlich fremd ist, wovon wir nichts wissen, das können wir nicht erkennen; nur Vertrautes scheint uns als Anderes, als abweichende Form auf. Dieser Grundsatz durchzieht die Geschichtsschreibung bis heute. Wenn wir einen „Fremden" auf der Straße sehen, erscheint er uns als fremd, weil wir ihn hier noch nie gesehen haben, er ein unübliches Aussehen hat oder Verhaltensweisen, die uns merkwürdig vorkommen. Der „Fremde" ist uns also in eigentlichem Sinne nicht fremd, sondern abweichend von dem, was wir selbst sind. Wir bestimmen ihn nach seiner Andersartigkeit, genauso wie wir das Handeln historischer Personen und den Ablauf historischer Ereignisse in der Andersartigkeit zu dem beschreiben, was wir für uns und unsere Gegenwart behaupten würden. Geschichtsschreibung beschreibt also nie das Fremde an sich, sondern deutet es immer als das im Verhältnis zum erkennenden Subjekt Andere.

Geschichtsdenken als zeitliches Differenzdenken

Das Fremde in der Geschichte

Mit der Hermeneutik und der weitgehenden Ausklammerung des Göttlichen als direkter Handlungsinstanz aus der Geschichte wurde auch das Subjekt des Historikers für seine Tätigkeit aufgewertet. Geschichte ist an den Historiker als Erkenntnissubjekt gebunden; seine Erkenntnis ist aber insofern nicht subjektiv, als sie auf rationalen Methoden fußt, die von allen Menschen nachvollzogen, geteilt oder aus rationalen Gründen abgelehnt werden können. Der methodischen Ausfaltung dieses Objektivierungsprozesses widmeten sich dann Historiker im 19. und 20. Jahrhundert, wovon später noch zu handeln sein wird.

Der Historiker als Subjekt der Erkenntnis

10.3 Materialistische Geschichtsphilosophie

Knüpfte vor allem die spätere deutsche Geschichtswissenschaft und Geschichtsschreibung an die Inhalte (nicht die Geschichtslogik!) der idealistischen Philosophie an, so wurde die Entwicklung besonders in den westeuropäischen Ländern auch von materialistischen Ansätzen beeinflusst. Diese bezogen sich weniger auf die Geschichtsphilosophie im Speziellen als vielmehr auf die allgemeine Wissenschaftstheorie und Philosophie, vor allem die Politische Philosophie; gleichwohl begründeten Theorien des 18. und frühen 19. Jahrhunderts Wissenschaftstraditionen, die dann von der Geschichtswissenschaft aufgegriffen und sie bis in das 20. Jahrhundert hinein prägten.

Idealisten und Materialisten: Gemeinsames und Trennendes

Ein verbindendes Element zwischen den idealistischen Philosophien und den materialistischen Entwürfen war die Kritik an einem theozentrischen Weltbild, die Bedeutung, die sie der Vernunft beimaßen und die Intention, ein neues Menschenbild zu verwirklichen. Im Gegensatz zu den Idealisten suchten die Materialisten die Erreichung ihrer Ziele nicht in einer Philosophie des Geistes, sondern in empiristischer, an den Vorgehensweisen der Mathematik und Naturwissenschaften geschulter Tradition, in der Erklärung der körperlichen Welt. Vereinfacht könnte man sagen: Ging der Idealismus von einem Primat des Geistes über die Körperwelt aus, so behauptete der Materialismus umgekehrt den Primat der materiellen Welt, die den Geist präge.

Julien Offray de La Mettrie, Paul-Henri Thiry d'Holbach

Der französische Arzt und Schriftsteller Julien Offray de La Mettrie (1709–1751) bestimmte den Materialismus im Unterschied zum „Spiritualismus" als ältere der beiden möglichen philosophischen Weltauffassungen. In seinem Werk *L'Homme-Machine* (1748, Die Mensch-Maschine) vertrat er atheistische Positionen und beschrieb den Menschen als aus seiner reinen Körperlichkeit erklärbare Maschine. Er wurde damit zum Vordenker für die Evolutionstheorie und die modernen Neurowissenschaften, die geistige Prozesse in natürliche Körpervorgänge aufzulösen versuchen. Weniger radikal, aber in der Grundtendenz ähnlich waren die Thesen Paul-Henri Thiry d'Holbachs (1723–1789): In seinem *Système de la Nature ou Des Loix du Monde Physique et du Monde Moral* (1770, System der Natur oder Die Gesetze der physischen und der moralischen Welt) erklärte er die Natur als autopoietisches (sich selbst schaffendes) System, das keines Schöpfers bedürfe und aus dem auch die Gesetze der moralischen Welt abzuleiten seien.

Ähnliches hatte auch THIRY D'HOLBACHS Freund CLAUDE-ADRIEN HELVÉTIUS (1715–1771) in *De l'esprit* (1758, Über den Geist) behauptet, worin der Mensch als selbstbezogenes Triebwesen dargestellt wird, das sich nicht von großen Ideen, sondern vom Prinzip des größtmöglichen Nutzens leiten lasse. Popularisiert wurden diese Theorien vor allem durch die von DENIS DIDEROT (1713–1784) organisierte *Encyclopédie ou Dictionnaire raisonné des sciences, des arts et des métiers* (35 Bde., 1751–1780, Enzyklopädie oder vernunftbasiertes Wörterbuch der Wissenschaften, Künste und Handwerke), in der die Kernbegriffe des Materialismus in ihrem Zusammenhang als umfassender Versuch einer Erklärung der gesamten Welt erläutert werden. Claude-Adrien Helvétius, Denis Diderot

Vor dem Hintergrund der empiristischen und materialistischen Philosophien schuf der Mathematiker und Philosoph AUGUSTE COMTE (1798–1857) eine Wissenschaftstheorie, die er als Soziologie bezeichnete. Innerhalb eines Drei-Stadien-Modells, das er in seinem Werk *Cours de philosophie positive* (6 Bde., 1826–1842, Lehren von der Positiven Philosophie) vorstellte, nahm das „positive oder wissenschaftliche Stadium" die höchste Stellung ein. Die von ihm konzipierte Philosophie des „Positivismus", die sich auf das Erkennen von sinnlich wahrnehmbaren Tatbeständen richtet, sollte auf vernünftiger Basis eine Analyse der Gegenwart leisten, um davon ausgehend den Blick in die Zukunft zu ermöglichen. Auguste Comte Positivismus

Mit diesem Konzept legte COMTE ein Gegenmodell zur idealistischen Geschichtsphilosophie vor, die ebenfalls Geschichte als Erkenntnisleistung des gegenwärtigen Subjekts mit dem Ziel verstand, die bewegenden Ideen und Kräfte im Lauf der Geschichte auszumachen, um sie auf ein zukünftiges Ziel hin zu deuten. Vor allem in Deutschland rückte die in der zweiten Hälfte des 19. Jahrhunderts aufblühende Soziologie somit in ein Konkurrenzverhältnis zur Geschichtswissenschaft idealistischer Prägung, das bis über die Mitte des 20. Jahrhunderts hinaus mehr oder weniger bestehen blieb, beide Seiten aber nicht nur zu einer Zuspitzung ihrer Positionen antrieb, sondern auch zu wechselseitiger Inspiration.

Die Vorstellung, dass die Welt stärker als durch eine Entwicklung des Geistes von einer Evolution des Menschen bestimmt werde, fand auch in Großbritannien Anhänger. Der Nationalökonom THOMAS ROBERT MALTHUS (1766–1834) hatte in den Werken *An Essay on* Thomas Robert Malthus, Charles Darwin *the Principle of Population* (1798) und *Principles of Economics* (1820) die These vertreten, dass wirtschaftliche Entwicklung zu Überbevölkerung und als deren Folge zu Pauperisierung (Verarmung) führe, und daraus eine Art geschichtsleitendes Gesetz gefolgert. Hieran anknüpfend, formulierte CHARLES DARWIN (1809–1882) seine Evolutionstheorie, die auf dem Grundsatz fusst, dass die biologische Entwicklung auf den Prinzipien der Variation und natürlichen Selektion basiere. Vor allem in seinem Hauptwerk, *On the Origin of Species* (1859), entfaltete er seine Theorie der Anpassung aller Lebewesen, auch des Menschen, an seine Umwelt und schuf damit ein Entwicklungsmodell, das den theologischen Ursprungsvorstellungen der Menschheit wie auch idealistischen Philosophien entgegen stand, in denen empirische Befunde als Ausdruck dahinterliegender geistiger Determinanten gedeutet werden.

Herbert Spencer

Naturwissenschaftliche Erkenntnisse wurden so vor dem Hintergrund soziologischer Theorien gedeutet, die die Entwicklung und Konstitution von Gesellschaften auf materialistischer Grundlage erklärten. Ein weiterer Vertreter dieser Auffassung, die auch als Evolutionismus oder Sozialdarwinismus bezeichnet wird, war HERBERT SPENCER (1820–1903). Vor allem in den Schriften *The Social Organism* (1860) und *First Principles* (6 Teile, 1860–1862) entwarf er auf DARWINS Grundsatz des *Survival of the Fittest* eine Theorie, nach der die historische Entwicklung der Gesellschaft dadurch geleitet werde, dass es bestimmten Gesellschaften besser als anderen gelinge, sich den materiellen Gegebenheiten anzupassen, sodass sie aufblühen und überleben könnten, während schlechter angepasste Gesellschaften untergingen. Ähnlich wie die idealistische Vorstellung von der „List der Vernunft", die Geschichte auf eine den Menschen nicht immer ergründbare Weise leite, schuf er so die Vorstellung von einer Art „unsichtbaren Hand der Evolution", die als geschichtsleitendes Element den Fortgang bestimme.

Ludwig Feuerbach

Auch in Deutschland fanden – zum Teil inspiriert durch die Vorbilder aus Großbritannien – materialistische Philosophien und „positive Wissenschaft" Anklang. Der Philosoph und Anthropologe LUDWIG FEUERBACH (1804–1872) wandte sich von seinem Lehrer HEGEL ab, indem er mit religionskritischem Impetus das geschichtsantreibende Motiv aus dem Bereich des Ideellen und Absoluten in die materielle Welt des Menschen verlegte. Es sei der „Egoismus", der das Handeln des Menschen leite, und der Wille des Menschen bestimme nicht wie bei Hegel die äußeren Umstände des Menschen. Vielmehr seien diese bestimmend dafür, was der Mensch wolle.

Diese These vertraten auch K%%ARL%% M%%ARX%% (1818–1883) und sein Weggefährte F%%RIEDRICH%% E%%NGELS%% (1820–1895), die die H%%EGELSCHE%% Dialektik historischer Entwicklung – die Abfolge sich immer wieder negierender Fortschrittsstufen – vom „Kopf auf die Füße zu stellen" beabsichtigten und an F%%EUERBACH%% kritisierten, dass dieser seine Thesen am Individuum und nicht an der menschlichen Gesellschaft entwickelt habe.

Karl Marx, Friedrich Engels

> Für Hegel ist der Denkproceß, den er sogar unter dem Namen Idee in ein selbständiges Subjekt verwandelt, der Demiurg des wirklichen, das nur seine äußere Erscheinung bildet. Bei mir ist umgekehrt das Ideelle nichts andres als das im Menschenkopf umgesetzte und übersetzte Materielle. [1.1: M%%ARX%% 1872, 709]

Ähnlich wie H%%EGEL%% gingen diese Vertreter eines „Dialektischen Materialismus" beziehungsweise „Historischen Materialismus" vom Kampf zweier antagonistischer Prinzipien (These – Antithese) in bestimmten historischen Entwicklungsstufen aus, der die gesellschaftliche Entwicklung auf eine höhere Stufe (Synthese) bringe: Auf die Stammes- oder Urgesellschaft sei die (antike) Sklavenhaltergesellschaft gefolgt, darauf die (mittelalterliche) Feudalgesellschaft und daran anschließend die (heutige) Kapitalistische Gesellschaft. Der Grundsatz dabei ist immer:

Dialektischer und Historischer Materialismus

Das Sein bestimmt das Bewusstsein

> Es ist nicht das Bewußtsein der Menschen, das ihr Sein, sondern umgekehrt ihr gesellschaftliches Sein, das ihr Bewußtsein bestimmt. [1.1: M%%ARX%% 1961, 9]

Die empirisch bestimmbare Lebenswirklichkeit in einer bestimmten Gesellschaftsformation bestimme also das Denken der Menschen. Gesellschaften seien immer von innergesellschaftlichen Gegensätzen geprägt, die sich in unterschiedlichen Besitzständen und in Machtverhältnissen zum Ausdruck bringen. Als kennzeichnend für die Epoche des Kapitalismus, die für M%%ARX%% und E%%NGELS%% deren Gegenwart prägte, sahen sie den Gegensatz zwischen Kapital und Arbeit an; als dessen Überwindung stellten sie eine künftige Epoche des Kommunismus in Aussicht, in der alle Menschen gleichgestellt und die Gegensätze damit dauerhaft aufgehoben sein sollten. In dieser Hinsicht folgte das Modell des Historischen Materialismus einer

Geschichtsphilosophie in der Epoche des Kapitalismus

Glücksverheißung ähnlich wie Hegels Modell, das auf ein Zu-sich-selbst-Kommen des absoluten Geistes ausgerichtet war.

Geschichtsphilosophie und Politische Philosophie

Ohne hier die Theorie von Marx und ihm folgender Marxisten weiter ausfalten zu können, kann mit Hinblick auf die Historiografiegeschichte festgehalten werden, dass die Marxsche Form der Geschichtsphilosophie – wie die meisten Formen von Geschichtsphilosophie überhaupt – eng an eine Politische Philosophie und ein übergeordnetes philosophisches System geknüpft war. Die Deutung von Geschichte und der Appell zu politischem Handeln gingen dabei Hand in Hand, was auch dazu führte, dass Geschichte unter geschichtsphilosophischen Vorzeichen in der Regel parteilich betrieben wurde – und im Falle der marxistischen Geschichtsphilosophie – später in den Richtungskampf während des Zeitalters ideologischer Extreme eingebunden war.

Das Ende der philosophischen Systeme

Mit dem Ende der großen philosophischen Systeme Ende des 19. Jahrhunderts und dem Untergang der meisten sozialistischen Staaten Ende des 20. Jahrhunderts wurden Geschichtsphilosophien als Gesamtkonzeptionen über den Ablauf und das Ziel von Geschichte weitgehend obsolet. Eine der wenigen Ausnahmen bildete der Ansatz des US-amerikanischen Politikwissenschaftlers Francis Fukuyama (*1952), der in seinem Werk *The End of History and the Last Man* (1992) die These vertrat, dass der Gang der Geschichte vom Siegeszug eines wirtschaftsliberalen Systems nach US-amerikanischem Vorbild zeuge. Ähnlich wie Hegel sich in einer „Endzeit" gesehen hatte, die durch Protestantismus und Preußentum gekennzeichnet gewesen sei, und ähnlich wie Marx den Kapitalismus seiner Zeit als letzte Stufe der historischen Entwicklung markiert hatte, ging Fukuyama davon aus, dass sich das US-amerikanische Wirtschafts- und Gesellschaftsmodell nach dem Ende der Sowjetunion und der meisten seiner verbündeten Staaten über die ganze Welt ausbreiten werde, was das „Ende der Geschichte" bedeute. Auch Fukuyamas These, die Geschichte in einen großen Zusammenhang miteinander konkurrierender politischer wie wirtschaftlicher Systeme stellte, wurde vor allem wegen ihrer politischen Implikationen scharf angegriffen und von Seiten der Geschichtswissenschaft kaum rezipiert.

Francis Fukuyama

Wenn seit dem Ende der großen Systementwürfe von Geschichtsphilosophie gesprochen wird, so ist damit nicht mehr wie bei Hegel, Marx und Fukuyama ein philosophisches System, eine Gesamtphilosophie gemeint, innerhalb derer Geschichte die Funktion hat, das Werden bestimmter Ideen und Entwürfe aufzuzeigen. Wer heute von Geschichtsphilosophie spricht, verbindet damit Fragen etwa wie „Was ist Geschichte?" und „Auf welche Weise lässt sie sich erkennen?". Geschichtsphilosophie heute bedeutet im Kern formale Geschichtstheorie, also das, wonach sich Historiker selbst befragen müssen, wenn sie Geschichte betreiben.

Die Unterordnung von Geschichte unter philosophische Systeme hatte auch Auswirkungen auf das Verhältnis von Geschichtsphilosophie und Geschichtsschreibung. Zwar legten die großen Geschichtsphilosophen auch historiografische Werke vor – so etwa HEGEL in dem als *Anhang* postum veröffentlichten Teil seiner *Vorlesungen zur Philosophie der Weltgeschichte*, MARX mit *Die Klassenkämpfe in Frankreich 1848 bis 1850* (1850) und ENGELS in zahlreichen Werken –, doch genügt diese Geschichtsschreibung den Ansprüchen der Geschichtswissenschaft seit der Mitte des 19. Jahrhunderts nicht mehr, da sie in einer zwangsläufigen Logik exemplarisch entfaltet, was philosophisch vorbestimmt wurde. Damit degradiert sie Geschichtswissenschaft und -schreibung zu einer Magd der Philosophie. Zudem entsprach der Wahrheitsanspruch der Geschichtsphilosophien schon in der Zeit ihres Entstehens nicht mehr einem sich herausbildenden freiheitlichen, grundsätzlich demokratischen Wesenszug von Geschichtswissenschaft, nach dem diese die Vorstellung einer bestimmten Sichtweise auf historische Sachverhalte ist, die in einer Gelehrtengesellschaft und einer größeren Öffentlichkeit frei und vorbehaltlos diskutiert und mitunter auch als unzureichend oder falsch zurückgewiesen werden kann.

Geschichtsphilosophie und Geschichtsschreibung

Muss also eine deutliche Trennlinie zwischen Geschichtsphilosophie und wissenschaftlicher Geschichtsschreibung gezogen werden, so bleibt dabei zu berücksichtigen, dass die Historiografie bei allen Vorbehalten gegenüber philosophischer und theologischer Bevormundung doch lange Zeit von den philosophischen Entwicklungen beeinflusst blieb. Dabei waren es nicht so sehr die genannten historiografischen Werke der Philosophen, die größere Wirkkraft entfalteten, sondern eher eine allgemeine Beeinflussung der Historiker durch die Strahlkraft der großen philosophischen Systeme. Ähnlich wie sich in Deutschland – wie später zu zeigen sein wird – die Emanzipation der Historiker vom Deutschen Idealismus nur allmählich und über lange Dekaden bis in das 20. Jahrhundert hinein hinzog, wurden auch in den westlichen Nachbarländern Geschichtswerke geschaffen, die von philosophischem Einfluss zeugen: Häufig sind sie von einem unterschwelligen Positivismus und Evolutionismus durchzogen, die den Gang der Darstellung bestimmen. Ein namhaftes Beispiel hierfür ist ERNEST RENAN (1823–1892), der 1848 in *L'Avenir de la Science* (Die Zukunft der Wissenschaft) seine positivistische geschichtsphilosophische Haltung dargelegt hatte und in seinem Hauptwerk *Histoire des origines du Christianisme* (7 Bde., 1863–1883, Geschichte der Ursprünge des Christentums) am Evolutionsgedanken in Form einer moralischen Perfektibilität festhielt, die sich durch die Geschichte ziehe.

11 Geschichtsschreibung der Aufklärungszeit

Nutzen der Geschichtsschreibung: Erziehung des Menschen (-geschlechts)

War die Zeit der Aufklärung die Blütezeit der Geschichtsphilosophie, so bildete sie zugleich – zum Teil in enger Abhängigkeit von philosophischen Prämissen – eine spezifische Form der Geschichtsschreibung aus, die auch als „Pragmatismus" bezeichnet wird. „Pragmatisch" war diese Historiografie insofern, als sie sich als Darstellungsabsicht – ähnlich wie bei den aufklärerischen Philosophen – die Erziehung des Menschen setzte. In diesem Sinne entwarfen die Historiografen der Aufklärungszeit ihre Darstellung auf bestimmte ethisch-moralische Ziele hin – sowohl für das einzelne menschliche Individuum als auch für Kollektivindividuen (Völker, Nationen, Staaten etc.) und die gesamte Menschheit. Der Göttinger Historiker AUGUST LUDWIG SCHLÖZER (1735–1809) legte 1772/73 eine *Vorstellung seiner Universal-Historie* vor, die von folgender Prämisse ausging:

> Der Universalhistoricus hebt sie [die Materie der Weltgeschichte, SJ] aus dem bereits vorgearbeiteten Stoffe unzähliger Specialgeschichten heraus, sammlet sie vollständig, wählt sie zweckmäßig aus, und ordnet jede Geschichte in ein Verhältniß zu den übrigen Theilen und zum ganzen Plan: dies giebt ihnen die *Form* [Hervorhebung im Original]. Diese Form, die in der Auswahl sowohl als der Verbindungsart der Begebenheiten liegt, wird zwar überhaupt durch die *Absicht* [Hervorhebung im Original] der Weltgeschichte bestimmt: allein sie fodert noch eine nähere Untersuchung. [1.1: SCHLÖZER 1997, 13 f.]

Als „Absicht der Weltgeschichte" bestimmte SCHLÖZER weiter:

> Die Universalhistorie muß uns zeigen, wie sie das im Ganzen und in ihren Theilen ward, was sie vordem war und itzo ist: sie soll die vergangene Welt

an die heutige anschliessen, und das Verhältniß beider gegen einander lehren. [1.1: Schlözer 1997, 4]

Geschichte im Verständnis der Aufklärungshistoriker dient den Gegenwärtigen als Anschauungsobjekt dazu, die Gewordenheit ihrer Gegenwart zu vergegenständlichen. Die Schilderung des Ablaufs der Zeitalter, der Unterschiedlichkeit der Kulturen und der großen „Revolutionen", die die Menschheit auf ihrem Weg vorangebracht hätten, erscheint als Genese der Menschwerdung und der Humanitätsbildung. Ausgerichtet ist diese Beschreibung auf das Ideal eines aufgeklärten europäischen Menschen. Ihm soll Historiografie zur Selbsterkenntnis und Menschwerdung nutzen. Geschichtsschreibung und Geschichtswissenschaft sind damit nicht Selbstzweck, sondern dienen der Vermittlung *apriori* gesetzter ethischer Maximen.

Die Geschichtsschreibung der Aufklärungszeit verfolgte ein Erziehungsideal, das über Geschichte gelehrt werden und dem Leser einen Nutzen vermitteln sollte. Ihr Ziel war eine Form der Wahrheit höherer Ordnung, die aus philosophischen Spekulationen gewonnen worden war und der Historiografie vorstand, die als Exemplifizierung dieser Wahrheit in chronologischer, kausal-konsekutiver Abfolge präsentiert wurde. Die beschriebene Entwicklung folgte damit notwendigerweise einem Perfektibilitätsprinzip als didaktischer Leitlinie: Geschichte als fortschreitende Menschwerdung des Menschen. Konsequenterweise musste sie daher stets als Fortschritt beschrieben werden, ähnlich wie in den zuvor dargestellten Geschichtsphilosophien. Dies bedeutete nicht, dass nicht auch Rückfälle und Negativereignisse in die Darstellung einbezogen werden konnten, doch erwiesen sich diese „auf lange Sicht" immer als notwendige Schritte innerhalb des Fortschritts zum Besseren. Geschichte als Fortschritt

Obwohl Schlözer und andere den Begriff „Universalgeschichte" (*historia universalis*) für ihre Form der Geschichtsschreibung geltend zu machen suchten, sollte man als Beschreibungsbegriff eher den ebenfalls zeitgenössischen Begriff der „Allgemeinen Geschichte" (*historia generalis*) verwenden. „Allgemein" war die Geschichtsschreibung insofern, weil sie sich zwar für die gesamte Weltgeschichte interessierte, dabei aber bestimmte abstrakte Entitäten verfolgte. Genau darin sahen spätere Historiker des „Historismus" einen grundlegenden Unterschied zu ihrer als „universal" betrachteten Herangehensweise. Diesen definierte der Dresdner Archivar Universalgeschichte, Allgemeine Geschichte und Historiker FRIEDRICH WILHELM TITTMANN (1784–1864) im Jahr 1817 folgendermaßen:

> Es ist also die gesammte Geschichte (historia universa, das Ganze der Geschichte) [...] zu unterscheiden von der allgemeinen Geschichte (historia generalis), welche nur das Gemeinschaftliche, nach Abzug alles Besondern enthält. [1.1: TITTMANN 1999, 30 f.]

Universal war die Geschichtsschreibung der Aufklärungszeit insofern nicht, weil sie der Geschichtlichkeit entzogenen apriorischen Ideen über die Entwicklung des Menschengeschlechts folgte und diese teleologisch als zu vermittelnde Ziele der Geschichtsschreibung vorschrieb. Während daher spätere Geschichtsschreibung einem zweckfreien Bildungsideal dienen sollte, hob die pragmatische Historiografie auf einen didaktischen Nutzen, eine Erziehung der Leser ab.

Beginn des Verwissenschaftlichungsprozesses

Kritik als zentraler methodischer Schritt

Göttinger Schule

Gleichwohl stellte die aufklärerische Geschichtswissenschaft einen bedeutenden Entwicklungsschritt bei der Herausbildung moderner Geschichtsforschung dar. Sie beförderte den so genannten Prozess der Verwissenschaftlichung, indem sie die Bedeutung der in den vorangegangenen Jahrhunderten kanonisch gefassten Historischen Hilfswissenschaften – allen voran der Kritik als zentralem methodischen Schritt in dieser Zeit – weiter hervorhob, den Blick im Großen auf alle Zeiten und Kulturen öffnete und im Kleinen auch auf kultur- und landesgeschichtliche Phänomene lenkte. So entstand etwa an der Universität Göttingen, deren Landesherr der englische König war und an der sich die Forscher unter vergleichsweise freiheitlichen Bedingungen den Ideen des englischen Liberalismus und der französischen Aufklärung widmen konnten, ein Zentrum historischer Forschung im deutschsprachigen Raum. Historiker wie SCHLÖZER, JOHANN CHRISTOPH GATTERER (1727–1799), LUDWIG TIMOTHEUS FREIHERR VON SPITTLER (1752–1810) und ARNOLD HERMANN LUDWIG HEEREN (1760–1842) zielten mit ihren Werken auf ein breites Publikum über die eigene Disziplin hinaus und übertrugen textinterpretatorische (hermeneutische) Verfahren aus Philologie und Theologie auf ihre zunehmend empirische Forschung. Unter ihnen begann auch ein Verfachlichungsprozess mit der Gründung historischer Institute, Gesellschaften und Publikationsorgane, der später noch eingehender zu betrachten sein wird. Insgesamt setzte sich dabei der Emanzipationsprozess fort, der schon früher angefangen hatte: Die

hermeneutische Verfahren

Beginn des Verfachlichungsprozesses

Geschichtswissenschaft – und damit verbunden die Geschichtsschreibung – erfuhren in diesem Zuge eine Aufwertung gegenüber der Philosophie und Theologie; der Kollektivsingular „die Geschichte" setzte sich zunehmend gegenüber einem Verständnis von Geschichte(n) als Einzelhistorie(n) durch. Aufgewertet wurde auch die Persönlichkeit des Historikers hinsichtlich ihrer Bedeutung für den historischen Erkenntnisvorgang, was auch damit zusammenhing, das die Darstellung der Geschichte bestimmten Zwecken folgen sollte. So heißt es in einer anonymen geschichtstheoretischen Schrift von 1804:

Kollektivsingular „die Geschichte"

> So hat begreiflich auch ein jeder seine eigens motivirte Ansicht von Geschichte, von Zweck und von Darstellung der Geschichte. [1.1: Anonym 1804, 45]

Begann in der Aufklärungszeit eine Entwicklung, die sich im 19. Jahrhundert fortsetzte und die deutschsprachige Geschichtswissenschaft für lange Zeit als maßstabsetzend für progressive Geschichtsforschung gelten ließ, so wurden auch in Westeuropa Grundlagen moderner Geschichtswissenschaft gelegt. Als wegweisend gilt etwa EDWARD GIBBONS (1737–1794) Werk *The History of the Decline and Fall of the Roman Empire* (6 Bde., 1776–1789), das den Untergang des Römischen Reichs von der Zeit Mark Aurels bis zur Eroberung Konstantinopels durch die Osmanen 1453 in Form einer klassischen Niedergangsgeschichte darstellt und für das vorherrschende Bild der römischen Antike prägend wurde.

Edward Gibbon

Ein wichtiger Motor für die Entwicklung der Geschichtsschreibung und Geschichtswissenschaft insgesamt wurde dabei die kritische Auseinandersetzung mit der „Zeitgeschichte", verstanden als Genese der eigenen Gegenwart. Insgesamt führte die Entstehung moderner Nationalstaaten – in Frankreich, Großbritannien und den USA mit demokratischem Gepräge – dazu, dass Historiografie zunehmend als wissenschaftlicher Beitrag zur Nationsbildung verstanden wurde. Dementsprechend wich der Blick auf die Weltgeschichte, der in der Aufklärungszeit vorherrschend gewesen war, mehr und mehr der Konzentration auf die Nationalgeschichte, die im staatlich zersplitterten Deutschland auch als „Vaterländische Geschichte" bezeichnet wurde, und in der das Politische das zentrale Augenmerk bildete. Weltgeschichtliche Entwürfe, die auch in dieser Zeit vorgelegt wurden, waren nun national strukturiert und nah-

Geschichtsschreibung im Zeichen entstehender Nationalstaaten

men häufig den Charakter von vergleichenden Nationalgeschichten an, in denen besonders die jeweils eigene Nation im Mittelpunkt stand. Gerade politisch liberal gesinnte Historiker nutzten ihre Werke, um eine Genealogie moderner Staaten aufzuzeigen.

Geschichtsschreibung im Zeichen der Französischen Revolution

Dabei stand in Frankreich die Auseinandersetzung mit der Französischen Revolution im Mittelpunkt, für die GERMAINE DE STAËL (1766–1817) mit ihren 1818 postum erschienenen, im politisch liberalen Geist verfassten *Considérations sur les principaux événements de la Révolution française, depuis son origine jusques et compris le 8 juillet 1815* (Betrachtungen über die wichtigsten Ereignisse der Französischen Revolution, von ihrem Ursprung bis einschließlich dem 8. Juli 1815) und der britische Philosoph EDMUND BURKE (1729–1797) mit seinen konservativen, fortschrittskritischen *Reflections on the Revolution in France, And on the Proceedings in Certain Societies in London Relative to that Event* (1790) wichtige Anfangspunkte schufen. Diese Tradition der Revolutionsgeschichtsschreibung setzten im weiteren Verlauf des Jahrhunderts bedeutende liberale Politiker-Historiker wie ADOLPHE THIERS (1797–1877), FRANÇOIS-AUGUSTE MIGNET (1796–1884), JULES MICHELET (1798–1874) und HIPPOLYTE TAINE (1828–1893) fort. Besonders MICHELETS *Histoire de France* (5 Bde., 1833–1844, Geschichte Frankreichs) und deren Fortsetzung *Histoire de la Révolution française* (7 Bde., 1847–1853, Geschichte der Französischen Revolution) sowie Taines revolutionskritische Bilanz *Les origines de la France contemporaine* (5 Bde., 1875–1893, Die Ursprünge des zeitgenössischen Frankreichs) prägen bis weit in das 20. Jahrhundert hinein auflagenstark das Bild der französischen Geschichte und das französische nationale Selbstbewusstsein.

Alexis de Tocqueville

Überhaupt wurde die Auseinandersetzung mit den bürgerlichen Revolutionen des 18. Jahrhunderts vor allem in Westeuropa zu einem Scheidepunkt zwischen konservativen und liberalen Auffassungen. Die Deutung von Revolution und Fortschritt als Aufbruch in eine neue Welt zwischen der Gefahr von Willkürherrschaft und Traditionsverlust einerseits und Freiheit andererseits geriet zum wiederkehrenden Topos nationaler Geschichtsschreibung. Dabei erfuhr das Werk ALEXIS DE TOCQUEVILLES (1805–1859) erhöhte Aufmerksamkeit, der in *De la démocratie en Amérique* (2 Bde., 1856, Über die Demokratie in Amerika) und in *L'ancien régime et la révolution* (1856, Das Ancien Régime und die Revolution) auf die Gefahren von Revolutionsfolgen und die Probleme der neuen demokratisch verfassten Gesellschaften hinwies.

In der Aufklärungszeit gründet auch eine andere, im weiteren Sinne zur Historiografie zählende Publikationsform, die im 19. Jahrhundert in der westlichen Welt aufblühte: die Enzyklopädie. Zwar beschränkten sich Enzyklopädien nicht auf historische Gegenstände, doch ist ihnen mit der Historiografie die Idee gemeinsam, durch das Zusammentragen von Wissen, eine Grundlage für die Erziehung des Menschen zu schaffen. Die Gewordenheit dessen, was als Wissen betrachtet wurde, spielte dabei eine große Rolle. Enzyklopädien wurden bereits im Altertum verfasst. Für die moderne Entwicklung gaben vor allem die von dem englischen Frühaufklärer EPHRAIM CHAMBERS (um 1680–1740) veröffentlichte *Cyclopædia, or, An Universal Dictionary of Arts and Sciences* (2 Bde., 1728) und das von dem deutschen Verleger JOHANN HEINRICH ZEDLER (1706–1751) organisierte „Grosse vollständige Universal-Lexicon Aller Wissenschafften und Künste" (22 Teile, 1729–1734) entscheidende Wegstellungen. Zum Maßstab des Genres wurden dann die über 70.000 Artikel aus der Feder von 142 Bearbeitern umfassende *Encyclopédie ou Dictionnaire raisonné des sciences, des arts et des métiers* (35 Bde., 1751–1780, Enzyklopädie oder vernunftbasiertes Wörterbuch der Wissenschaften, Künste und Handwerke). Ähnliche enzyklopädische Projekte, die auch unter der Überschrift eines „Wörterbuchs" oder eines „Universallexikons" firmierten, erschienen bald in fast allen Staaten der westlichen Welt. Auch die Tradition der Nationalbiografien als Porträt einer Nation in ihren führenden Köpfen gründet zu einem wesentlichen Teil in diesen Vorbildern.

Enzyklopädie

Die Enzyklopädien waren manifester Ausdruck des aufklärerischen Strebens nach universalem Wissen und der Erziehung des Menschen zur (geistigen) Freiheit auf dessen Grundlage. Aus heutiger Sicht erscheint ihre Motivation nahezu absurd. Denn zum einen ist der Optimismus verschwunden, alles Wissen aller Zeiten zusammentragen zu können; zum anderen führte gerade die Geschichtswissenschaft des 19. und beginnenden 20. Jahrhunderts im Zeichen des „Historismus als Problems" zu der Einsicht in die Vergänglichkeit von Wissensbeständen. Wissen entsteht immer zeit- und perspektivabhängig. Es ist der Blick von heute auf die Zustände heute und früher. Indem sich die Gegenwart wandelt, wandelt sich auch das Wissen. Nimmt man etwa *Wikipedia* als größtes enzyklopädisches Projekt des beginnenden 21. Jahrhunderts, so fällt nicht nur auf, dass sich die Artikel über einen bestimmten Gegenstand in ihrer jeweiligen kulturell-sprachlichen Form unterscheiden, sondern

Streben nach universalem Wissen

Das Beispiel Wikipedia

vor allem, dass die Artikel einem steten Wandel unterworfen sind, der nicht allein seiner Möglichkeit durch die digitale Veröffentlichungsform geschuldet ist. Die laufenden Veränderungen an den *Wikipedia*-Artikeln verdeutlichen anschaulich die kulturelle Abhängigkeit von Wissensproduktion und den Wissenswandel. Zwar werden die Beiträge in *Wikipedia* im Laufe der Zeit zunehmend länger, doch sind sie nicht als reine Akkumulation von Wissen zu bezeichnen. Vielmehr kommen neue Einsichten hinzu, andere erweisen sich als nicht mehr haltbar oder zumindest als in dieser Form nicht mehr haltbar.

Damit ist die in der Geschichtswissenschaft entwickelte Einsicht in die Vergänglichkeit von Wissen auch in modernen Enzyklopädieprojekten angekommen. Die nicht nur definitorisch, sondern weitgehend auch historisch strukturierten Artikel zeugen vom Wandel historischer Perspektiven – ein zentraler Punkt, der die Geschichtswissenschaft seit dem 19. Jahrhundert zu beschäftigen begann.

12 Geschichtsschreibung im 19. Jahrhundert

Herausbildung der modernen Geschichtswissenschaft

An der Wende vom 18. zum 19. Jahrhundert begann die Herausbildung der modernen Geschichtswissenschaft, wie sie heute noch betrieben wird. Davon betroffen war vor allem die (akademische) Geschichtsschreibung, die nun die neu formulierten Methoden reflektierte, die auf ihrer Grundlage erzielten Ergebnisse präsentierte und sie als Beitrag zu einem Diskurs verstand, der zunächst vor allem die bildungsbürgerliche Welt, bald auch weitere Teile der Gesellschaften erfasste.

Verwissenschaftlichung und Verfachlichung

Üblicherweise wird diese Entstehung moderner Geschichtswissenschaft in zweifacher Hinsicht beschrieben: als Prozess der Verwissenschaftlichung und als Prozess der Verfachlichung. Dabei wird unter Verwissenschaftlichung die Formulierung methodologischer Grundsätze verstanden, die als verbindlich für alle akademisch-historische Forschung erklärt werden. Mit Verfachlichung wird dagegen die Emanzipation der Geschichtswissenschaft als eigenständiger (universitärer) Disziplin gegenüber anderen Disziplinen wie Theologie, Philosophie und Philologie bezeichnet. Damit verbunden war auch die Entstehung einer Wissenschaftsinfrastruktur: Historiker und später auch Historikerinnen fingen an, sich als eine *Scientific Community* zu begreifen, die sich in Vereinen und

Verbänden organisierte, Fachorgane zur Veröffentlichung historischer Texte gründete, Archive und Bibliotheken erschloss und professionalisierte sowie Editions- und hilfswissenschaftliche Projekte auf den Weg brachte, mit denen sie die Grundlagen für weitere Forschung schaffen wollte.

Sowohl die Verwissenschaftlichung als auch die Verfachlichung sind dabei nicht nur als Folge wissenschaftsinterner oder geistesgeschichtlicher Einflüsse zu betrachten, sondern müssen immer auch vor dem Hintergrund der zeitgenössischen gesellschaftlichen und politischen Entwicklungen bewertet werden. Besonders die Formierung von Nationalstaaten in der westlichen Welt – zum Teil unter freiheitlichen, demokratischen Vorzeichen – spielte hierfür bis in das 20. Jahrhundert hinein eine wichtige Rolle.

<small>Politischer und sozialer Hintergrund der Entwicklung</small>

Wie eben bereits gezeigt, war etwa die Entwicklung in Frankreich durch die Auseinandersetzung mit der Bewertung der Französischen Revolution geprägt, neben die – ähnlich wie in Großbritannien und anders als in Deutschland – die Bedeutung eines an den Naturwissenschaften geschulten, oft fortschrittsoptimistischen Positivismus als weitere Konstituente trat.

In den USA folgte man in wissenschaftlicher wie fachlicher Hinsicht weitgehend den europäischen Vorbildern. Allerdings trat hier die Suche nach einer „eigenen Geschichte" in den Vordergrund, die sich mit der Erschließungs- und Formierungsgeschichte des Staats, dem Kampf gegen europäische Bevormundung, gegen die *Wilderness* des „unzivilisierten" Kontinents und die indigene Bevölkerung sowie später vor allem mit der sich an der Sklavenfrage entzündenden und im Bürgerkrieg gipfelnden Frontstellung zwischen Unionisten und Konföderierten beschäftigte. Folgenreich für das US-amerikanische Selbstbewusstsein wurde besonders die *Frontier*-These Frederick Jackson Turners (1861–1932), die bis heute das Verständnis einer „Besonderheit" der USA prägt. Vor allem in seinem grundlegenden Essay *The Significance of the Frontier in American History* (1893) stellte Turner die These auf, dass der zivilisatorische Kampf der USA den Typus des „US-Amerikaners" geschaffen habe.

<small>Frederick Jackson Turners *Frontier*-These</small>

Für die Entwicklung in Deutschland war die fehlende nationale Einheit einer der entscheidenden Punkte, dass die Formierung der Fachwissenschaft von der in den westlichen Staaten abwich. Anders als diese war Deutschland bis 1871 kein einheitlicher Nationalstaat. Deshalb erschien die Überwindung der „Kleinstaaterei" und die Schaffung eines gesamtdeutschen nationalen Rahmens von Beginn

<small>„Sonderfall" Deutschland</small>

des 19. Jahrhunderts an als Ziel, dem sich auch die deutschen Historiker verschrieben. Als Katalysator wirkte dabei die Zeit der „Befreiungskriege" gegen die Herrschaft Frankreichs, die Johann Gustav Droysen (1808–1884) und andere als Zeit der „Freiheitskriege" stilisierten, und in der sie den deutschen Einheitsgedanken verwurzelt sahen. Geschichtsforschung und Geschichtsschreibung wurden fortan verstärkt als patriotische Aufgabe verstanden, als „Vaterländische Geschichte" betrieben und sollten so zum Nationsbildungsprozess beitragen, der aus kleindeutscher Sicht ein Preußen-Deutschland als Wunschziel ins Auge fasste. Der Arbeit an der Geschichte wurde dafür eine besondere Bedeutung zugemessen, da das Nachzeichnen einer gemeinsamen („großen") Geschichte der deutschen Staaten integrativ auf die Bildung einer gesamtdeutschen Identität wirken sollte.

Preußisch-kleindeutsche Schule der Geschichtsschreibung

Es waren vor allem bildungsbürgerliche preußische protestantische Autoren, die ihre Geschichtsschreibung in den Dienst dieser Aufgabe stellten, sodass auch von einer „preußisch-kleindeutschen Schule der Geschichtsschreibung" gesprochen wird. Zu dieser werden neben Droysen vor allem Theodor Mommsen (1817–1903), Heinrich von Sybel (1817–1895) und Heinrich von Treitschke (1834–1896) gezählt. Die Verbindung von Wissenschaft und Politik, mitunter auch von Professorenamt und politischem Amt – so war Droysen beispielsweise Abgeordneter der Frankfurter Nationalversammlung –, ließ

Typus des „politischen Professors"

den Typus des „politischen Professors" entstehen, der zum Teil bis in die Gegenwart wirkt. Die Tätigkeit als Wissenschaftler, als Publizist und als Politiker fließen darin in einem gemeinsamen Ziel zusammen, das in allen Betätigungen verfolgt wird.

Neben den unterschiedlichen politischen und staatlichen Voraussetzungen machte sich für die jeweilige nationale Ausprägung der Historiografien in Europa und den USA auch ein wichtiger geistesgeschichtlicher Unterschied geltend. So prägten starke idea-

idealistische Traditionen in Deutschland

listische Traditionen, im Gegensatz zum Positivismus und Materialismus der Nachbarländer, das deutsche Denken der (Geistes-)Wissenschaften bis in das 20. Jahrhundert hinein. Wird im ideenge-

Historismus

schichtlichen Kontext vom „Historismus" als Entwicklung der Geschichtswissenschaft gesprochen, so ist hiermit seit Friedrich Meineckes (1862–1954) wegweisendem Werk *Die Entstehung der Historismus* (2 Bde., 1936) die vom Idealismus geprägte Vorstellung von einer „großen deutschen Bewegung" verbunden, die die Idee eines „deutschen Sonderwegs" prägt, der bis zur Mitte des 20. Jahrhunderts hinein als positiv, dann in kritischer Auseinandersetzung mit dem Nationalsozialismus als dessen vermeintlicher Folge eher kritisch gewertet wurde.

Mit dem Idealismus verbunden ist als ein weiteres Merkmal, dass Geschichtswissenschaft wie Geschichtsschreibung in den deutschen Staaten stärker als im westlichen Ausland bestimmte: der Protestantismus. Gehörten nahezu alle bedeutenden deutschen Idealisten dieser Konfession an, als deren „Schutzmacht" vor allem Preußen betrachtet wurde, so ist es kein Zufall, dass die führenden Historiker des 19. Jahrhunderts zu großer Zahl evangelischen Pfarrhaushalten entstammten. Geschichtswissenschaft empfing in Preußen-Deutschland einen entscheidenden Impuls aus der Säkularisierung von Glaubensinhalten: Das Wirken Gottes oder absoluter Ideen wurde in die Geschichte eingeholt. LEOPOLD RANKES (1795–1886) berühmtes Diktum, dass jede Epoche unmittelbar zu Gott sei, wandte sich nicht nur gegen ein lineares Perfektionierungsmodell, das auf die Geschichte angewandt werden könne, sondern folgte auch dem schon von HUMBOLDT und den idealistischen Philosophen formulierten Gedanken, dass Geschichtswissenschaft dazu diene, das Wirken Gottes aufzuzeigen. In diesem Sinne formulierte DROYSEN im Vorwort zum ersten Band seiner *Geschichte des Hellenismus* (1843): „Die höchste Aufgabe unserer Wissenschaft ist ja die Theodizee."

deutsche Geschichtsschreibung und Protestantismus

Gegenüber dieser dominierenden protestantischen Geschichtsschreibung kam der Historiografie des katholischen Lagers lediglich eine marginale Stellung zu. Katholische Historiker aus dem Rheinland, Bayern und Österreich erlangten lange Zeit nicht die Bedeutung, die ihren protestantischen Fachgenossen zugemessen wurde. Diese Überlegenheit ist nicht nur darauf zurückzuführen, dass es schlicht mehr protestantische Historiker gab. Als weitere Faktoren lassen sich nennen, dass die aufstrebenden Universitäten im deutschsprachigen Raum – allen voran die Berliner *Alma mater* – in vorherrschend protestantischen Staaten lagen. Zudem gingen die wegweisenden methodischen Impulse von dort aus; selbst im katholischen Bayern wurde die Geschichtsschreibung maßgeblich von „Nordlichtern" wie RANKE, dem Gründer der Historischen Kommission in München, sowie den an der Münchner Universität lehrenden SYBEL und WILHELM HEINRICH RIEHL (1823–1897) geprägt. Schließlich ließ sich die protestantische Konfession enger mit dem nationalen deutschen Gedanken verbinden, wohingegen der Ansatz der als

deutsche Geschichtsschreibung und Katholizismus

„Ultramontane" oder „Römlinge" diffamierten katholischen Kollegen als zu wenig „deutsch" erschien.

12.1 Verwissenschaftlichung der Geschichtsschreibung

Der nationale Aufbruch der Staaten und Gesellschaften an der Wende zum 19. Jahrhundert markiert auch den Aufbruch zu einer nationalen Geschichtsschreibung. Sie stand in Deutschland zu Anfang im Zeichen einer romantischen Geschichtsauffassung, die vor allem von HERDERS Theorie der „Völker" wichtige Impulse erhielt. Ein deutliches Zeichen für die Verwissenschaftlichung der Geschichte, die durch eine eigene Methodologie und einen theoretischen Rahmen ihr Profil erhielt, der auch als „Historik" bezeichnet wird, sind die vielen theoretischen Schriften, die seit der Jahrhundertwende entstanden. Sie kanonisierten die neue Geschichtswissenschaft als aus (mindestens) zwei Teilen bestehend, von denen der erste den Bereich der Forschung, der zweite den Bereich der Historiografie beziehungsweise der Geschichtsdidaktik umfasste. Spätestens seit DROYSENS richtungsweisender *Historik*-Vorlesung aus dem Jahr 1857 wurde diese Zweiteilung durch eine Dreiteilung ersetzt, nach der die Geschichtslehre aus einer „Systematik" – als Theorie des Forschungsgegenstands –, einer „Methodik" – als Theorie des Forschungsprocederes – und einer „Topik" oder „Didaktik" – als Theorie der Vermittlung der erzielten Ergebnisse – bestand.

<small>Historik als Wissenschaftslehre</small>

Analog dazu bildeten historische Forschung, Geschichtstheorie und -methodologie sowie Geschichtsschreibung und -didaktik drei getrennte Bereiche der sich formierenden Geschichtswissenschaft. Dass die Geschichtstheorie dabei auch als Voraussetzung für die Praxis historischer Forschung und die Praxis von Geschichtsschreibung fungierte, indem sie deren Grundlagen und Prämissen reflektierte, führte (und führt noch heute) mitunter zu Spannungen zwischen Theoretikern einerseits sowie forschenden und historiografischen Praktikern andererseits, weil Letztere die theoretischen Vorgaben Ersterer als praxisferne Bevormundung empfanden. Dieser Hiatus brachte das Bonmot hervor, wonach ein Historiker jemand ist, der Geschichte macht, und ein Geschichtstheoretiker jemand, der dem Historiker sagt, wie und wieso dieser das gemacht hat, was er gemacht hat.

Die Historiken begannen seit der ersten Hälfte des 19. Jahrhunderts, die aufklärerischen Lehrbücher zu ersetzen, obwohl diese noch über Jahrzehnte, besonders in der populären Geschichtsschreibung als vorbildlich galten. So erreichten etwa die noch im aufklärerischen Geist verfasste *Allgemeine Weltgeschichte für alle Stände, von den frühesten Zeiten bis zum Jahr 1840* (5 Bde., 1846, mit einer Fortführung von Wilhelm Zimmermann bis zum Jahr 1860, 1860) Karl von Rottecks (1775–1840) oder die *Weltgeschichte für das deutsche Volk* (18 Bde., 1 Registerbd., 1844–1857, mit einer Fortführung von Oskar Jäger und Franz Wolff, 20 Bde., 1901–1904) Friedrich Christoph Schlossers (1776–1861) in zahlreichen Auflagen und gekürzten Ausgaben eine breite Leserschaft in einer Zeit, in der sie von der akademischen Historikerschaft als theoretisch schon überholt angesehen wurden. Auch nicht-akademische Lehrbücher, etwa für den Einsatz im Schulunterricht, blieben noch lange dem Modell der aufklärerischen Weltgeschichtsschreibung verbunden und sind es in ihrer Anlage als historischer Parforceritt von der Entstehung der Welt bis zur Zeitgeschichte zum Teil noch heute.

Populäre Geschichtsschreibung unter alten Vorzeichen

Die Geschichtsschreibung erfuhr dabei als Subdisziplin der Geschichtswissenschaft in gewisser Weise eine Abwertung. War sie zuvor häufig als Kunst (*ars historica*) betrachtet worden, die historische Werke zu dem machte, was sie waren, so rückten die neueren Historiken den Bereich der Geschichtsforschung in den Vordergrund, indem sie der Theorie historischer Forschung, also einer historischen Epistemologie (Erkenntnislehre) und einer historischen Methodologie (Methodenlehre), mehr Gewicht beimaßen als der Topik (Lehre von der Darstellungsform) oder der Didaktik (Lehre von der Vermittlungsform). Akademische Geschichtsschreibung sollte auf geregelte Weise (etwa durch Benutzung von Annotationssystemen) das präsentieren, was akademische Geschichtsforschung festgestellt hatte.

Konzentration auf Geschichtsforschung

Für den Anfang des 19. Jahrhunderts lässt sich beobachten, dass sich das aufklärerische Ziel einer Erziehung des Menschen durch Geschichtsschreibung, die apriorisch festgelegten moralischen Maximen folgte, hin zu einer Forderung nach Bildung verschob. Im Zeichen des Neuhumanismus sollte nun die Geschichtswissenschaft dazu beitragen, den Menschen zum Menschen zu machen. Das Wissen, das sie vermittle, solle keinem Nutzen oder anderen den Interessen anderer Wissenschaften untergeordnet werden, sondern sei Selbstzweck oder Zweck an sich. Die Geschich-

Bildung als Selbstzweck statt Erziehung

te, so schrieb Wilhelm Wachsmuth (1784–1866) in seinem *Entwurf einer Theorie der Geschichte* (1820),

> thut nicht Knechtsdienste bei einer andern Disciplin, so wenig als das Leben selbst seine Hauptbedeutung darin haben kann, daß es für den Beschauer eine Schule der Weisheit sey, und man den Lebenden als höchstes Gesetz vorschreiben kann [...]; [...] wenn Geschichte als Geschichte studirt und gelehrt wird, so liegt der höchste Zweck in ihr selbst. [1.1: Wachsmuth 1992, 129]

Emanzipation der Geschichtswissenschaft gegenüber anderen Wissenschaften

Der Anspruch, den Menschen im Blick auf seine Geschichte zu bilden, ihm damit die Möglichkeit zur Bildung einer eigenen Identität und zum sinnhaften Verständnis der Gewordenheit seiner Existenz zu geben, begründete wesentlich den Selbstständigkeitsanspruch der Geschichtswissenschaft gegenüber Nachbarwissenschaften. Damit verbunden war eine Aufwertung des Historikerstandes: Der Geschichtswissenschaftler war als Vertreter seines Fachs den Philosophen und Theologen ebenbürtig. Dadurch war er in besonderem Maße für die Gültigkeit seiner Ergebnisse verantwortlich, die nun nicht mehr ihre Relevanz erhielten, indem sie den aus diesen Disziplinen stammenden Lehrsätzen entsprachen, sondern auf rational nachvollziehbaren an die Person des Historikers gebundenen Erkenntnisprozessen gründeten.

Hermeneutische Verfahren als Zentrum historischer Methoden

Dieser grundsätzliche Emanzipationsprozess der Geschichtswissenschaft war der Ausgangspunkt für die Historik als theoretischer Kanonisierung der Vorgehensweise von Historikerinnen und Historikern. In den Bereich der Methodik übernommen wurde dabei die bereits in früheren Zeiten entwickelte und zur Blüte gebrachte Quellenkritik als wichtiger Schritt geschichtswissenschaftlicher Forschungspraxis. Doch wurde dieser Arbeitsschritt zunehmend als ein Teil eines umfassenderen hermeneutischen Zugriffs begriffen, der das Zentrum moderner historischer Forschung bildete. Geschichte, so der allgemeine Tenor, müsse verstanden werden, sie müsse die in Form von Quellen und Überresten in der Gegenwart präsente Vergangenheit rekonstruieren und sinnhafte Zusammenhänge und Bezüge herausarbeiten.

Als Kritik an der Konzentration der Historiker der Aufklärungszeit auf die Quellenkritik als maßgeblichem Schritt der Methodik und als Maßnahme zur Verfestigung des wissenschaftlichen Anspruchs von Geschichtsforschung trat die geschichtswissenschaftliche Hermeneutik seit etwa 1800 zunehmend in den Mittelpunkt der

Arbeit der Forschenden. Der Prozess führte – maßgeblich seit 1857 durch Droysens *Historik*-Vorlesungen befördert – zur Herausbildung des heute noch gebräuchlichen Verstehensbegriffs, der ein rein rationales Erschließen historischer Sachverhalte zum Ziel hat. Dies war in der Anfangsphase dieses Prozesses noch keineswegs eindeutig. Zwar postulierten die meisten Texte, dass die Geschichte „begriffen" oder „verstanden" werden müsse, doch wurde dieser Akt nur in wenigen Fällen dem Verstand oder der Vernunft zugeschrieben. So bemängelte etwa Barthold Georg Niebuhr (1776–1831) in seiner *Einleitung zu den Vorlesungen über die Römische Geschichte* (1810) an Polybios, dass es diesem an „Wärme" gefehlt habe, um Historisches richtig zu verstehen [1.1: Niebuhr 1999, 95]. Friedrich Rühs (1781–1820) und andere sahen im „Gemüt" die maßgebliche Instanz des Historikers, über die Geschichte begriffen werden könne [1.1: Rühs 1997, 13]. Friedrich Rehm (1792–1847) und Christian Daniel Beck (1757–1832) betrachteten das „richtige Gefühl" [1.1: Rehm 1994, 71] beziehungsweise das „kritische Gefühl" [1.1: Beck 1999, 18 f.] als entscheidende Voraussetzung für historische Erkenntnis.

Die historische Erkenntnislehre durchlief im Laufe des 19. Jahrhunderts einen Prozess der Rationalisierung, der wesentlich im Rückgriff auf die *Kritiken* Kants vollzogen wurde und an den Begriffsverwendungen ablesbar ist. Als Bezeichnungen für das, was der Historiker leisten solle, wurde in der ersten Jahrhunderthälfte vor allem vom „empfinden" und „erraten" sowie vom „ahnen/ahnden" gesprochen. Gerade letztere Begrifflichkeit ist aufschlussreich, denn die unterschiedslos verwendete Schreibweise umfasste noch beide Bedeutungskomponenten, die später sprachlich getrennt wurde: das intuitive „Ahnen" ebenso wie das später vor allem im juristischen Sinne verwendete „Ahnden" als rationale Sanktionierung eines zurückliegenden Tatbestands.

intuitive versus rationale Erkenntnis

Die Historiker des frühen 19. Jahrhunderts bedienten sich zwar auch schon der Begriffe „verstehen" und „begreifen" um ihren hermeneutischen Zugriff auf historische Quellen und Sachverhalte zu bezeichnen. Doch war das mit dem Verb „verstehen" verbundene Substantiv stets „das Verständnis", woran deutlich wird, dass auch hier eine intuitiv-rationale Doppelleistung gemeint war. Eine Wegmarke, die für den Wegfall des Intuitiven genommen werden kann, stellt die Substantivierung des Verbs „verstehen" dar: Ausgehend von der Begriffsverwendung in Droysens *Historik* setzte sich seit Ende der 1850er Jahre das neue substantivierte Verb „das Verste-

Das Verständnis versus das Verstehen

hen" als Synonym für „Interpretation" anstelle des alten Substantivs „das Verständnis" zur Bezeichnung des zentralen Akts historischer Erkenntnislehre durch. Damit war die Kernfrage der „Methodik" nach dem „Wie" historischer Forschung für viele Jahrzehnte geklärt.

Systematik als Teilbereich von Geschichtswissenschaft

Bis in DROYSENS Zeit stellte die „Systematik" einen Kernbestand von Historiken dar. In ihrem Zentrum stand die Frage „Was ist Geschichte?" Die Systematik holte damit Überlegungen in den fachhistorischen Diskurs ein, die vor allem von Geschichtsphilosophen angestrengt worden waren. HUMBOLDTS *Akademierede* und vor allem DROYSENS *Historik* enthalten lange Ausführungen über das „Wesen" der Geschichte, die deutlich idealistisch geprägt sind. Geschichte erscheint demnach als von geistigen Kräften, von transzendentalen Ideen oder „sittlichen Mächten" bestimmt, auf deren Erforschung die historische Methode angewandt werden solle. So heißt es im *Grundriß der Historik* noch 1882:

> Das Gebiet der historischen Methode ist *der Kosmos der sittlichen Welt* [Hervorhebung im Original]. [...] Die sittliche Welt nach ihrem Werden und Wachsen, nach dem Nacheinander ihrer Bewegung auffassen, heißt sie geschichtlich auffassen. [...] Das Geheimnis aller Bewegung ist ihr Zweck. [1.1: DROYSEN 1977, § 45 f., 435]

Geschichte als Theodizee

Das entspricht genau der Vorstellung von Geschichtsarbeit als Theodizee: Die historistische Systematik fundierte die Arbeit des Historikers auf einer idealistischen Basis, hinter der eine höhere Vernunft des Göttlichen, des Absoluten oder des „Zwecks der Zwecke" angenommen wurde, die zwar nicht direkt erkennbar sei, sich aber in der Geschichte zum Ausdruck bringe.

Diese Auffassung wurde gegen Mitte des 19. Jahrhunderts zunehmend obsolet – zum einen, weil der Deutsche Idealismus immer mehr in die Kritik geriet, zum anderen, weil die Geschichtswissenschaft sich stetig stärker von der Geschichtsphilosophie emanzipierte und deren Vorgaben ablehnte. Ablesbar ist diese Veränderung am Vergleich von DROYSENS *Historik* mit dem zweiten großen Lehrbuch des Historismus, das von den 1880er Jahren bis in die ersten Dekaden des 20. Jahrhunderts starke Verbreitung fand: ERNST BERNHEIMS (1850–1942) *Lehrbuch der Historischen Methode und der Geschichtsphilosophie* (1889, 5. und 6. Aufl. 1908) trug zwar noch die Geschichtsphilosophie im Titel. Eröffnet wurde der Band allerdings mit einem langen Kapitel über *Begriff und Wesen der Geschichtswis-*

senschaft (nicht der Geschichte!), das sich den Eigenheiten des Fachs gegenüber anderen Disziplinen widmete. Zwar blieben auch in der Folge systematische Überlegungen gerade für die Begründung bestimmter geschichtswissenschaftlicher Forschungsrichtungen (z. B. Geschichte als Geschichte des Volkes für die Volksgeschichte, Geschichte als Geschichte von Gesellschaften für die Sozialgeschichte) von Bedeutung, doch verschwanden die transzendentalen Begründungen. Künftige Historiken umfassten nun vor allem die Bereiche Methodologie und Didaktik.

Davon dass der Bereich der Didaktik, der für eine Theorie der Historiografie von besonderer Bedeutung ist, zunehmend marginalisiert oder als „Geschichtsvermittlung" in die Hände von Lehrern als den Praktikern der Vermittlung aus der sich abgrenzenden akademischen Fachwissenschaft ausgegliedert wurde, zeugt ebenfalls BERNHEIMS Lehrbuch, das sich im Anschluss an das genannte Eingangskapitel auf rund 700 Seiten in stark untergliederten Abschnitten der „Methodologie", der „Quellenkunde", der „Kritik" und der „Auffassung" widmet, bevor es mit einem nicht weiter untergliederten 20seitigen Kapitel über „Darstellung" schließt. Das entspricht in etwa dem Verhältnis von DROYSENS letztem, rund 40 Seiten langen *Grundriß der Historik* (1882), der die „Topik" auf gerade einmal 3,5 Seiten abhandelt.

Didaktik (Topik) als Teilbereich der Geschichtswissenschaft

Hatte über mehrere Jahrhunderte die Historiografie als eigentliche Leistung des Historikers gegolten, so stand sie nun deutlich hinter seiner Tätigkeit als Geschichtsforscher zurück. Die Beschäftigung mit ihr erfolgte in erster Linie als Auseinandersetzung mit einer literarischen Gattung. DROYSEN galt sie in gewisser Weise als ungenügend, weil sie „dem Sein der Dinge [...] nur zum Teil, in gewisser Weise, nach gewissen Gesichtspunkten entsprechen können und wollen" könnte [1.1: DROYSEN 1977, § 88, 445]. BERNHEIM rechnete die Theorie der „Darstellung" sogar dem „Gebiet der Ästhetik" zu [1.1: BERNHEIM 1908, 777]. Zwar warnte er davor, den Historiker als Künstler zu betrachten [1.1: BERNHEIM 1908, 792], doch kam er zu der emphatisch vorgetragenen, in Fettsatz hervorgehobenen Forderung: „Betätige der Historiker innerhalb dieser Grenzen seine ganze künstlerische Kraft!" [1.1: BERNHEIM 1908, 795] Hintergrund des Ganzen war der Gedanke, dass die Fülle des in der Forschungsleistung ermittelten Geschichtlichen immer nur in bestimmter Absicht, in bestimmter Form und mit bestimmtem Fokus im Rahmen von Historiografie vermittelt werden könne. Der Historiker müsse in seiner

Der Historiker als Literat

Formen historischer Darstellung nach Droysen

Rolle als Historiograf nach DROYSEN zwischen verschiedenen Darstellungsweisen wählen: Die „untersuchende Darstellung" simuliere den Forschungsprozess, der zur Ermittlung der Ergebnisse geführt habe; die „erzählende Darstellung" skizziere die Genesis, das „Werden" eines bestimmten historischen Tatbestands; die „didaktische Darstellung" fasse den Stoff nach seiner Leistung für die historische Bildung; und die „diskussive Darstellung" beziehe die Forschungsergebnisse auf gegenwärtige Debatten [1.1: DROYSEN 1977, § 90–93, 446–449].

Die diskussive Darstellung

Besonders die letzte von DROYSEN vorgestellte Darstellungsweise macht noch einmal den Weg deutlich, den die Geschichtsschreibung im Zeichen der Moderne nahm:

> Die *diskussive Darstellung* [Hervorhebung im Original] wendet die Fülle des Erforschten, diese Lichter wie in einem Hohlspiegel sammelnd, auf einen bestimmten Punkt der Gegenwart, den sie so beleuchtet, um ihn ‚klar zu stellen', auf eine Frage, die zu entscheiden, eine Alternative, in der ein Entschluß zu fassen, eine neue Erscheinung, deren Verständnis zu erschließen ist. [1.1: DROYSEN 1977, § 93, 448]

Geschichtswissenschaft als Leitwissenschaft

Sinn- und Identitätsbildung sowie eine historisch fundierte Klärung von Problemen der Gegenwart scheinen hier als zentrale Aufgabenbereiche von Historiografie kurz umrissen auf. Sie sichern der Geschichtswissenschaft einen Status als „Leitwissenschaft" in der Öffentlichkeit von Gesellschaft und Politik, denn:

> Jeder Staat hat seine Politik, innere wie äußere. Die Diskussion – auch in der Presse, im Staatsrat, im Parlament – ist um so zuverlässiger, je historischer sie ist, um so verderblicher, je mehr sie sich auf Doktrinen, auf idola theatri, fori, specus, tribus gründet. Die praktische Bedeutung der historischen Studien [und damit meint Droysen die in Geschichtsschreibung gefassten Erkenntnisse, SJ] liegt darin, daß sie – und nur sie [sic!, SJ] – dem Staat, dem Volk, dem Heer usw. das Bild seiner selbst geben. [1.1: DROYSEN 1977, § 93, 449]

12.2 Verfachlichung der Geschichtsschreibung

Geschichtswissenschaftliche Institutionen

Parallel zum Prozess der Verwissenschaftlichung von Geschichtsforschung und Geschichtsschreibung vollzog sich ein Prozess der Verfachlichung, der auch als Professionalisierung oder Institutionalisierung bezeichnet wird. Damit gemeint ist die Entstehung fachlicher

Strukturen, die erstens die Geschichtswissenschaft als eigenständige Disziplin profilierten, zweitens einen innerdisziplinären Kommunikationsraum schufen und drittens Medien bereitstellten, über die Historikerinnen und Historiker sich auch an eine breitere Öffentlichkeit wenden konnten. Von Verfachlichung spricht man nicht nur mit Blick auf die Universitäten, etwa wenn es um die Einrichtung geschichtswissenschaftlicher Lehrstühle oder um eine Standardisierung der Ausbildung von Geschichtsstudierenden geht. Der Begriff umfasst auch unter anderem die Gründung historischer Museen und Vereine, die gezielte Erschließung von Archivbeständen und die Begründung von Editionsprojekten sowie die Einrichtung von fachspezifischen Zeitschriften und anderer Periodika. Vor allem Letzterem kommt für die Geschichte der Geschichtsschreibung eine besondere Bedeutung zu. Denn mit den Periodika entstanden Fachmedien, in denen in kürzeren – so genannten unselbstständigen – Schriften über Spezialforschungen berichtet werden konnte. Sie schufen Raum für Aufsätze und Essays sowie für eigens auf die eigene Disziplin bezogene Rezensionen als fachwissenschaftlichen Veröffentlichungen. Es lassen sich verschiedene Indikatoren benennen, anhand derer der Prozess der Verfachlichung ablesbar wird.

Jahr	1	2	3	4	5	6	7	8	Gesamt
1810	4							1	5
20	7							1	8
30	13	1						2	16
40	22	1						2	25
50	28	1						1	30
60	36	2		3				2	43
70	36	3	3	7	5			2	56
80	37	10	7	7	11			2	74
90	32	11	11	8	18			2	82
1900	22	17	17	9	22			3	90
10	18	21	22	10	29	1		4	105
20	13	24	28	9	31	4		5	112
30	4	29	35	11	30	5		6	120
40		31	35	10	21	4		10	117
50		30	26	7	23	2	3	2	93
60		29	33	13	26	10	6	7	124
70		52	71	19	43	20	19	12	236

Spalte 1. = Geschichte, Allgemeine Geschichte
2. = Mittlere Geschichte (Mittelalterliche Geschichte), Geschichte des Mittelalters, Historische Hilfswissenschaften
3. = Neuere Geschichte, Geschichte der Neuzeit, Neuere und Neueste Geschichte, Zeitgeschichte
4. = Nationalgeschichte (Deutsche Geschichte, Schweizerische Geschichte, Österreichische Geschichte), Landesgeschichte, auch Vergleichende Landesgeschichte
5. = Alte Geschichte, Geschichte des Altertums, Griechische Geschichte und Altertumskunde, Römische Geschichte und Altertumskunde
6. = Osteuropäische Geschichte
7. = Wirtschafts- und Sozialgeschichte, Wirtschaftsgeschichte
8. = Sonstige, (auch nicht eindeutig zuzuordnende Mittlere und Neuere Geschichte), Anglo-amerikanische Geschichte, Historische Geographie

Abb. 1: Entwicklung der Zahl der Ordinarien nach Fachschwerpunkten in Deutschland, 1810–1970, in: [12.2: WEBER 1984, 53].

| | 1. Indikator: Einrichtung geschichtswissenschaftlicher Lehrstühle |

1. Indikator: Einrichtung geschichtswissenschaftlicher Lehrstühle

Ein erster Indikator ist die Etablierung spezifisch geschichtswissenschaftlicher Lehrstühle und der ihnen zugeordneten Mitarbeitenden an den Universitäten. Er verweist auf ein Einsetzen der Verfachlichung in der Zeit um 1800 in ganz Europa und muss im Kontext der Bemühungen gesehen werden, Geschichte als eigenständige Wissenschaft gegenüber Theologie, Philosophie und mitunter auch Philologie zu emanzipieren. Im Jahr 1810 gab es in Deutschland fünf ordentliche Professuren für Geschichtswissenschaft. Einhundert Jahre später hatte sich diese Zahl auf 90 erhöht; 1970 waren es bereits 236 ordentliche Professuren (Abb. 1).

Dass diese Zahl nicht einfach auf ein Wachsen der Studierendenzahlen oder einen allgemeinen Ausbau des Bildungs- und Universitätswesen zurückzuführen ist, zeigt sich daran, dass sich die Zahl der Lehrstühle in den übrigen geisteswissenschaftlichen Disziplinen lediglich vervierfachte. Ähnliches zeigt sich auch mit Blick auf Frankreich und die USA. An den vier von GABRIELE LINGELBACH (*1966) exemplarisch ausgewählten US-amerikanischen Universitäten stieg die Zahl der Geschichtsdozenten in den Jahren von 1870 bis 1910 um durchschnittlich etwa 40 % (Abb. 2).

	1870	1875	1880	1885	1890	1895	1900	1905	1910
Professors	4	4	4	6	5	8	10	13	16
Associate prof.	1	1	2	2	1	1	1	2	2
Assistant prof.	1	3	2	4	4	4	6	5	3
Instructors	0	1	5	3	5	4	5	2	7
Assistants					2	11	12	14	18
Summe	6	9	13	15	17	28	34	36	46
Zunahme		+50%	+44%	+15%	+13%	+65%	+21%	+6%	+28%
Summe ohne Assistants	6	9	13	15	15	17	22	22	28
Zunahme		+50%	+44%	+15%	0%	+13%	+29%	0%	+27%

Abb. 2: Zahl aller Geschichtsdozenten an der University of Michigan, der Cornell University, der Harvard University und der Johns Hopkins University, 1870–1910, in: [12.2: LINGELBACH 2003, 751].

In Frankreich vervierfachte sich die Zahl der Lehrenden in der Geschichtswissenschaft und den geschichtsnahen Fächern zwischen 1865 und 1911 (Abb. 3).

	1865	1877	1882	1887	1893	1898	1902	1904	1911
Professeurs	15	18	24	33	32	33	47	42	60
Cours compl.	–	3	0	4	15	22	33	24	20
Conférences	–	–	7	13	11	13	8	8	8
Zusammen	15	21	31	50	58	68	88	74	88

Abb. 3: Entwicklung der Stellen in Geschichte und geschichtsnahen Fächern (Facultès des lettres) an französischen Provinzuniversitäten, 1865–1911, in: [12.2: LINGELBACH 2003, 717].

Für das Jahr 1928 wird die Zahl der Universitätshistoriker auf gut 800 beziffert, für das Jahr 2005 beläuft sich die Zahl auf über 11.000. Der vergleichsweise starke Anstieg der Professuren in Deutschland nach 1945 deutet nicht nur die Dynamisierung des Verfachlichungsprozesses an, sondern ist auch als Folge von Bildungsreformen zu sehen, die immer mehr Geschichtsstudierende an die Universitäten zogen, wovon eine zunehmende Zahl aus „bildungsfernen Schichten" stammte. Man kann insofern von einer sozialen Öffnung der Geschichtswissenschaft sprechen. Hatte man es zunächst mit einem überschaubaren männlichen bürgerlichen Professorenkreis zu tun, dessen Vertreter mehrheitlich aus Preußen stammten, protestantisch waren und häufig evangelische Pfarrer und Theologen als Väter hatten, so fanden im 20. Jahrhundert immer mehr „Aufsteiger" und zunehmend „Aufsteigerinnen" Zugang (Abb. 4 und 5).

Bildungsreformen

Auch innerdisziplinär diversifizierte sich die Professorenschaft: Waren die ersten Geschichtsprofessuren üblicherweise für „Geschichte", „Allgemeine Geschichte" oder „Universalgeschichte" ausgeschrieben, so stieg die Anzahl der Denominationen historischer Lehrstühle exponentiell, was als Folge einer mit der Verfachlichung einhergehenden Spezialisierung von Forschung gesehen werden muss und dazu führte, dass heute weltweit (und an den größeren Universitäten zumal) anteilmäßig viel weniger allgemeine Professuren etabliert sind als früher, wogegen die Lehrstühle für einzelne meist sektoral, epochal oder regional strukturierte Unterdisziplinen wie „Geschichte Südosteuropas", „Sozialgeschichte und soziale Bewegungen" oder „Geschlechtergeschichte" die Regel sind [12.2: WEBER 1984, 110]. In Frankreich gab es im Jahr 1865 15 Lehrstühle für Allgemeine Geschichte, aber keinen für eine Spezialdisziplin; im Jahr 1911 war dieses Verhältnis völlig anders: Neben nur sieben

Spezialisierung historischer Forschung

Lehrstühlen für Allgemeine Geschichte waren 53 spezialisierte Professuren getreten [12.2: LINGELBACH 2003, 718 f.]. Mit Blick auf diese fachliche Diversifizierung wird heute mitunter auch im Plural von „den Geschichtswissenschaften" gesprochen, so prominent in der Benennung des historischen Seminars der Humboldt-Universität zu Berlin als „Institut für Geschichtswissenschaften".

Kategorien	Ersternennungsjahr																	
	1801 -10	1811 -20	1821 -30	1831 -40	1841 -50	1851 -60	1861 -70	1871 -80	1881 -90	1891 -1900	1901 -10	1911 -20	1921 -30	1931 -40	1941 -50	1951 -60	1961 -70	total
1. AO[1]																		
a) absolut	1	1				1	2		3	2	2	3	3	2	2	1	5	28
b) %	20	25				5	7		10	6	5	7	5	3	4	2	3	4
2. IO[2]																		
Kaufleute etc.[3]	1		1	1	5		2	7	7	6	8	13	13	6	7	5	20	102
Rechtsanwälte etc.[4]		1		1		1	2		2	3		1	3	2	3	1	2	22
Ärzte									1	2	1	2	2	4	5	3	8	28
Handwerker etc.[5]	1		3		3	2	4	2	4	2	2	2	7	4	4	5	11	56
Arbeiter									1							2	5	8
Angestellte												1			1	1	14	17
Sonstige[6]						2	2		2	3	4	1	1	4	2	1	13	35
Gesamt: a) absolut	2	1	4	2	8	5	10	9	17	16	15	20	26	20	22	18	73	268
b) %	40	25	36	40	57	26	36	31	55	50	37	48	44	35	39	31	43	41
3. S/K[7]																		
Prof. d. Geschichte				1			1		2				1				3	8
übrige Prof.						2	2	1	7		1	3	4	2	3	6	13	44
Pfarrer	1		3		1	4	4	4	2	2	4	5	7	9	2	4	6	60
Gymnasiallehrer			2				2	4	2	2	3		1	2	4	4	14	42
Lehrer[8]			1	1		2	1		1	1	2		3	3	4	7	18	44
höhere u. mittl. Beamte		1		1	3	2	2	4	5	6	12	7	14	12	12	13	24	118
Sonstige[10]	1						4	1		2	3	4	1	7	7	5	13	49
Gesamt: a) absolut	2	2	7	3	6	13	16	20	11	14	24	19	30	36	32	39	91	365
b) %	40	50	64	60	43	69	57	69	35	44	58	45	51	62	57	67	54	55
TOTAL = 100 %	5	4	11	5	14	19	28	29	31	32	41	42	59	58	56	58	169	661

1) AO=Agrarische Ordnung, Agrarsektor; umfaßt die Berufsangaben „Bauer", „Gutsbesitzer" u.ä.
2) IO=Industrielle Ordnung, industrieller Sektor
3) einschließlich Fabrikanten, Bankiers, Großhändler
4) einschließlich Notare
5) einschließlich Gastwirte
6) Journalisten, Verleger, Künstler, Ingenieure, Architekten
7) S/K=Sektor Staat und Kirche
8) einschließlich Schulräte
9) allg. Verwaltung einschließlich Kommunen sowie Steuer und Justiz (nicht Polizei)
10) Bedienstete bei Post, Bahn, Militär, Polizei und Forstwesen

Abb. 4: Soziale Herkunft (Berufe der Väter) deutscher Historiker, 1801–1970, in: [12.2: WEBER 1984, 73].

Geschichtsforschung in anderen Wissenschaften

Die Zunahme historischer Forschung an den Universitäten lässt sich ebenfalls an der Geschichte historischer Disziplinen in anderen Fakultäten ablesen. Auch hier entstanden in dem genannten Zeitraum Lehrstühle, die sich ausdrücklich einem spezifisch historischen Zugriff verschrieben. So wurden in den Sportwissenschaften Professuren für Sportgeschichte eingerichtet, in den Literaturwissenschaften solche für Literaturgeschichte, für die Geschichte des Buch- und Verlagswesens oder für die Geschichte und Kultur des jeweiligen (fremdsprachigen) Kulturraums sowie in der Theologie Ordinariate nicht nur für Kirchen-, sondern auch für Theologiegeschichte.

	Ersternennungsjahr											
	1800–1860				1861–1920				1921–1970			
	AO	IO	SK	GESAMT	AO	IO	SK	GESAMT	AO	IO	SK	GESAMT	TOTAL
Unterschicht: a) absolut b) %	3 33	5 56	1 11	9 (16)	3 43	1 14	3 43	7 (3)	5 45	5 45	1 9	11 (2)	27 4 %
Mittelschicht: a) absolut b) %	- -	12 63	7 37	19 (33)	8 13	41 68	11 18	60 (30)	5 3	82 49	82 49	169 (42)	248 38 %
Oberschicht: a) absolut b) %	- -	5 17	25 83	30 (52)	1 0,7	45 33	90 66	136 (67)	3 1	72 33	145 66	220 (55)	386 58 %
	3	22	33	58 =100%	12	87	104	203 =100%	13	159	228	400 =100%	661 =100%

Die Prozentangaben in Klammern beziehen sich jeweils auf die Gesamtzahl der Fälle des entsprechenden Zeitabschnitts

Abb. 5: Soziale Herkunft deutscher Historiker (nach Schichtung und Sektoren), 1800–1970, in: [12.2: Weber 1984, 76].

Diversifizierung als Phänomen eines Verfachlichungsprozesses lässt sich auch an Stätten historischer Forschung außerhalb von Universitäten aufzeigen. Wurden bereits im 18. Jahrhundert in den großen europäischen Staaten Akademien gegründet, an denen unter anderem historische Forschung betrieben wurde, so sind heute weltweit, häufig staatlich eingerichtete, Wissenschaftsakademien zu finden, an denen Historikerinnen und Historiker arbeiten. Sinnfälliger für den Verfachlichungsprozess ist aber die drastisch gestiegene Zahl der kleineren außeruniversitären Forschungseinrichtungen, die in der Frühzeit vor allem der Umsetzung von langfristigen Editionsvorhaben dienten. So entstand in Deutschland 1819 auf Betreiben von Heinrich Friedrich Karl Reichsfreiherr vom und zum Stein (1757–1831) die „Gesellschaft für ältere deutsche Geschichtskunde", aus der das weiterhin bestehende Editionsprojekt *Monumenta Germaniae Historica* hervorging, 1858 die „Historische Kommission bei der Bayerischen Akademie der Wissenschaften", die bis heute Editionen und große nationalbiografische Projekte betreibt, und 1917 das „Kaiser-Wilhelm-Institut für Geschichte". Gegenwärtig ist die Liste der weltweit teils mit öffentlichen, teils mit privaten Geldern betriebenen Institute außerhalb von Universitäten nahezu endlos.

Außeruniversitäre Forschungseinrichtungen

Die soziale und institutionelle Diversifizierung im Zuge der Verfachlichung hatte direkte Auswirkungen zumindest auf die akademische Geschichtsschreibung, die selbstredend von den Besonder-

Auswirkungen fachlicher Diversifizierung auf Geschichtsschreibung

heiten der nationalen Entwicklungen bestimmt war. Dort, wo die bürgerliche Herkunft oder die konfessionelle Prägung als Mehrheitscharakteristika der Professorenschaft aufweichten, entstand zunehmend Historiografie, die auch von anderen Interessen und Blickwinkeln geprägt war. Als weltweit durchgängig feststellbarer Trend erkennbar ist – analog zur Denomination der Lehrstühle – die Spezialisierung der Geschichtsschreiberinnen und Geschichtsschreiber: Darstellungen der allgemeinen oder Universalgeschichte sowie zu großen Überblicksthemen wie Epochen oder einzelnen Nationen traten – zumindest zahlenmäßig – hinter die Zahl an Werken zurück, die speziellen Themen gewidmet waren.

2. Indikator: Professionalisierung der Historikerausbildung

Ein weiterer Indikator der Verfachlichung ist die Professionalisierung der Historikerausbildung. Während die Dauer des durchschnittlichen Studiums von 1800 bis 1970 vom Studienbeginn bis zum ersten Examen beziehungsweise zur Promotion in Deutschland von knapp vier Jahren auf gut fünf Jahre nur mäßig stieg, erhöhte sich das durchschnittliche Alter der Absolventen in diesem Zeitraum von knapp 22 Jahren auf fast 29 Jahre. Ob dies Einfluss auf die Form und die Inhalte von Historiografie hatte, kann nicht gesagt werden; entscheidend war es sicherlich nicht [12.2: WEBER 1984, 118].

Etablierung historischer Seminar und Übungen

Wichtiger dagegen wurde die Form, in der Studierende ihre Ausbildung absolvierten. Lange Zeit dominierte die Vorlesung – in den frühen Zeiten im Wortsinne als Lesung aus gedruckten Büchern verstanden – das universitäre Lehrangebot in den Geisteswissenschaften. Mitte des Jahrhunderts traten Seminare und Übungen als weitere Veranstaltungsformen an vielen Universitäten hinzu. Historische Seminare entstanden, wie historische Fachbibliotheken an Universitäten auch, meist auf Privatinitiative einzelner Geschichtsprofessoren und knüpften an die Tradition so genannter Historischer Gesellschaften und Kollegien an, die in der Zeit der Aufklärung existiert hatten. 1810/11 fasste der Berliner Historiker FRIEDRICH RÜHS (1781–1820) die Teilnehmer seiner Übungen als *societas historica* zusammen; LEOPOLD RANKE (1795–1886) führte seit 1825 seminarförmige Übungen unter der Bezeichnung *exercitationes historicae* durch. In den westeuropäischen Ländern und den USA setzte diese Entwicklung später ein: In Paris hielten im Jahr 1868 Seminare ihren Einzug in den universitären Lehrplan, als die *École pratique des hautes études* gegründet wurde; in den Niederlanden bot PIETER LODEWIJK MULLER (1842–1904) Ende der 1870er Jahre erstmals *exercitationes historicas* an; für die USA gelten WILLIAM CHANNING RUS-

SEL (1814–1896), Professor an der Cornell University, und CHARLES KENDALL ADAMS (1835–1902) von der University of Michigan als Erste, die um 1870 seminarförmige Übungen abhielten. [12.2: LINGELBACH 2006, 218 f.; STRUPP, in: 12.2: MIDDELL u. a. 2001, 258). 1912 war die Zeit, die französische Studierende in Seminaren und Übungen verbrachten, über zwölf Mal so hoch wie noch 1865 und etwa drei Mal so hoch wie die Zeit, die sie für Vorlesungen aufwandten (Abb. 6).

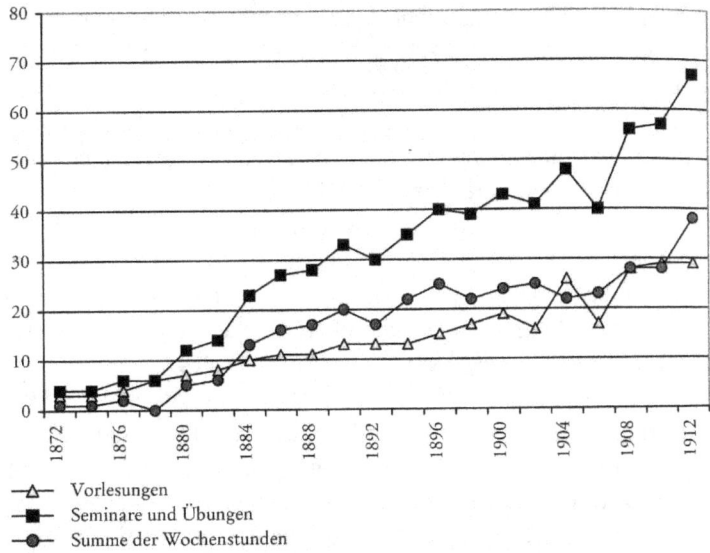

—△— Vorlesungen
—■— Seminare und Übungen
—●— Summe der Wochenstunden

Abb. 6: Entwicklung des Unterrichtsangebots für geschichtswissenschaftliche Themen (in Wochenstunden), Faculté des lettres Paris, 1872–1912, in: [12.2: LINGELBACH 2003, 720].

Seminare und Übungen haben gegenüber Vorlesungen einige Vorteile, die ihr Aufkommen begünstigten. So bieten sie für eine meist limitierte Zahl an Studierenden wie auch für die jeweils Lehrenden die Möglichkeit des persönlichen Austauschs. Lehrende wie Studierende kommen in ein engeres Lehrer-Schüler-Verhältnis, können Sachverhalte aus ihrer Sicht präsentieren, kritisieren und gegebenenfalls konterkarieren. Die Veranstaltungen eignen sich nicht nur zur Vorstellung von Forschungsergebnissen, sondern auch von Forschungsthesen. Damit spiegeln Seminare und Übungen im Kleinen eine Entwicklung, die die Geschichtswissenschaft als Ganze vollzog: Die Gültigkeit historischer Aussagen, die später in Form von Geschichtsschreibung an eine größere Öffentlichkeit gerichtet werden,

Wissenschaftliche Lehre als diskursive Veranstaltung

wird bereits in diesen Veranstaltungen „verhandelt", für die weitgehende Meinungsfreiheit und Offenheit für Kritik Grundvoraussetzungen sind.

Weitere Räume für derartige Diskussionen, deren Gesprächskultur sich im Laufe der Zeit immer mehr demokratisierte, entstanden als Folge eines allgemein gesellschaftlich gestiegenen historischen Bildungsbedürfnisses auch außerhalb von Universitäten, wo auch „historische Laien" sich betätigen konnten. So wurden historische Gesellschaften und Vereine als Zusammenschluss von Experten und Laien gegründet. Häufig hatten diese – besonders im vielstaatlichen Deutschen Bund und später dem föderalistischen Deutschen Reich – einen regionalgeschichtlichen Bezug, so etwa der 1812 in Wiesbaden als einer der ersten seiner Art gegründete „Verein für Nassauische Altertumskunde und Geschichtsforschung", der wie viele andere Gründungen 1852 mit dem „Gesamtverein der deutschen Geschichts- und Altertumsvereine" einen Dachverband bekam. In Frankreich wurden zwischen 1830 und 1902 insgesamt 26 Geschichtsvereine gegründet, die überregional ausgerichtet waren [12.2: LINGELBACH 2003, 697; 12.2: CHALINE 2012, 153–164].

Experten und Laien

Ein dritter Indikator für den Verfachlichungsprozess ist die Pluralisierung der Möglichkeiten für die wissenschaftliche Meinungsäußerung. Denn neben den Universitäten und außeruniversitären Forschungsinstitutionen wurden die historischen Vereinigungen, die zum Teil öffentliche Vorträge und Diskussionsforen veranstalteten und oft über eigene Periodika verfügten, zu einem weiteren Ort, an dem Historiografie aus einem fachbezogenen Diskurs heraus produziert wurde. Dies trifft auch auf Archive zu, die im Rahmen des aufblühenden Editionswesens und der Öffnung zuvor geschlossener Bestände an Bedeutung gewannen und ebenfalls – unter anderem mit eigenen Schriftenreihen – zur historiografischen Produktion beitrugen. Schließlich müssen in diesem Zusammenhang auch die zahlreich neu gegründeten historischen Museen genannt werden, die in einem Wechselverhältnis zur Verwissenschaftlichung und Verfachlichung der Geschichtswissenschaft standen. So erhielt etwa die Gründung des „Germanischen Nationalmuseums" in Nürnberg 1852 entscheidende Impulse vom „Kongress deutscher Sprach- und Geschichtsforscher", der 1846 im Beisein bedeutender deutscher Historiker in Frankfurt am Main stattgefunden hatte.

3. Indikator: Freie wissenschaftliche Meinungsäußerung

Geschichtswissenschaft als öffentliche Veranstaltung

Verlage als traditionelle Publikationsorte universitärer Historikerinnen und Historiker, außeruniversitäre Forschungsinstitutionen, wissenschaftliche Vereinigungen, Archive und historische Museen pluralisierten durch die Schaffung von Reihenwerken nicht nur die Möglichkeit zur Produktion von Historiografie in Form von Monografien. Häufig boten sie in „Mitteilungen" und Institutsperiodika auch Raum für so genannte unselbstständige Veröffentlichungen: Aufsätze, Essays, Veranstaltungsankündigungen, Miszellen, Nachrufe und nicht zuletzt Rezensionen.

Neue Medien für Geschichtsschreibung

Die Publikationsformen der Rezension gewann im Rahmen des Verwissenschaftlichungsprozesses an Bedeutung. Denn Rezensionen eignen sich zum einen in besonderem Maße dazu, kleinere Forschungsergebnisse und Forschungsthesen für eine öffentliche Diskussion bereitzustellen; zum anderen erfüllen sie in fachlicher Hinsicht eine wichtige Funktion für die disziplininterne Kommunikation, indem sie ein Mittel darstellen, um eine fachinteressierte Öffentlichkeit auf Forschende und deren Werke sowie geschichtswissenschaftliche Ereignisse aufmerksam zu machen. Das aufblühende Rezensionswesen wurde vor allem in seinen Anfangszeiten, in denen die Praxis organisierter Tagungen zum Wissensaustausch noch weniger verbreitet war als heute, genutzt, um Positionen zu behaupten und Wissenschaftskontroversen auszutragen; es half zudem auf neu erschienene Fachpublikationen hinzuweisen.

Rezensionen

Um den unselbstständigen Veröffentlichungen Platz zu geben, wurden neben den Periodika der wissenschaftlichen Institutionen weltweit Fachzeitschriften gegründet, die die Gelegenheit für Historikerinnen und Historikern verbesserten, sich (auch) über Entwicklungen und Ansätze in anderen Nationen und Kulturen zu informieren. In Frankreich wurden zwischen 1822 und 1913 102 historische Zeitschriften initiiert, die nicht an lokalhistorische Vereine gebunden waren [12.2: Lingelbach 2003, 698–701]. In den USA wurden zwischen 1847 und 1914 53 Fachorgane ins Leben gerufen – die meisten in beiden Staaten in den beiden Jahrzehnten um 1900 [12.2: Lingelbach 2003, 733 f.].

Gründung von Fachzeitschriften

Auf nationaler Ebene entstanden in den einzelnen Staaten führende geschichtswissenschaftliche Periodika, die sich als meinungsbildend für die historische Zunft und über sie hinaus entwickelten. Einen Anfang bildete 1840 die dänische *Historisk Tidsskrift*. In Deutschland wurde nach ersten Ansätzen mit der *Historisch-politischen Zeitschrift* (1832–1836) und der *Zeitschrift für Geschichtswissenschaft* (1844–1848) im Jahr 1859 die bis heute führende *Historische Zeitschrift* initiiert. Weitere historische Zeitschriften mit über-

Führende Fachzeitschriften auf nationaler Ebene

regionalem Anspruch folgten: in Ungarn *Századok* (1867), in Frankreich die *Revue Historique* (1876), in der Schweiz das *Jahrbuch für schweizerische Geschichte* (1876), in Italien die *Rivista Storica Italiana* (1884), in Großbritannien *The English Historical Review* (1886), in Polen die *Kwartalnik Historyczny* (1887), in den USA *The American Historical Review* (1895), in Kanada die *Review of Historical Publications Relating to Canada* (1896), in Portugal die *Histórico Português* (1903) und in Rumänien die *Revista Istorica* (1915). In Böhmen hatte JAROSLAV GOLL (1846–1929) 1895 die tschechischsprachige *Český časopis historický* begründet. Schon in der zweiten Hälfte des 19. Jahrhunderts folgte die Entwicklung des Fachzeitschriftenmarkts der Diversifizierung der Geschichtswissenschaft, indem zahlreiche Zeitschriften mit regionalem oder sektoralem Bezug gegründet wurden. Dieser zunächst auf Europa und Nordamerika begrenzte Prozess setzte sich im Laufe des 20. Jahrhunderts weltweit durch [12.2: MØLLER JØRGENSEN 2012, 70–88].

4. Indikator: Historikergesellschaften

Ein vierter Indikator für Verfachlichung lässt mit Hinblick auf die Schaffung von nationalen Standesvertretungen erkennen. 1839 etablierte sich in Dänemark die „Den danske historiske Forening" und im selben Jahr im Russischen Reich die „Kaiserliche Odessaer Gesellschaft für Geschichte und Altertümer". In den Niederlanden folgte 1845 die „Historisch Gezelschap", in den USA 1884 mit der „American Historical Association" die heute weltweit größte nationale Vertretung der „historischen Zunft". In Böhmen entstand 1872 der „Historický klub" als Zusammenschluss tschechischer Historiker. In Deutschland wurde 1895 der „Verband Deutscher Historiker" gegründet, dem im Vereinigten Königreich 1906 die „Historical Association" folgte. Weitere Vereinigungen, von denen die meisten in dem 1926 gegründeten „Comité international des Sciences Historiques" als Dachverband kooperieren, kamen weltweit in zahlreichen Staaten während des 20. Jahrhunderts hinzu.

Die historische Zunft

Ähnlich wie die historischen Vereine auf regionaler Ebene erfüllen sie eine wichtige Funktion für die wissenschaftsinterne Kommunikation, denn die regelmäßig veranstalteten Treffen dienen dem Austausch von Historikerinnen und Historikern und führen häufig zu Publikationen. So ist der vom „Verband Deutscher Historiker" alle zwei Jahre veranstaltete so genannte Historikertag, der an der „Ersten Versammlung Deutscher Historiker" 1893 in München anknüpfte, mit jeweils rund 3 000 Teilnehmerinnen und Teilnehmern eine der größten geschichtswissenschaftlichen „Fachbörsen" der Welt.

Doch mit der Schaffung der „historischen Zunft" war auch ein ausschließendes Element verbunden. Der Geschichtsschreibung haftete seit jeher etwas „Exklusives" an. Auffällig ist vor allem das Fehlen von Historiografinnen, denn forschende und schreibende Frauen tauchen in der Geschichte der Historiografie mit ganz wenigen Ausnahmen erst im 20. Jahrhundert auf. Im Jahr 1928 gab es in Europa weniger als 100 an Universitäten lehrende Frauen. Ihre Zahl erhöhte sich in manchen Staaten nur langsam, in anderen deutlicher. Den meisten Zuwachs hatten dabei mit dem Vergleichsjahr (2005): Deutschland 2 (391), Frankreich 1 (786), Italien 1 (814) und Russland 24 (824). Doch darf dies nicht zu der Vermutung veranlassen, dass der Prozess als abgeschlossen betrachtet werden dürfte. Noch 2005 waren 82 % aller in Europa beschäftigten Geschichtsprofessoren Männer (Abb. 7, 8 und 9).

5. Indikator: Geschichtswissenschaft als „geschlossene Veranstaltung"

„Außenseiter" der Geschichtswissenschaft 1: Frauen

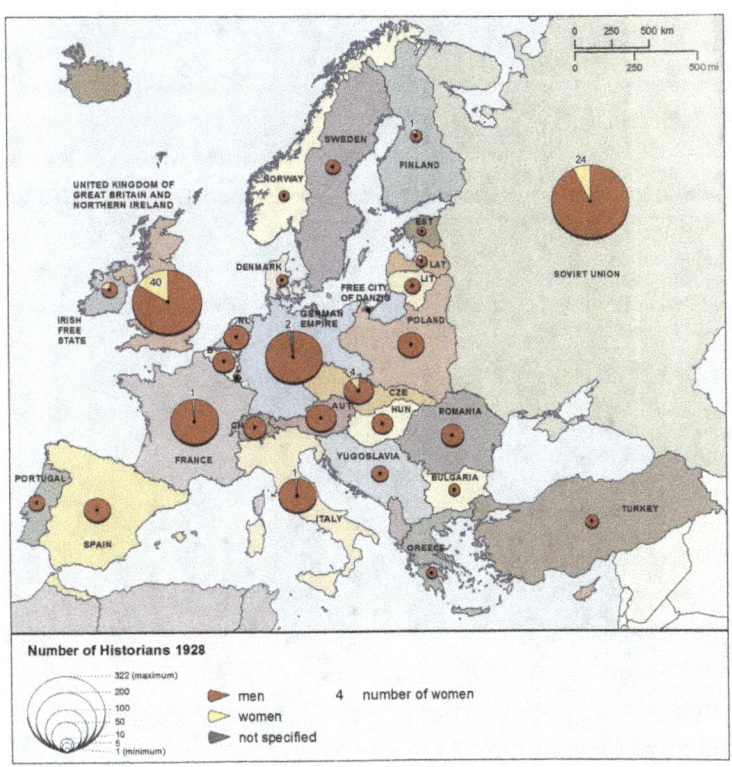

Abb. 7: Zahl der Historikerinnen und Historiker in Europa 1928 (nach Geschlecht), in: [12.2: PORCIANI/RAPHAEL 2010, 36].

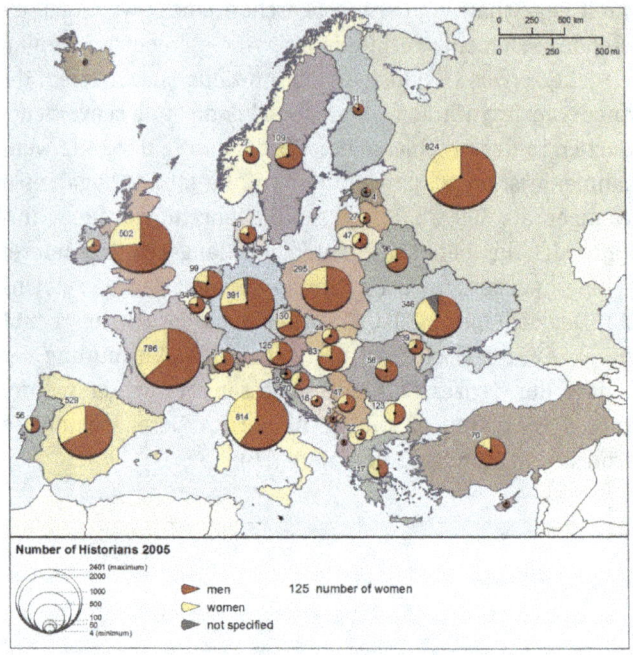

Abb. 8: Zahl der Historikerinnen und Historiker in Europa 2005 (nach Geschlecht), in: [12.2: PORCIANI/RAPHAEL 2010, 36].

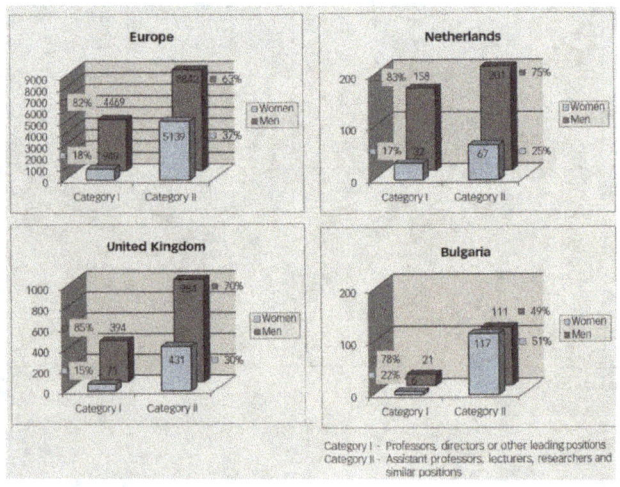

Abb. 9: Historikerinnen und Historiker in Europa (gesamt) sowie den Niederlanden, dem Vereinigten Königreich und Bulgarien 2005 (nach Geschlecht und Status), in: [12.2: PORCIANI/RAPHAEL 2010, 65].

Auch innerhalb einzelner Gesellschaften war der Kreis der Historiker begrenzt. In früheren Zeiten entstammten sie in der Regel höheren Gesellschaftsständen beziehungsweise solchen mit einem bestimmten Bildungsgrad oder waren im Auftrag mächtiger Personen und Institutionen tätig. Das änderte sich auch in der Zeit der Demokratisierung moderner Gesellschaften nur allmählich. So blieben Juden oder Sozialisten lange aus dem *Mainstream* historiografischer Produktion ebenso wie aus akademischen Institutionen ausgegrenzt und konnten sich bestenfalls in Außenseiterdiskursen Gehör verschaffen.

„Außenseiter" der Geschichtswissenschaft 2: Juden und Sozialisten

Auch innerhalb des Bürgertums, aus dem sich Historiker seit dem 18. Jahrhundert nahezu ausschließlich rekrutierten, gab es Exklusionstendenzen. Je mehr sich die Geschichtswissenschaft im 19. Jahrhundert professionalisierte, umso mehr grenzten sich professionelle akademische Historiker gegen andere historisch Forschende, vor allem außerhalb der Universitäten, ab. Der Göttinger Geschichtsprofessor und Präsident der *Monumenta Germaniae Historica*, GEORG WAITZ (1813–1886), unterschied 1859 programmatisch zwischen professionellen Historikern und „Halbkundigen", deren „Dilettantismus" er bemängelte [1.1: WAITZ 1859, 21]. Gemeint waren damit Geschichtslehrer, Museumsleute, Publizisten und historisch Interessierte anderer Disziplinen. Dass dieses exklusive Moment in Deutschland höher als in anderen Nationen war, hängt möglicherweise damit zusammen, dass der Verfachlichungsprozess hier früher eingesetzt hatte: Während in anderen Ländern ein breiteres Interesse an Geschichte und Geschichtsschreibung in einer Zeit aufblühte, in der Geschichtswissenschaft noch nicht als universitäres Fach mit einem begrenzten Kreis „historischer Mandarine" etabliert war, hatte die deutsche Historikerschaft einen zeitlichen Vorsprung, um ihre Stellung als meinungsdominierende exklusive Kaste auszubauen. Zudem war das universitäre System hier weniger als in einigen anderen Staaten an die Lehrerausbildung gekoppelt, wobei eine empirische Prüfung dieser These noch aussteht. Sie könnte etwa am Vergleich der Entwicklung in Deutschland mit der in Belgien oder Griechenland erfolgen. Beide 1830 etablierte Staaten zählen zu den „jungen Nationen". Kennzeichnend für sie ist, dass moderne geschichtswissenschaftliche Institutionen direkt im Zuge des Aufbaus eigenständiger staatlicher Strukturen etabliert wurden, während sie in den älteren Nationen langsam wachsen mussten – ein Zeichen dafür, wie Geschichtswissenschaft während des

„Außenseiter" der Geschichtswissenschaft 3: „Dilettanten"

19. Jahrhunderts gerade von sozialen Verbänden (hier zwei Nationen), die nicht auf eine lange Tradition zurückblicken konnten, als identitätsbegründend geschätzt wurde.

War die erwähnte „Erste Versammlung Deutscher Historiker", die Ostern 1893 in München stattfand, noch von der akademische Wissenschaftler und Geschichtspraktiker vereinenden Ablehnung des neuen Lehrplans für Geschichte von 1892 geprägt, der das Schulfach im nationalen Sinne einzuspannen suchte, so wurden Geschichtslehrer bereits zwei Jahre später bei der Gründung des „Verbandes Deutscher Historiker" in Frankfurt am Main marginalisiert. Abseits des Verbandes fanden sie in dem 1911 von den Leipziger Oberlehrern FRITZ FRIEDRICH (1875–1952) und PAUL RÜHLMANN (1875–1933) gegründeten Organ *Vergangenheit und Gegenwart. Zeitschrift für den Geschichtsunterricht und staatsbürgerliche Erziehung in allen Schulgattungen* einen Ort, sich wissenschaftlich betätigen zu können. Im September 1913 wurde der „Verband Deutscher Geschichtslehrer" in Marburg an der Lahn als eine gegenüber dem „Verband Deutscher Historiker" eigenständige Vereinigung gegründet. Ein Graben tat sich nicht nur zwischen Geschichtswissenschaft und der häufig in pädagogischen Instituten angesiedelten Geschichtsdidaktik auf; auch von der vielfach von Lehrern und Museumsleuten betriebenen Landesgeschichte und der historischen Volkskunde setzte sich die akademische Historikerschaft ab.

Dieser Ausgrenzungsprozess, der ebenfalls als Indikator für die Verfachlichung von Geschichtswissenschaft gesehen werden muss, war zwar im 20. Jahrhundert rückläufig, als die Landesgeschichte Teil der universitär oder an anerkannten außeruniversitären Einrichtungen betriebenen Geschichtswissenschaft wurde und Historikerverband und Verband der Geschichtslehrer sich wieder einander annäherten. Gleichwohl bestehen noch heute auch in anderen nationalen Wissenschaftskulturen weiterhin gewisse Distanzen zwischen universitärer und nicht-universitärer Geschichtswissenschaft. Sie sind auch von Bedeutung für die Geschichtsschreibung. Denn die Möglichkeit, historische Forschungsergebnisse publikumswirksam zu platzieren und mit ihnen besonders überzeugend zu wirken, resultiert zum Teil aus dem Renommee ihrer Verfasserinnen und Verfasser. Historische „Laien" hatten und haben es daher schwerer, mit ihren Studien Einfluss auf den öffentlichen Diskurs und das allgemein geltende Geschichtswissen zu nehmen. Mitunter gibt sich die Historiografie von Autorinnen und Autoren, die nicht dem akademischen Umfeld zuzurechnen sind, heute bewusst unakademisch, indem sie auf stärker literarisierende Darstellungspraktiken zurückgreift oder eher essayistisch auf den Wissenschaftlichkeit signalisierenden Fußnotenapparat akademischer Geschichtsschreibung verzichtet. Der Hiatus zwischen den Werken akademischer Geschichtsschreiberinnen und -schreiber und den häufig in abwertender Weise als historischen Publizisten bezeichneten Autorinnen und Autoren ist auf dem weltweiten Buchmarkt immer noch ablesbar.

13 Geschichtsschreibung seit dem 20. Jahrhundert

13.1 Methodische Vorüberlegungen zur Periodisierung

Die Geschichte der Geschichtsschreibung ist eine Subdisziplin der Wissenschaftsgeschichte. Ihre Periodisierung verläuft in der Regel nach sektoralen oder regionalen Gliederungspunkten, wie Kulturen, die dann wiederum in der Regel chronologisch behandelt werden (wie beispielsweise weitgehend in dem hier vorliegenden Band). Jahrhundertgrenzen spielen für diese Periodisierung so gut wie keine Rolle, sondern werden eher als rein formales Gliederungselement genutzt, um sich den Stand der Historiografie in bestimmten Zeiträumen anzuschauen. Inhaltliche Periodisierungen orientieren sich eher an einschneidenden geistesgeschichtlichen oder politischen Zäsuren. So wurde beispielsweise oben von der Geschichtsschreibung des Renaissance-Humanismus oder von der der Aufklärungszeit gesprochen. Das so genannte lange 19. Jahrhundert umfasst üblicherweise den Zeitraum zwischen Französischer Revolution und Erstem Weltkrieg. Für das 20. Jahrhundert wurde häufig das Ende der beiden Weltkriege, vor allem des Zweiten Weltkriegs 1945 als Scheidemarke für eine Betrachtung der Entwicklung des westlichen Geschichtsdenkens benutzt. Hierfür spricht, dass sich an diesen Zeitpunkten in mehreren Staaten das politische System grundlegend änderte, was wiederum einen veränderten Rahmen für die dort praktizierte Geschichtsschreibung schuf.

Politische und geistesgeschichtliche Zäsuren als Epochengrenzen

Ein weiteres Argument, in der Mitte des 20. Jahrhundert eine Scheidemarke zu sehen, besteht darin, dass auch Staaten, die nicht unmittelbar in die Handlungen des Zweiten Weltkriegs einbezogen waren, Umbruchphasen durchliefen: 1949 wurde in China die Volksrepublik ausgerufen; nach der Teilung von Britisch-Indien wurde im selben Jahr die Republik Indien gegründet. Mehr als fünfzig weitere ehemalige Kolonien – vor allem in Afrika und Asien – traten bis zum Ende der 1960er Jahre den Weg in die staatliche Unabhängigkeit an. Das ist – bezogen auf die Liste der heute bestehenden souveränen Staaten – mehr als ein Viertel aller Staaten weltweit. In ihnen bildeten sich nicht sofort neue Formen von Geschichtsschreibung aus; der dekolonisierte Blick und neu entstehende nationale Perspektiven schufen aber eine bedeutende Grundlage hierfür.

1945 als Epochengrenze der deutschen Historiografiegeschichte

Ein markantes Beispiel für einen vermeintlich plötzlichen Umschwung bildet sicherlich die Geschichte der deutschen Geschichtsschreibung, die nach 1945 unter parlamentarisch-demokratischen Vorzeichen einerseits und unter staatssozialistischen Vorzeichen andererseits betrieben wurde und sich in beiden Fällen von dem Versuch der Zeit zuvor unterschied, Geschichtsschreibung der Ideologie des Nationalsozialismus anzupassen. Eine Darstellung mit diesem Periodisierungsansatz – allerdings mit kritischer Reflexion des Jahres 1945 als des „Forschungsproblems ‚Nullpunkt'" legte WINFRIED SCHULZE (*1942) unter dem Titel *Deutsche Geschichtswissenschaft nach 1945* (1989) vor. Einen anderen Weg beschritt LUTZ RAPHAEL (*1955), der an das von ERIC J. HOBSBAWM (1917–2012) geprägte Verständnis vom 20. Jahrhundert als dem „Zeitalter der Extreme" anknüpfte. Seine Darstellung der *Geschichtswissenschaft im Zeitalter der Extreme* (2003) greift HOBSBAWMS politikgeschichtliche These auf, nach der das 20. Jahrhundert durch den Gegensatz zwischen den großen politischen Ideologien (Faschismus, Sozialismus) geprägt gewesen sei und bezieht die Geschichte der Geschichtswissenschaft auf diesen politischen Bezugsrahmen.

In dieser Sichtweise verliert der Blick auf „Nullpunkte" weitgehend seine Bedeutung. Sie knüpft in gewisser Weise an die Thesen des deutsch-amerikanischen Historikers GEORG G. IGGERS (1926–2017) an, der in seiner grundlegenden Darstellung *The German Conception of History. The National Tradition of Historical Thought from Herder to the Present* (1968) gezeigt hatte, dass die in Deutschland auch als „Historismus" bezeichnete Form der auf die Nation gerichteten, idealistisch fundierten, hermeneutisch betriebenen Geschichtswissenschaft über die Zeit des Nationalsozialismus hinaus als leitendes Forschungsparadigma Bestand hatte und nach 1945 – zumindest in Westdeutschland – weiter betrieben wurde. Daher erscheinen bei IGGERS wie auch bei RAPHAEL im Gegensatz zum Ende von Zweitem Weltkrieg und nationalsozialistischer Diktatur andere Ereignisse und Strömungen als für die Periodisierung wesentlich entscheidender.

An erster Stelle zu nennen sind hier die geistigen Neuorientierungen der 1960er Jahre, die unter dem Schlagwort der weltweiten „68er-Bewegung" gefasst werden und in vielen Staaten auch einem institutionellen Ausbau der (universitären) Geschichtswissenschaft verbunden waren. Sie führten zu einem grenzübergreifenden Aufleben der Sozialgeschichte, die die ältere National- oder Politikgeschichte als leitendes Forschungsparadigma ablöste. Für die Geschichtsschreibung dieser Zeit wurde auch ein neuer Öffentlichkeitsbezug charakteristisch. Zwar hatte es schon zuvor größere Historikerkontroversen gegeben, etwa die „Menger-Schmoller-Kontroverse" und den „Lamprecht-Streit" Ende des 19. Jahrhunderts; doch erhielten nun in Massenmedien ausgetragene Auseinandersetzungen zwischen Historikern wie die Fischer-Kontroverse um die deutsche Kriegspolitik 1914–1918 in den 1960er Jahren und der Historikerstreit um die Bewertung des Nationalsozialismus in den 1980er Jahren deutlich höhere Resonanz in der allgemeinen Öffentlichkeit der demokratisch verfassten Diskussionskulturen.

Die 1960er Jahre: Neuorientierung deutscher Geschichtswissenschaft

Hierzu trug die Internationalisierung von Geschichtswissenschaft bei. Die nationale Abschottung der Jahrzehnte nach dem Ersten und verstärkt nach dem Zweiten Weltkrieg überwindend, nahm seit den 1950er Jahren die wechselseitige Rezeption von Schriften zwischen nationalen Wissenschaftskulturen zu wie auch das „persönliche Kennenlernen" von Wissenschaftlerinnen und Wissenschaftlern im Rahmen internationaler Kongresse und durch Wissenschaftleraustausch. Dabei spielten vor allem Nachwuchshistoriker – und nun auch zunehmend Nachwuchshistorikerinnen – eine große Rolle, die nach 1930 geboren waren: Sie waren im Gegensatz zu ihrer Lehrergeneration, der häufig eine Gründungsfunktion für die Geschichtsschreibung nach 1945 zugeschrieben worden war, stärker sozialgeschichtlich ausgerichtet und international vernetzt. Zudem griffen sie auf wissenschaftsgeschichtliche Ansätze zurück, die in Deutschland im Zeichen des Historismus wenig rezipiert worden waren, so etwa jene Max Webers (1864–1920) und der französischen „Schule der Annales".

Internationalisierung der Geschichtswissenschaft

Für eine wissenschaftsgeschichtliche Periodisierung der Geschichtsschreibung, die das 20. Jahrhundert als „Zeitalter der Extreme" versteht und – auch mit Hinblick auf eine Globalgeschichte –

Geschichtswissenschaft im Zeitalter der Extreme

dem „Nullpunkt 1945" weniger Aufmerksamkeit schenkt, spricht zudem, dass Geschichtswissenschaft – besonders in den beiden deutschen Staaten – als Systemkonkurrenz betrieben wurde. Augenfällig wurde diese Konkurrenz in den beiden deutschen Historikervereinigungen: 1958 scherten die Historikerinnen und Historiker der DDR aus dem bis dahin gesamtdeutschen Verband der Historiker Deutschlands aus und gründeten die Deutsche Historiker-Gesellschaft (seit 1972 Historiker-Gesellschaft der DDR). Beide deutschen Historikerverbände begegneten sich mit großer Feindseligkeit, was sich erst im Zuge der neuen Ostpolitik der Bundesrepublik um 1970 zu ändern begann.

Spricht man von der Geschichtswissenschaft im Zeitalter der Extreme, so kann man mit diesem Modell auch die Umbrüche um 1989 in den Blick nehmen, die in den Ostblockstaaten zu einer ansatzweisen demokratischen Öffnung der Wissenschaftskulturen führte und in Deutschland zu einem neuen Verständnis der seit 1990 wieder in einem Verband vereinigten Historikerschaft in der „Berliner Republik". Außerdem kann der *Cultural Turn* mitberücksichtigt werden, der in den 1990er Jahren einsetzte und zum Niedergang des sozialgeschichtlichen Paradigmas führte. Zeitströmungen, wie die Frauenbewegung, das vor allem in den USA einflussreiche *Black People Movement*, die *Post Colonial Studies* und die Globalisierung von wirtschaftlichen und kulturellen Austauschprozessen, führten zur Ausprägung einer „Neuen Kulturgeschichte", die seither weltweit die Geschichtsschreibung bestimmt.

13.2 Pluralisierung der Historiografie im 20. Jahrhundert

Die Geschichte der Geschichtsschreibung in den Anfängen des 20. Jahrhunderts war von den sozialen Entwicklungen geprägt, die häufig unter den Schlagworten der Industrialisierung, Urbanisierung und Demokratisierung gefasst werden. Vor allem in den westlichen Staaten hatte im 19. Jahrhundert ein sozialer Strukturwandel stattgefunden, der die Bedeutung des Agrarsektors gegenüber der Industrie deutlich verschob. In den wachsenden Städten entstand ein Industrieproletariat, das nach sozialer und politischer Beteiligung verlangte; zu Reichtum gelangte Bürger vertraten selbstbewusst ihre politische wie soziale Bedeutung gegenüber den traditionellen adeligen Eliten. Sozialisten, Christen, Liberale entwarfen unterschiedliche Modelle, wie das gesellschaftliche und politische Leben auf nationaler Ebene gestaltet werden sollte. Die Soziologie und Sozialpsychologie, aber auch die modernen Wirtschaftswissenschaften (Nationalökonomie) als Wissenschaften, die sich den Auswirkungen dieser Prozesse näher widmeten, erlangten seit Ende des 19. Jahrhunderts zunehmend an Bedeutung.

Im 20. Jahrhundert wurden die Einflüsse der Gesellschaftswissenschaften dabei vor allem in der Geschichtswissenschaft jener Staaten zuerst aufgegriffen, die sich – früher als etwa die deutsche Tradition – gegenüber „positivistischen" und „materialistischen" Theorien geöffnet hatten, und dass obwohl viele für sie wichtige Theoretiker wie Karl Marx (1818–1883), Georg Simmel (1858–1918), Werner Sombart (1863–1941) und Max Weber (1864–1920) aus Deutschland stammten. Gleichwohl wurden im Deutschen Reich weiterhin sozialgeschichtliche Ansätze als „Außenseiter" von der akademischen idealistisch-historistischen Geschichtswissenschaft zu marginalisieren versucht, während in Westeuropa Formen von Sozialgeschichte entstanden, die für die weitere Entwicklung große Bedeutung gewannen.

Einflüsse der Gesellschaftswissenschaften

Der unter anderem in Deutschland ausgebildete belgische Historiker Henri Pirenne (1862–1935), der während des Ersten Weltkriegs wegen seiner Weigerung, mit deutschen Militärbehörden zu kooperieren, im Deutschen Reich interniert gewesen war, wurde nach 1918 zu einem Motor der Entwicklung im französischsprachigen Bereich. Wirkung entfaltete der gut vernetzte Pirenne dabei vor allem durch seine Reden, in denen er den Nationalismus – besonders der deutschen Geschichtswissenschaft – kritisierte, durch seine Schriften, die den Mittelmeerraum als Ursprung einer europäischen Identität postulieren, sowie durch seine Unterstützung junger französischer Sozialhistoriker.

Henri Pirenne

An der Universität Strasbourg arbeiteten Marc Bloch (1886–1944) und Lucien Febvre (1878–1956) eng mit Soziologen und Geografen zusammen und entwickelten an deren Disziplinen geschulte neue sozialhistorische Ansätze. Nach auch von Pirenne geförderten, letztlich gescheiterten Versuchen, gelang es ihnen 1929, mit der Zeitschrift *Annales d'histoire économique et sociale* ein Organ zu etablieren, das zum maßgeblichen Sprachrohr europäischer Historiker und nach dem Zweiten Weltkrieg – in dem Bloch wegen seiner Verbindungen zur Résistance von deutschen Truppen erschossen wor-

Schule der Annales

den war – weltweit zu einem Inbegriff sozial- und wirtschaftsgeschichtlicher Forschung zu werden.

Etablierung der École des Annales

Die von BLOCH und FEBVRE begründete *École des Annales*, die sich 1947 mit der Gründung der 6. Sektion der *École pratique des hautes études* in Paris auch institutionell etablierte, steht für eine methodische Öffnung der Geschichtswissenschaft zu ihren Nachbardisziplinen. BLOCH vertrat in seinen Studien *Les rois thaumaturges. Étude sur le caractère surnaturel attribué à la puissance royale particulièrement en France et en Angleterre* (1924, Die wundertätigen Könige. Eine Studie über den übernatürlichen Charakter, der der königlichen Macht besonders in Frankreich und England zugeschrieben wird) und *La Société féodale* (2 Bde., 1939/40, Die Feudalgesellschaft)

Mentalitätsgeschichte

ebenso einen neuartigen mentalitätsgeschichtlichen Ansatz im Sinne des französischen Soziologen ÉMILE DURKHEIM (1858–1917) wie FEBVRE etwa mit *Un Destin. Martin Luther* (1928, Ein Schicksal. Martin Luther) und *Le problème de l'incroyance au 16e siècle. La religion de Rabelais* (1942, Das Problem des Unglaubens im 16. Jahrhundert. Die Religion von Rabelais). FEBVRES bedeutender Schüler FERNAND BRAUDEL (1902–1985) richtete, darin inspiriert von PIRENNE, seinen Blick auf die Mittelmeerregion und entwarf in seiner Habilitationsschrift *Méditerranée et le monde méditeranéen à l'epoque de Philippe II* (1949,

Longue durée

Das Mittelmeer und die mediterrane Welt zur Zeit Philipps II.) das Modell von Zeitschichten unterschiedlicher Länge, in denen er soziale, kulturelle, wirtschaftliche und politische Strukturen untersuchte. Der von ihm geprägte Begriff der *longue durée*, der „langen Dauer", regte später zahlreiche sozialgeschichtliche Forschungen an [1.1: BRAUDEL 1958, 725–753].

Gesellschaft und Struktur

„Gesellschaft" und „Struktur" wurden zu zentralen Methodenbegriffen einer Geschichtswissenschaft, die damit traditionelle historische Subjekte wie „Nation" oder „Staat" zu ersetzen suchte, explizit die Zusammenarbeit mit Nachbardisziplinen, wie der Soziologie, Geografie und Ethnologie, anstrebte und sich von den großen politischen Ereignissen und der traditionellen Politikgeschichte ab- und der Behandlung zeitgenössischer (sozial vermittelter) Deutungsmuster zuwandte.

Sozialgeschichte versus Historismus

Anders als in Westeuropa hielt die deutschsprachige akademische Geschichtswissenschaft bis in die Mitte des 20. Jahrhunderts mit großer Mehrheit an der historistischen, politikgeschichtlich ausgerichteten, ideengeschichtlichen Methode fest, für die die groß angelegten Darstellungen FRIEDRICH MEINECKES (1862–1954) – *Weltbürger-*

tum und Nationalstaat (1908) und *Die Idee der Staatsräson in der neueren Geschichte* (1924) – als Beispiele dienen können. Während dieser Zeit wurde aber bereits Kritik am Historismus formuliert. Neben MAX WEBER zählt etwa der Leipziger Historiker KARL LAMPRECHT (1856–1915) zu den frühesten Historismuskritikern und wurde damit wie WEBER zu einem „Vordenker" der deutschen Sozialgeschichte in der zweiten Hälfte des 20. Jahrhunderts. Die von LAMPRECHT entworfene „Kulturgeschichte" war deutlich von völkerpsychologischen Impulsen inspiriert und wurde zu LAMPRECHTS Lebzeiten vor allem in Frankreich rezipiert, während sie Universitätsprofessoren in Deutschland bekämpften. Auch über ihre Wirkung auf die „Schule der Annales" wurde sie zu einem wichtigen Referenzpunkt für die deutschen Sozialhistorikerinnen und Sozialhistoriker nach 1945.

Ein entscheidender Grund für die Sonderstellung der deutschen Geschichtswissenschaft im Vergleich zu den Nachbarländern vor Beginn des Zweiten Weltkriegs bestand neben der fehlenden Rezeption sozialwissenschaftlicher Theorien in den fachwissenschaftlichen Voraussetzungen, etwa der angesprochenen Exklusion von „Dilettanten" aus dem akademischen Diskurs. So entstand ein mehr oder minder duales System einerseits einer akademischen historistischen Geschichtswissenschaft und andererseits einer jenseits der Universitäten – auch von Anhängern sozialistischer Geschichtstheorien – betriebenen Geschichtswissenschaft.

Seit den 1920er Jahren änderte sich die Situation langsam. So konnte sich die landesgeschichtliche Forschung, die meist „vor Ort" entstanden war, in Forschungszentren wie dem 1920 gegründeten „Institut für die geschichtliche Landeskunde der Rheinlande" etablieren und verfügte seit 1923 mit der „Stiftung für Volks- und Kulturbodenforschung" in Leipzig über ein Netzwerk. Hintergrund dieser Entwicklung – und auch ein Grund dafür, warum mehrere landesgeschichtliche Forschungsstätten am Rhein als deutsch-französischer Grenze entstanden – war die veränderte politisch-topografische Situation seit dem Ende des Ersten Weltkriegs 1918. Aber auch die zunehmende Öffnung einzelner Historiker gegenüber Landeskunde, Geografie und Ethnologie spielte eine nicht zu unterschätzende Rolle; sie war entscheidend für eine wachsende Methodenvielfalt in der deutschen Geschichtswissenschaft. Neben der Kategorie „Raum" spiegelte dabei etwa die Kategorie „Volk" – nun als Alternativbegriff zu „Staat" oder „Nation" verwendet – die neue Interessenslage der Historiker.

Langsame Öffnung der Geschichtswissenschaft in Deutschland

Volksgeschichte

Während also in der westlichen Welt von Sozialgeschichte gesprochen wurde, etablierte sich seit den 1920er Jahren im deutschsprachigen Raum die Bezeichnung „Volksgeschichte" für ein verändertes Geschichtsverständnis. Dies liegt nicht nur daran, dass hier die Bezeichnung „Volk" für das Subjekt der Geschichte bevorzugt wurde und nicht „Gesellschaft" als Pendant zu *Society* oder *société*. Es liegt auch daran, dass die neuen Strömungen sehr bald in das Fahrwasser nationalsozialistischer Ideologie gerieten und sich nach 1933 dem neuen Regime andienten. Auf längere Sicht (über 1945 hinaus) scheiterten diese Ansätze in methodischer wie historiografischer Hinsicht, denn sie verloren, wie alle Formen von Geschichtsarbeit, die sich Ideologien unterordnen, ihren Wissenschaftscharakter. Während Quelleneditionen und einzelne Spezialuntersuchungen, die sich der NS-Ideologie zu entziehen suchten, über 1945 hinaus ihren Wert behielten, trifft das auf keine der Überblicksdarstellungen aus der NS-Zeit zu. Die durch den diktatorischen Rahmen fehlende Möglichkeit, Ergebnisse ohne ideologische Vorgaben zu erzielen und einer freien Diskussion in einer freien Öffentlichkeit zur Überprüfung ihrer Gültigkeit darzubieten, verhinderte eine deutsche Geschichtswissenschaft und eine Geschichtsschreibung in der Zeit des Nationalsozialismus, die dieses Namens würdig gewesen wären. Ausnahmen bildeten die Arbeiten jener älteren Historiker, die noch dem Historismus anhingen, gegenüber dem NS-System aber distanziert blieben, so etwa MEINECKES historiografiegeschichtliches Großwerk *Die Entstehung des Historismus* (2 Bde., 1936), ERICH MARCKS' (1861–1938) stark auf die Persönlichkeit Bismarcks zugeschnittene Darstellung *Der Aufstieg des Reiches. Deutsche Geschichte von 1807–1871/78* (2 Bde., 1936) und GERHARD RITTERS (1888–1967) wissenschaftlich vorgetragene Totalitarismuskritik *Machtstaat und Utopie. Vom Streit um die Dämonie der Macht seit Macchiavelli und Morus* (1940).

Geschichtsschreibung in der Zeit des Nationalsozialismus

Neuausrichtung nach 1945 in Deutschland

Nach 1945 schwenkten viele Historiker, die sich dem Nationalsozialismus angepasst hatten, in das Lager der Sozial- und Strukturhistoriker. Diese Wendung war keineswegs ein Neuanfang, sondern eine Fortführung der Ansätze, die in Deutschland seit den 1920er Jahren entstanden waren, allerdings in ideologiebereinigter Ausführung. So legte OTTO BRUNNER (1898–1982), der vor 1945 eine „großdeutsche", volksgeschichtliche Auffassung vertreten hatte, seit 1954 aber als Professor an der Universität Hamburg weiter lehren durfte, 1978 eine „Sozialgeschichte Europas im Mittelalter" vor. WERNER CON-

ZE (1910–1986) hatte seinen Schwerpunkt bis 1945 auf die Ostraumforschung gelegt; er wurde in der Bundesrepublik zu einem Vertreter der Strukturgeschichte, so etwa in *Staat und Gesellschaft im deutschen Vormärz 1815–1848. 7 Beiträge* (1962). Als „Gründerväter" bundesrepublikanischer Geschichtsschreibung schufen sie einen Boden dafür, dass eine jüngere Generation von Sozialhistorikern Fuß fassen und ihre Arbeiten eine wahrhaft demokratisch ausgerichtete Sozialgeschichte etablieren konnten.

Als geistige Orentierungspunkte dieser jüngeren Generation von Sozialhistorikern fungierte neben WEBER und LAMPRECHT vor allem die „Schule der Annales"; ihr zentraler Forschungsgegenstand wurde die Gesellschaft im 19. Jahrhundert. GERHARD A. RITTER (1929–2015) wandte sich bereits 1952 in seiner Dissertation der Arbeiterbewegung im Kaiserreich zu und wurde – auch über seine bedeutenden Schülerinnen und Schüler – ein Doyen der Erforschung von Arbeiterschaft und Sozialdemokratie im 19. Jahrhundert. So widmete sich etwa der Ritter-Schüler JÜRGEN KOCKA (*1941), der gemeinsam mit HANS-ULRICH WEHLER (1931–2014) zu den Köpfen der in der Bundesrepublik besonders einflussreichen „Bielefelder Schule der Sozialgeschichte" gezählt wird, der Arbeiter- und Angestelltenkultur im 19. Jahrhundert. 1977 legte er mit *Sozialgeschichte. Begriff – Entwicklung – Probleme* die Grundlagenschrift dieser Richtung in Deutschland vor. Das *opus magnum* der Sozialgeschichte in der Bundesrepublik stammt von WEHLER. Er hatte bereits 1973 im Rahmen seines Handbuchs *Das Deutsche Kaiserreich 1871–1918* die Wirtschaft und Gesellschaft im Deutschen Reich in den Blick genommen, um einen Kontrapunkt zu den älteren politikgeschichtlich ausgerichteten Darstellungen zu setzen. Von 1987 bis 2008 schuf er in fünf Bänden die *Deutsche Gesellschaftsgeschichte*.

Jüngere Sozialhistoriker in Deutschland

Vor dem Hintergrund des Systemkonflikts, der Bürgerrechtsbewegungen sowie der Auseinandersetzung junger Studierender mit den politischen Gesinnungen ihrer Elterngeneration und dem bestehenden sozialen System, die unter dem Schlagwort „68er-Bewegung" bekannt ist, blühte die Sozialgeschichte seit dem Ende der 1950er Jahre nicht nur in Deutschland, sondern in allen Industrienationen auf. Im Rahmen einer „Modernisierungstheorie" nahm sie die Geschichte bislang wenig beachteter Unterschichten und die Entwicklung der industriell geprägten Arbeits- und Lebenswelt in den Blick. Aus diesem Grund erklärt sich auch das besondere Interesse der Sozialhistorikerinnen und Sozialhistoriker für die Entwick-

Modernisierungstheorie

lungen des 19. Jahrhunderts, das sie als Zeit deuteten, in der die Grundlagen für die eigene Gegenwart geschaffen worden waren.

Sozialgeschichte in Großbritannien

Auch in Großbritannien richtete sich das sozialgeschichtliche Interesse verstärkt auf das 19. Jahrhundert. Hier stießen die Arbeiten des Sozial- und Wirtschaftshistorikers ERIC J. HOBSBAWM (1917–2012) auf große Resonanz, besonders seine groß angelegte Überblicksdarstellung über das „lange 19. Jahrhundert": *The Age of Revolution. 1789–1848* (1962), *The Age of Capital. 1848–1875* (1975) und *The Age of Empire. 1875–1914* (1987). Wie HOBSBAWM baute auch EDWARD P. THOMPSON (1924–1993) sein Geschichts- und Gesellschaftsbild auf marxschen Theorien auf, am markantesten in dem Band *The Making of the English Working Class* (1963), der der britischen Gesellschaft sozialgeschichtlich ihre Herkunft erklären sollte.

Sozialgeschichte in Frankreich

In Frankreich rückte eine neue Generation in der Tradition der Annales nach. Der Mediävist GEORGES DUBY (1919–1996) wandte sich den sozialen Strukturen und den daraus resultierenden Handlungsmöglichkeiten und -formen von Menschen im Mittelalter zu, so etwa in *Les trois ordres ou l'imaginaire du féodalisme* (1978, Die drei Ordnungen oder Das Weltbild des Feudalismus). Auch EMMANUEL LE ROY LADURIE (1929–2023) legte Studien zum Alltag gewöhnlicher Leute in Mittelalter und Früher Neuzeit vor. In seiner Dissertation *Les Paysans de Languedoc* (1966, Die Bauern des Languedoc) und dem auf Akten der Inquisition basierenden *Montaillou, village occitan de 1294 à 1324* (1975, Montaillou, ein okzitanisches Dorf von 1294 bis 1324) standen Leben und Denken der ländlichen Bevölkerung im Mittelpunkt des Interesses. LE ROY LADURIES Lehrer ERNEST LABROUSSE (1895–1988) wurde bekannt für sein quantifizierendes Vorgehen, beispielsweise die Auswertung von Lebensmittelpreisen während der Französischen Revolution, und legte mit *Histoire économique et sociale de la France* (3 Bde., 1970–1979, Wirtschafts- und Sozialgeschichte Frankreichs) ein Großwerk vor, das stark auf seriellen Quellen beruht.

Sozialgeschichte und andere Formen der Geschichtswissenschaft

Kann die internationale Etablierung der Sozialgeschichte also als wichtigstes Charakteristikum der Geschichtsschreibung des 20. Jahrhunderts ausgemacht werden, so darf diese Beobachtung nicht zu der Feststellung verleiten, dass andere Formen und Inhalte der Geschichtsschreibung durch das verstärkte geschichtswissenschaftliche Interesse an Wirtschaft und Gesellschaft gänzlich verschwunden wären. Ganz im Gegenteil: Die Sozialgeschichte trat als eine weitere Form, Geschichtswissenschaft zu betreiben, neben die bestehenden Auffassungen, die weiterhin viele Vertreterinnen und Vertreter fanden, ja mitunter sogar – bezogen auf die Summe der historiografischen Gesamtproduktion – immer noch die Mehrheit stellten. So mag man etwa in WEHLERS *Deutscher Gesellschaftsgeschichte* einen bedeutenden Beitrag zur Erforschung der deutschen Geschichte sehen; mindestens denselben Anspruch kann aber auch die dreibändige *Deutsche Geschichte* (1983–1992) aus der Feder THOMAS NIPPERDEYS (1927–1992) erheben, der sich selbst als Vertreter eines modernisierten, von politischen Vorgaben befreiten Historismus betrachtete. Zudem entstanden neben sozialgeschichtlichen Studien weiter „konventionelle" Biografien. So erreichten etwa GOLO MANN (1909–1994) mit *Wallenstein. Sein Leben erzählt von Golo Mann* (1971), THEODOR SCHIEDER (1908–1984) mit *Friedrich der Große. Ein Königtum der Widersprüche* (1983) und sogar der in der DDR lebende marxistische Historiker ERNST ENGELBERG (1909–2010) mit seiner zweibändigen Bismarck-Biografie (1985/90) eine breite Leserschaft weit über die akademische Welt hinaus. Ähnliches lässt sich für alle anderen Nationen beobachten.

Eine ideologiekritische Auseinandersetzung mit der älteren Sozialhistorikergeneration fand erst seit Ende der 1990er Jahre statt, vor allem seit dem deutschen Historikertag in Frankfurt am Main 1998, der eine Untersuchung der „braunen Wurzeln" der Sozialgeschichte einleitete, in der die politische Haltung dieser Generation vor 1945 näher beleuchtet und ihre Werke aus bundesrepublikanischer Zeit einer ideologischen Prüfung unterzogen wurden.

Braune Wurzeln der Sozialgeschichte in Deutschland

Dass die Aufarbeitung der Geschichte der deutschen Sozialgeschichtsschreibung erst zu diesem relativ späten Zeitpunkt einsetzte, hatte mehrere Gründe. So wurde sie vor allem von der Enkelgeneration jener Volks-/Sozialhistoriker angestrebt, während die Kindergeneration – die jüngeren Sozialhistoriker wie KOCKA und WEHLER – die Auseinandersetzung mit ihrer Lehrergeneration vermieden hatte. Entscheidender aber war, dass das geschichtswissenschaftliche Paradigma „Sozialgeschichte" um das Jahr 1980 zunehmend, auch international, infrage gestellt wurde.

Angeregt durch politische, gesellschaftliche, kulturelle und wirtschaftliche Umschwünge sowie neue philosophische Entwürfe wie die Diskurstheorie entstanden seither Forschungsarbeiten, die sich von den theoretischen Leitsätzen der Sozialgeschichte lösten. Die Mikrogeschichte etwa widmete sich detailliert den Lebenssituationen alltäglicher Menschen. Wegweisend wurden beispielsweise

Kritik an der Sozialgeschichte

Mikrogeschichte

die Studien des italienischen Historikers Carlo Ginzburg (*1939) *Il formaggio e i vermi. Il cosmo di un mugnaio del Cinquecento* (1976, Der Käse und die Würmer. Die Welt eines Müllers im 16. Jahrhundert), der Französin Arlette Farge (*1941) *Vivre dans la rue à Paris au XVIIIe siècle* (1979, Leben auf der Straße in Paris im 18. Jahrhundert) und der kanadisch-amerikanischen Historikerin Natalie Zemon Davis (1928–2023) *The Return of Martin Guerre* (1983). Auch die Historische Anthropologie und die Alltagsgeschichte lieferten nun Beiträge zu einer „Geschichte von unten", die die Erforschung „historischer Erfahrungen und Lebensweisen" in den Blick nahm und dabei unter anderem auf die Befragung von Zeitzeugen zurückgriff, also so genannte *Oral History* betrieb.

> Historische Anthropologie und Alltagsgeschichte

> Oral History

Dass Geschichte als „Geschichte großer Männer" nicht nur von der traditionellen Geschichtsschreibung, sondern auch von der Sozialgeschichte betrieben werde, kritisierten weltweit Stimmen aus der Frauenemanzipationsbewegung. Anfangs als Frauengeschichte betrieben, etablierte sich diese Forschungsrichtung offener als Geschlechtergeschichte beziehungsweise *Gender Studies*. Auf einer anderen Emanzipationsbewegung, nämlich der Lösung kolonialer Abhängigkeiten besonders nach 1945, beruhen die *Post Colonial Studies*. Der US-amerikanische Literaturwissenschaftler Edward Said (1935–2003) hinterfragte mit seinem Band *Orientalism* (1978) Stereotype, die in der westlichen Welt für die Betrachtung und Beurteilung der nicht-westlichen Welt verwendet wurden, und legte damit das Fundament für diese geschichtswissenschaftliche Forschungsrichtung.

> Gender Studies

> Post Colonial Studies

Die seit Ende der 1970er Jahre weltweit und aus unterschiedlichen Impulsen heraus formulierte Kritik an der Sozialgeschichte mündete in den 1990er Jahren in ein neues Forschungsparadigma, das seitdem in Deutschland unter der Überschrift einer „Neuen Kulturgeschichte" betrieben wird. Die Vorstellung, dass es sich bei ihrer Etablierung um einen wissenschaftlichen Paradigmenwechsel gehandelt habe, manifestiert sich in den verschiedenen *Turns*, die zur Beschreibung dieses Wechsels zitiert werden und in zahlreichen geschichtswissenschaftlichen Kulturen (vorwiegend der westlichen Welt) formuliert wurden. Der *Cultural Turn*, also die Hinwendung zur Kultur (statt zur Gesellschaft) als Subjekt der Geschichte, wird üblicherweise aufgespalten in „kleinere *Turns*". So wird vom *Linguistic Turn* gesprochen, wenn neuere Forschungen gemeint sind, die in Anknüpfung an die Sprachphilosophie, die Diskurstheo-

> Neue Kulturgeschichte

> Cultural Turn

> Linguistic Turn

rie und die frühe Begriffsgeschichte Inhalte und Formen von Sprachhandlungen in den Blick nehmen: Nicht mehr die „Tatsache an sich" steht hierbei im Vordergrund, sondern das „dass" und das „wie" über historische Sachverhalte verhandelt wird. Ähnliches gilt analog für den *Pictorial Turn* oder *Iconic Turn*, der die von der älteren Geschichtswissenschaft meist illustrativ verwendeten Bildquellen als Ausdruck von Wirklichkeitsverständnissen interpretiert. Der *Post Colonial Turn* und der *Global Turn* folgten aus der Kritik an der meist noch in der Sozialgeschichte festzustellenden Konzentration auf nationale Entitäten und deren Stereotype; sie erweiterten den Blick auf internationale beziehungsweise transnationale Zusammenhänge und Deutungskategorien. Schließlich lässt sich aus der Liste der *Turns*, die mittlerweile eine bemerkenswerte Länge aufweist, noch der *Spatial Turn* nennen, mit dem die Hinwendung zur Kategorie „Raum" als Untersuchungsgegenstand der Geschichtswissenschaft verstanden wird. Dabei gilt allerdings zu beachten, dass, wie bei allen *Cultural Turns*, nicht der „Raum an sich" im Mittelpunkt der Betrachtung steht, sondern der wahrgenommene Raum, die (Um-)Welt, wie sie von den Zeitgenossen wahrgenommen und gestaltet wurde.

Pictorial Turn und Iconic Turn

Post Colonial Turn und Global Turn

Spatial Turn

Kennzeichnend für die Neue Kulturgeschichte und ihre internationalen Pendants ist ihr Pluralismus der unterschiedlichen Ansätze und auch der unterschiedlichen Methoden, mit denen sie betrieben wird. Genau dies ist der Punkt, der es schwer macht, von „der" Neuen Kulturgeschichte zu sprechen und sie als Einheit zu definieren. Grundsätzlich lassen sich zwei Momente nennen, die fast allen Konzepten gemein sind:

Methodenpluralismus der Neuen Kulturgeschichte

Zum einen konzentrieren sich die Ansätze, wie gesagt, nicht auf die „Tatsachen", sondern auf die „Wahrnehmung der Tatsachen". Die Neue Kulturgeschichte fragt danach, wie Menschen die geografischen und sozialen Räume wahrnehmen, in denen sie sich bewegen, wie sie sich und zu welchem Zweck in diesen Räumen präsentieren und welche Handlungsoptionen sich ihnen hier bieten. An die Stelle des „So-war-es" oder „So-könnte-es-gewesen-sein" historischer Erkenntnispräsentation trat das „So-wurde-es-wahrgenommen" beziehungsweise „So-könnte-es-wahrgenommen-worden-sein". Insofern hat die Neue Kulturgeschichte Ähnlichkeiten mit der älteren Ideengeschichte, nur dass sie nicht von Ideen als feststehenden Sachverhalten, sondern von Ideen als „Erfahrungs-

Von den Fakten zur Wahrnehmung der Fakten

räumen" und „Erwartungshorizonten" ausgeht, um Begriffe Kosellecks zu benutzen.

<small>Agency</small>   Zum anderen und damit verbunden ist die Rückkehr der historischen *Agency*: Als Kritik an der „menschenleeren" Sozialgeschichte, die das Individuum gegenüber Strukturen und anonymen Konzepten wie „Gesellschaft" vernachlässigte, wurde über das Interesse an Wahrnehmungen auch das historische Individuum als „Agent" wiederentdeckt. Es ist in der Neuen Kulturgeschichte die entscheidende Instanz, über die Sachverhalte wahrgenommen, gedeutet und in prospektive Entwicklungsentwürfe transformiert werden. Die Beschäftigung mit Ego-Dokumenten und die subjektive Erfahrung des eigenen Körpers, der eigenen Gefühle, des Wirklichkeitsverständnisses, der Lebenswelt historischer Protagonisten führten zu deren Aufwertung. Geschichtsschreibung im Zeichen der Neuen Kulturgeschichte sucht nicht mehr Sachverhalte aus dem besseren Wissen des *post festum* der Nachgeborenen darzustellen; sie widmet sich den Wahrnehmungen der Zeitgenossen als zukunftsoffenen Entwürfen, auch wenn diese Entwürfe sich im Nachhinein nicht realisieren sollten.

II Grundprobleme und Tendenzen der Forschung

1 Formen von Geschichtsschreibung

Im historischen Überblick sind viele Formen von Historiografie angesprochen worden. Sie sollen im Folgenden näher betrachtet werden. Dabei kann man eine erste Einteilung in zwei Klassen vornehmen:

Die erste Klasse umfasst Geschichtswerke – nicht nur aus weiter zurückliegenden Zeiten –, in denen sich Fakten und Fiktionen miteinander verbinden. Große Geschichtsepen wie die griechische *Ilias* (8./7. Jh. v. Chr.) oder das babylonische *Gilgamesch-Epos* (vor dem 18. Jh. v. Chr.) sowie die „Geschichtsbücher" der Bibel sind hierfür prominente Beispiele. Aber auch die *Historien* HERODOTS (490/480–um 430/420 v. Chr.) sind voll von fiktiven Einsprengseln. Historische Romane, Balladen, Biografien und Formen der „Ungeschehenen Geschichte" verbinden tatsächlich Geschehenes mit Erfundenem [14.1.2: LUKÁCS 1965, 22–33].

Historiografisch-belletristische Mischformen

Die zweite Klasse umfasst Formen von Geschichtsschreibung, die sich auf Tatsächliches beschränkt beziehungsweise zu beschränken versucht. Für sie lassen sich ebenfalls zwei Grundformen unterscheiden: Zum einen gibt es Arten der Präsentation von geschichtlichen Ereignissen, Persönlichkeiten und Entwicklungen, die nichtnarrativ sind. Hierzu zählen vor allem rein kalendarisch angelegte Annalen (ohne erzählerischen „Gesamtsinn") und Chronologien, die unverbunden der Zeitleiste folgend, historische Begebenheiten hintereinander listen. Eine moderne Form dieser faktenpositivistischen Geschichtswerke sind auch Datenbanken, in denen historische Daten ohne vorgegebene Bezüge untereinander gespeichert sind. Hier müssen die Daten erst von den Nutzerinnen und Nutzern in individuell gewählte Bezüge gesetzt werden.

Formen nicht-narrativer Geschichtsschreibung

Davon lässt sich zum anderen solche Historiografie unterscheiden, die narrativ ist. Wichtig für sie ist weniger, dass historische Fakten in ganzen Sätzen dargestellt, als vielmehr, dass zwischen den Sätzen Sinnzusammenhänge präsentiert werden. Während Chronologien und Annalen dem Muster „Und dann und dann und dann ..." folgen, ist es ein Charakteristikum erzählender Geschichts-

Formen narrativer Geschichtsschreibung

schreibung, dass sie mittels vor allem kausaler, finaler und konsekutiver Konjunktionen Bezüge herstellt. Etwas geschieht, „weil" zuvor etwas anderes geschehen ist, etwas ist eine Voraussetzung „dafür, dass" etwas anderes geschieht, etwas ist Voraussetzung, „um" etwas anderes zu ermöglichen.

Sinnbildung als Charakteristikum narrativer Geschichtsschreibung

Die Bezüge sind dabei nicht rein sprachlicher Natur, um den Gang der Erzählung formal zu ermöglichen. Sie sind zugleich Sinnsetzungen der Autorin oder des Autors, der/die etwas Späteres als Folge von etwas Früherem begründet oder das Frühere als Voraussetzung für das Spätere bezeichnet. Sprachliche Bezugsetzungen in historiografischen Texten sind Ausdruck bestimmter zugrunde liegender Perspektiven und machen historische Deutungen erst möglich. Es ist ein bedeutender Unterschied, ob man sagt „Der Holocaust war möglich, nachdem die Nationalsozialisten die Macht übernommen hatten" oder „Der Holocaust war möglich, weil die Nationalsozialisten die Macht übernommen hatten" oder „Die Nationalsozialisten übernahmen die Macht, um den Holocaust zu ermöglichen".

Die Herstellung von Sinnbezügen

Bedingungsgefüge und Handlungsintentionen werden in historiografischen Texten – wie in anderer erzählender Literatur auch – über Konjunktionen hergestellt. Bei Geschichtsschreibung kommt allerdings im Unterschied zur Darstellung von Fiktionen hinzu, dass sie es ausschließlich mit Tatsachen zu tun hat, die miteinander in Bezug gesetzt werden. Dabei sind die Auswahlmöglichkeiten für sinnvolle Bezugnahmen begrenzt. Eine Aussage wie „Der Holocaust war möglich, weil Heinrich IV. im Jahr 1076 seinen Gang nach Canossa antrat" erscheint nicht sinnvoll, obwohl es sich um die Verbindung zweier historischer Tatsachen handelt. Dabei spielt der zeitliche Abstand beider Tatsachen keine Rolle. Auch eine Aussage „Der Holocaust war möglich, weil Hannover 96 im Jahr 1938 die deutsche Fußballmeisterschaft errang" macht keinen Sinn. Sinnvolle Aussagen setzen kausale oder konsekutive Beziehungen voraus, die der Leserin beziehungsweise dem Leser plausibel gemacht werden können.

Plausibilität

Die Diskussionsoffenheit von Geschichtsschreibung beruht aber gerade darauf, dass verschiedene Verknüpfungen als plausibel erscheinen können. So könnte man etwa auch sagen „Der Holocaust war möglich, weil der Antisemitismus in der deutschen Gesellschaft weit verbreitet war" oder „Der Holocaust war möglich, weil das Ausland zu wenig gegen ihn unternahm". Aus der Möglichkeit der

Bezugsetzung mehrerer historischer Tatsachen miteinander resultiert nicht nur die historische Aussage, die in einem historiografischen Text getroffen wird. Sie ermöglicht auch die Anfechtbarkeit historischer Auffassungen. Der Streit darüber, ob ein als plausibel präsentierter Zusammenhang auch als historische Erklärung gelten kann, ist das eigentliche Ergebnis erzählender Geschichtsschreibung: In ihm können durch Bezug hergestellte Deutungen als gültig, als einseitig (monokausal) oder gar als ungültig herausgearbeitet werden, sodass die historische Erkenntnis weniger im Akt ihrer Präsentation als im Akt ihrer Akzeptanz durch die Leserin oder den Leser an Gültigkeit gewinnt.

Insgesamt ist der Rahmen dessen, was zur Geschichtsschreibung gerechnet wird, in den letzten Jahrzehnten deutlich erweitert worden. Seit dem Zweiten Weltkrieg, vor allem seit den 1990er Jahren hat die Beschäftigung mit so genannten Ego-Dokumenten zugenommen. Hierzu gehören Autobiografien und Memoiren, Tagebücher und Reiseberichte sowie Briefe, aber auch andere Formen von (historisch-biografischen) Selbstaussagen etwa in Lebensläufen. Wurden diese Genres schon seit längerem von der Geschichtswissenschaft als Quellen benutzt, so werden sie neuerdings auch als Formen von Historiografie jenseits akademischer Geschichtsschreibung betrachtet [14.1.1: Schulze 1996, 11–30; M. Holdenried, Biographie vs. Autobiographie, in: 14.1.1: Klein 2009, 37–43].

Ego-Dokumente

Die Gründe für diese Erweiterung des Geschichtsschreibungsbegriffs liegen vor allem in den Forschungsanstrengungen, die von Sozialhistorikerinnen und Sozialhistorikern unternommen wurden. Geltend gemacht wurde dabei, dass Personen jenseits bürgerlicher Bildung häufig nicht in Form akademischer Geschichtswerke Rechenschaft über sich selbst und ihre Vergangenheit ablegten, sondern hierfür eher eine der genannten Formen benutzten oder sich mündlicher Berichte bedienten, die aufgezeichnet und als *Oral History* verstanden wurden.

Da Frauen vom Ende des 18. bis in das 19. Jahrhundert hinein weitgehend von der Produktion „klassischer" historiografischer Texte ausgeschlossen waren, hat die Bielefelder Historikerin Angelika Epple (*1966) in ihrer Untersuchung über *Empfindsame Geschichtsschreibung* (2003) ihren Blick vor allem auf Formen autobiografischen Schreibens gerichtet, in denen sie spezifisch historiografische Ausdrucksformen weiblicher Geschichtsarbeit erkannte. Beherrschen heute also weiterhin Geschichtserzählungen die histo-

Formen weiblicher Geschichtsschreibung

riografische Produktion, in denen Autorinnen und Autoren über ihre Forschungen Rechenschaft ablegen, so gilt es zu berücksichtigen, dass der Kanon durchaus auch unter Einbezug von Ego-Dokumenten, Briefen etc. in weiterem Sinne verstanden werden kann.

1.1 Geschichtsschreibung als Mischung aus Fakten und Fiktionen

1.1.1 Historisches Epos

Wie in Teil I dargestellt, ging die narrative Geschichtsschreibung – nach anfänglichen Herrscherlisten und chronologischen Verzeichnissen – aus Reiseberichten und mythischen Erzählungen hervor, die in manchen Kulturen über Jahrhunderte hinweg den Umgang mit Vergangenem bestimmten. Diese Mythos und Tatsache verbindende Form der Erzählung wird häufig als Historisches Epos bezeichnet, wobei der Begriff schwierig ist. Eine Theorie des Epos wurde in der griechischen Antike entwickelt, wo Theoretiker die Literatur formal in Epik, Dramatik und Lyrik unterteilten [14.1.2: BUSCH u. a. 2015, 7–24]. Als Trennung zwischen dem Epos als erzählerischer Form von Literatur und späteren Erzählformen wie dem Roman wurde dabei der Kontext der Mündlichkeit geltend gemacht: Epen wie die *Ilias* oder die *Odyssee* seien in Reimen konzipiert worden, um das Memorieren und den mündlichen Vortrag zu erleichtern; Romane seien dagegen Formen genuin schriftlicher Literatur. Für den Kontext zur Geschichtsschreibung weiterführender sind dagegen Ansätze, die das Epos kulturgeschichtlich definieren. So bestimmte etwa der kommunistisch geprägte Philosoph und Soziologe FRANZ BORKENAU (1900–1957) das Epos als literarische Form, die Gesellschaften nutzen, um sich darin zur Etablierung einer neuen Gesellschaftsordnung beziehungsweise zu deren Stabilisierung ihrer historischen Gewordenheit zu versichern [14.1.2: BORKENAU 1984, 73 f.]. Im Angesicht der Erkenntnis, dass ein besserer Zustand der Gesellschaft verloren gegangen sei, seien Epen entstanden, die bestimmte (historische) Tugenden zu restituieren suchen und damit einen Moralkodex entwickeln, der als Ideal vorgestellt werde. Diese ethische Funktion sah auch der ebenfalls dem Kommunismus nahestehende Philosoph und Literaturwissenschaftler GEORG LUKÁCS (1885–1971) als für das Epos charakteristisch an. In dem Maße, in dem der Mythos als Zustand des Einsseins des Menschen mit der

Definitionen des Epos

Natur und den in ihr aufscheinenden Gottheiten verlorengegangen sei, habe sich das Epos entwickelt, um ein neues geltendes Verständnis von Welt zu schaffen [14.1.2: Lukács 1965, 83–93].

Neben den genannten homerischen Epen zählt unter anderem das als Streitgespräch angelegte Epos *Werke und Tage* zu den bekanntesten Epen der griechischen Antike. Ihr Autor, Hesiod (* vor 700 v. Chr.), stellte darin eine Theorie der Weltzeitalter vor und schilderte den Gang der Geschichte des Menschengeschlechts von den mythischen Urzeiten an. Römische Autoren wie Quintus Ennius (239–169 v. Chr.) und besonders Vergil (70–19 v. Chr.) in seiner *Aeneis* nutzten die epische Form zur Darstellung einer mythisch-historischen Begründung der Anfänge römischer Geschichte. Ähnlich identitätsstiftende Funktionen übernahmen später das angelsächsische Heldengedicht *Beowulf* (um 700), im deutschsprachigen Raum die Sage von den *Nibelungen*, die in die Zeit der Völkerwanderung zurückreicht, und im skandinavischem Raum die Versionen der *Edda* (13. Jahrhundert). All diese Epen wurden immer wieder auf ihren historischen Gehalt, etwa auf die „tatsächliche" Topografie, in der die geschilderten Handlungen angesiedelt sind, untersucht, wobei die Trennung von Mythischem und Realem schwierig ist.

Antike und mittelalterliche Formen des Epos

Ist das Genre „Epos" zwar eine Hervorbringung der abendländischen Tradition, so gibt es auch in anderen Kulturen vergleichbare Werke [14.1.2: Goody 1987]. So entstand vor dem 18. Jahrhundert v. Chr. das *Gilgamesch-Epos* als Zeugnis der akkadischen und sumerischen Hochkultur und im indischen Kulturraum in den Jahrhunderten um Christi Geburt das umfangreiche *Mahābhārata* sowie etwa zeitgleich das *Rāmāyana*. Sie begründeten Literaturtraditionen, auf denen später arabische, persische und türkische Epen aufbauten. Aus dem ostasiatischen Raum ist unter anderem das japanische *Heike Monogatari* überliefert, das Ende des 14. Jahrhunderts schriftlich festgehalten wurde und dessen mythische Handlung vor dem Hintergrund zeitgenössischer Samurai-Kultur entfaltet wird. Kürzer und eher im Stil einer historischen Novelle gehalten ist die Geschichte *Gushi wenfang xiaoshuo* (Der Fremde mit dem Lockenbart) des chinesischen Holfgelehrten Du Guangting (850–933). Auch aus Mesoamerika gibt es Beispiele erzählender Literatur, die Historie und Mythos vermischen. Die so genannte *Historia Tolteca-Chichimeca*, zwischen 1547 und 1560 in der Nahuatl-Sprache verfasst und mit Illustrationen versehen, schildert in mythischer Verklärung

Das Epos in nicht-abendländischen Kulturen

die Geschichte der Völker der Tolteken und Chichimeken bis zum Eintreffen der Europäer.

1.1.2 Historischer Roman

Ursprünge des Historischen Romans

Der Historische Roman ist im Gegensatz zum meist genuin mündlichen, später verschriftlichten Epos ein genuin in Schriftsprache verfasstes Literaturgenre [14.1.2: GOODY 1987]. Seine Ursprünge fallen zeitlich zusammen mit der Herausbildung der modernen Geschichtsphilosophie und der wissenschaftlichen Historiografie an der Wende vom 18. zum 19. Jahrhundert. Wie das Epos verbindet er Fiktives mit Faktischem. Hatte es bereits in der Vormoderne ähnliche Ansätze gegeben, etwa in Heiligenlegenden und Heldengeschichten, so führte das aufkommende gesamtgesellschaftliche Interesse an Geschichte, dass auch das Aufblühen der Geschichtswissenschaft in der Zeit um 1800 bewirkte, dazu, dass faktisch-fiktive Erzählungen, Dramen und Gedichte große Popularität erfuhren [14.1.2: AUST 1994, 1–10]. Zeitgleich erlebte vor allem der Roman als literarische Gattung eine Blütezeit, sodass die Verbindung von geschichtlichem Inhalt und romanhafter Form – der Historische Roman – als Genre daraus hervorging. Beide Facetten des Historischen Romans bedingten wechselseitig den Erfolg dieses Genres: Zum einen erfreuten sich (fiktive) Romane mit historischem Ambiente und faktenunterlegten Geschichten großer Beliebtheit in der so genannten Goethezeit und trugen zur Popularität der Gattung „Roman" bei; zum anderen färbte der in dieser Zeit aufkommende Bildungsroman, der vom Werden (der Bildung) einer Person oder einer Idee handelt, auf die Geschichtsschreibung ab [W. HARDTWIG, Die Verwissenschaftlichung der Historie und die Ästhetisierung der Darstellung, in: 14.1.1: KOSELLECK u. a. 1982, 147–191].

Charakteristika des Historischen Romans

Wegweisend wurde vor allem das Werk des schottischen Schriftstellers SIR WALTER SCOTT (1771–1832). Sein Roman *Waverly* (1814) erzählt vor dem (historischen) Hintergrund des Jakobitenaufstands im Jahr 1745 eine in dieser Zeit und deren Gesellschaft angesiedelte (fiktive) Geschichte und wurde damit Vorbild ähnlich fiktionaler Nachahmer bis in die heutige Zeit [14.1.2: REITEMEIER 2001; 14.1.2: GEPPERT 2009; 14.1.2: AUST 1994, 63–74]. Im Gegensatz zu Genres, die eine Geschichte erfinden, die nie stattgefunden hat – wie die Utopie und die Science-Fiction-Literatur – benutzt der Historische Roman Elemente historischer Wirklichkeit (historische Persönlichkeiten, Lebenssituationen, Ereignisse), um um sie herum eine erfundene Geschichte zu entfalten. Ähnliches leisten auch historische Dramen und Lyrikformen wie die Historische Ballade. Anders als die moderne wissenschaftliche Geschichtsschreibung ist der Historische Roman dabei nicht auf eine quellenmäßig nachweisbare historische Wirklichkeit beschränkt, sondern überschreitet diese, indem er fiktive Handlungsträger und Ereignisse in die Erzählung einbringt. Dieses fiktive Element gewährt dem Historischen Roman gegenüber der Geschichtsschreibung größere schriftstellerische Freiheit – ein Vorzug, den schon Aristoteles (384–322 v. Chr.) in seiner *Poetik* der Belletristik gegenüber der Historiografie als „Wirklichkeitserzählung" (faktuale Erzählung) eingeräumt hatte [14.1.2: Klein/ Martínez 2009, 1–13; 14.1.2: Geppert 2009, 157–167]. So nutzte etwa der italienische Semiotiker und Schriftsteller Umberto Eco (1932–2016) sein Werk *Il nome della rosa* (1980, Der Name der Rose) – eine Mischung aus Historischem und Kriminal-Roman – dazu, in postmoderner Weise a-historische religiöse und linguistische Diskurse als Intertexte in seine Darstellung einzubauen, um so vor dem historischen Hintergrund grundsätzlichere philosophische und ethische Fragen aufzuwerfen.

Historische Romane haben von Beginn an bei einem breiten Publikum in mindestens demselben Maß Geschichtsbilder geformt, wie dies der wissenschaftlich fundierten Historiografie gelungen ist. Dieser Umstand trifft im Besonderen auf eine seit seinen Anfängen beliebte, spezielle Form des Historischen Romans zu: die teilfiktive Biografie. Walter Scott schuf mit seinem Werk über den erfundenen Kreuzritter *Ivanhoe* (1820) die Vorlage für diese Romanart, während die Verbindung von Realem und Erfundenem im Drama deutlich älter ist. Zu beobachten ist dabei, dass Romanbiografien, die im Gegensatz zum *Ivanhoe*, der eine fiktive Figur in einem vermeintlich „geschichtlichen" Kontext darstellt, dann in höherem Maße das öffentliche Geschichtsbild prägen, wenn auch die Protagonistin oder der Protagonist eine reale Vorlage hatte [14.1.2: Aust 1994, 22–32; A. Runge, Literarische Biographik, in: 14.1.2: Klein 2009, 103–112].

Historische Romane formen Geschichtsbilder

Ein berühmtes Beispiel für solch einen Fall ist das Leben der österreichischen Erzherzogin Maria Antonia, die auch als Königin Marie-Antoinette von Frankreich bekannt ist. Besonders ihr Tod auf der Guillotine während der Französischen Revolution inspirierte zahlreiche Historikerinnen und Historiker wie auch Schriftstellerin-

Das Beispiel Marie-Antoinette

nen und Schriftsteller zu Biografien. Dass das vorherrschende Bild von Marie-Antoinette als einer weitgehend verantwortungslosen und leichtfertigen Person heute sehr verbreitet ist, ist weniger auf die wissenschaftlichen fundierten Werke über sie zurückzuführen, als auf die äußerst populäre Romanbiografie *Marie Antoinette. Bildnis eines mittleren Charakters* (1932) aus der Feder von STEFAN ZWEIG (1881–1942), die 1938 als Vorlage für einen Spielfilm W. S. VAN DYKES (1889–1943) sowie später für weitere Spielfilmadaptionen diente und weit über Deutschland hinaus wirkte.

1.1.3 Ungeschehene Geschichte, Utopie, Dystopie

Ebenfalls eng mit der Historiografie verwandt ist die „Ungeschehene Geschichte" oder „Kontrafaktische Geschichte", auch *Virtual History* oder *Counterfactual History* genannt. Gemeint sind damit Darstellungen, die ein Bild historischer Wirklichkeit entwerfen, dann aber davon ausgehend die Frage „Was wäre geschehen, wenn …?" aufwerfen und Möglichkeiten weiterverfolgen, die sich in einer bestimmten Situation ergeben haben könnten, aber nie Realität wurden. Dabei folgt die Darstellung dem Vorbild der wissenschaftlichen Geschichtsschreibung als konsekutiv-kausaler Verknüpfung von Ereignissen – nur eben, dass diese Ereignisse in der Wirklichkeit nie stattgefunden haben [14.1.3: FERGUSON 1997, 1–90].

Ungeschehene Geschichte

Ein bekanntes Beispiel für Ungeschehene Geschichte ist der Band *Geißel des Jahrhunderts. Hitler und seine Hinterlassenschaft* (1989) des US-amerikanischen Historikers HENRY A. TURNER (1932–2008), der danach fragt, wie die europäische Geschichte wohl weiterverlaufen sei, wenn Hitler Anfang der 1930er Jahre gestorben wäre. Wie fast alle Beispiele für Ungeschehene Geschichte entwirft der Autor im Anschluss an die Annahme des fiktiven Ereignisses „Hitlers Tod" unterschiedliche Entwicklungswege [14.1.3: SCHÜTZ 2013, 467–485]. Diese Aufspaltung von Möglichkeiten nach Aufgabe der historisch belegten Wirklichkeit hat der Althistoriker und Geschichtsphilosoph ALEXANDER DEMANDT (*1937) als „Entscheidungsbaum" bezeichnet [14.1.3: DEMANDT 1986, 100–102]. Gemeint ist damit, dass eine Darstellung von Möglichkeiten immer spekulativer wird, je weiter sie sich von einem historischen Ereignis wegbewegt: Nimmt man an, dass sich nach Hitlers Tod drei Wege für die weitere Geschichte eröffnet hätten und denkt dann einen weiteren Faktor hinzu, aus dem sich wiederum drei Möglichkeiten ergeben, so

„Entscheidungsbaum"

hätten man schon neun verschiedene Möglichkeiten, wie die weitere Entwicklung ausgesehen haben könnte. Kontrafaktische Geschichte ist darum, je mehr Details sie berücksichtigt und je länger der Zeitraum ist, den sie betrachtet, hoch spekulativ, weswegen sie von ihren Gegnern als unwissenschaftlich abgetan wird.

> Die Geschichte konjugiert nicht im Konditionalis, sie redet von dem, was ist und war, nicht von dem, was wäre und gewesen wäre. Wir wissen, diese Dinge sind geschehen, und da sie geschehen sind, haben sie einen Sinn. [14.1.3: Rathenau 1918, 82]

Gleichwohl dient Ungeschehene Geschichte dazu, Möglichkeitsspielräume historischer Akteure spielerisch auszuloten. Sie ist keine Form der Geschichtsschreibung im engeren Sinne, ergänzt diese aber hinsichtlich der Bewertung von Handlungsmotivationen und Handlungsabsichten [14.1.3: Demandt 1986, 16–39]. Dies verbindet sie mit anderen Formen nicht-faktualen Erzählens wie der Utopie – dem Entwurf einer fiktiven Gesellschaft und fiktiver Handlungsspielräume – und der Dystopie, in der Gesellschaften und fiktive Handlungsspielräume perhorresziert werden [14.1.3: Gordin u. a. 2010]. Ungeschehene Geschichte, Utopie und Dystopie überschreiten das Wirklichkeitsgebot von Geschichtsschreibung und entwerfen fiktive Szenarien, in denen aber wiederum die Wirklichkeit konterkariert gespiegelt wird, als das, was geworden ist, obwohl anderes auch denkbar und möglich war [14.1.3: Hölscher 1990, 733 f.].

Ungeschehene Geschichte als Auslotung von Möglichkeiten

1.2 Nicht-narrative Formen von Geschichtsschreibung

1.2.1 Annalen, Chronologien

Bei der Charakterisierung von Annalen und Chronologien werden diese häufig nicht deutlich von Chroniken unterschieden, was zu begrifflichen Unschärfen führt. Ein Grund hierfür ist, das alle drei Genres auf einem zeitlichen Strukturprinzip beruhen und dies auch in ihrem Namen kenntlich machen. Während sich der Terminus „Annalen" von lateinisch *annus* = „das Jahr" ableitet, beziehen sich die Bezeichnungen für Chronologien und Chroniken auf das altgriechische Wort *chronos* für „die Zeit". Der grundlegende Unterschied besteht allerdings darin, in welcher Bedeutung Zeit verstanden

Das zeitliche Strukturprinzip

wird [14.2.1: G‍RUNDMANN 1965, 24–28; 14.2.1: O‍TT 2019, 24–27; 14.2.1: B‍RENDECKE 2019, 52–54].

Annalen wie Chronologien – verstanden als einfache Zeitleisten – beruhen auf einer kalendarischen Struktur: Auf die Nennung des Älteren folgt die Nennung des Jüngeren, des noch Jüngeren und so weiter. Ein Jahr folgt dem anderen, ein Tag dem anderen, ohne dass über einzelne Satzaussagen übergreifende Narrative gebildet werden, die das Frühere mit dem Späteren verknüpfen. Annalen und Chronologien ähneln damit einem Kalender, in dem eine Person bei bestimmten Tagen etwas einträgt, das an diesem Datum geschehen ist [14.2.1: Z‍EMANEK 2008]. Im Gegensatz hierzu basiert die Chronik auf einer meist politisch fundierten Zeiteinteilung oder einem Zeitrahmen, der einen Anfang und meist auch ein Ende kennt, etwa Regierungszeiten in Königslisten oder das Bestehen von Staaten und Geschlechtern.

Unterschiede zur Chronik

Wie Annalen und Chronologien schildert die Chronik üblicherweise Ereignisse ohne einen Ursache-Wirkungszusammenhang, allerdings bietet sie einen gewissen erzählerischen Rahmen, in dem das Berichtete platziert wird und das ihm einen übergeordneten Sinn verleiht. Dieser Rahmen kann im ausgedehntesten Fall vom Anfang der Welt bis zur Gegenwart reichen, in kleinerem Maßstab aber auch nur die zeitliche Abfolge der Ereignisse im Leben eines einzelnen Menschen oder eines einzelnen übergeordneten Gesamtereignisses (etwa der Geschehnisse während eines Kriegs) enthalten. Aus diesem Grund wird die Chronik hier zur narrativen Geschichtsschreibung gezählt, während Annalen und Chronologien ohne eine solche Rahmensetzung als nicht-narrative Darstellungsformen behandelt werden [14.2.1: O‍TT 2019, 48–51].

Begreift man Narration in einem engeren Verständnis als einfaches Erzählen in Sätzen, ohne dass damit ein sinngebender erzählerischer Rahmen verbunden wird, der das rein Kalendarische übersteigt, kann man Annalen wie Chroniken aber auch zu den narrativen Formen von Geschichtsschreibung zählen. Hierzu ein Beispiel:

In der Vereinschronik des FC Burgdorf für das Jahr 2024 wird erwähnt „Am 21. August verstarb unser Ehrenpräsident, der sich vor 22 Jahren um die Gründung unseres Vereins Verdienste erworben hat." Auf der Satzebene ist diese Aussage narrativ; sie stellt einen bestimmten Sinn zwischen der Vereinsgründung und dem Mitwirken des Verstorbenen her. Folgen nun auf diesen Eintrag in der

Vereinschronik weitere wie „Am 24. August gewann der FC sein Spiel gegen den Lokalrivalen mit 3:2" und „Am 28. August fand das alljährliche Sommerfest des Vereins statt", so ergibt die annalistische Kette keinen gesamterzählerischen Sinn, der über die jeweiligen Satzebenen hinausginge. Fasste man die drei Schilderungen unter der Überschrift „Der August 2024 – Ein besonderer Monat für unseren Verein" im Sinne einer Chronik zusammen, würde ein Rahmen gesetzt („August") und ein übergreifender Sinnzusammenhang („besonders") dafür vorgegeben.

Annalen und Chronologien entstanden bereits in der Mitte des dritten Jahrtausends vor Christus und gehören damit zu den ältesten Formen von Geschichtsschreibung; sie sind für fast alle Kulturkreise mit Schriftlichkeit belegt. Man kann zwischen solchen Annalen und Chronologien trennen, die für eine Öffentlichkeit bestimmt waren und solchen, die einem bestimmten „internen" Zweck dienten. Die erste Gruppe umfasste zunächst vor allem Aufzeichnungen, die im Auftrag gesellschaftlicher Eliten – meist Herrscher und Priester – entstanden. Hierzu zählen etwa die (erst in späteren Zeiten und infolge von Genrevergleichen zur abendländischen Historiografietradition als solche bezeichneten) „Königsannalen" des Alten (Ägyptischen) Reichs, die sich an der Schwelle zum zweiten Jahrtausend vor Christus des ägyptischen Kalenders als chronologischer Grundlage bedienten und regelmäßig wiederkehrende Anlässe, wie Feste, verzeichneten. Während diese im herrschaftlichen Auftrag verfasst waren, wurden die so genannten *Annales Pontificum Maximorum* später im Römischen Reich vom Hohepriester *(pontifex maximus)* festgehalten [14.2.1: SAMUEL 1972].

Der Zweck von Annalen und Chronologien

„Interne", also für den Eigengebrauch bestimmte Annalen und Chronologien entstanden vor allem in besonderen Institutionen, wie etwa mittelalterlichen Klöstern, ursprünglich auch zur Berechnung des Osterfests, aber besonders als eine Form von Rechenbüchern beziehungsweise Rechenschaftsberichten [14.2.1: GRUNDMANN 1965].

Sowohl in Annalen als auch in Chronologien wurden häufig neben Festtagen andere Ereignisse festgehalten, die als in irgendeiner Form bemerkenswert galten. So finden sich Nennungen von Naturereignissen und Naturkatastrophen (Sonnen- und Mondfinsternisse, Überschwemmungen, Dürren etc.), von kriegerischen Auseinandersetzungen und von praktischen Belangen. Hierzu zählen etwa die Errichtung von Gebäuden, Filialgründungen von Klöstern, Preise

Gegenstände von Annalen und Chronologien

für Lebensmittel und Anschaffungen, Einnahmen (Rechnungsbücher), aber auch der Tod von Persönlichkeiten, die in irgendeiner Form von größerer Bedeutung für die soziale Gruppe waren, die die Annalen und Chronologien in Auftrag gab.

Funktionen von Annalen und Chronologien

Gelten Annalen und Chronologien als literarisch wie narrativ anspruchslose Formen von Geschichtsschreibung, deren Autoren häufig gänzlich unbekannt oder zumindest nicht näher benannt sind, so kommt ihnen doch eine besondere Funktion für die Geschichtsforschung zu: Da sie auf Kalendern basieren und Ereignisse innerhalb einer kalendarischen Zeitfolge mehr oder minder exakt datieren, können Annalen und Chronologien genutzt werden, um Erkenntnisse über synchrone historische Zustände zu erhalten. Indem unterschiedliche kalendarische Systeme gegeneinander abgeglichen und heute in der Regel auf den weltweit gebräuchlichen Gregorianischen Kalender bezogen werden, lassen sich Ereignisse und Lebensdaten in einer konstruierten Weltchronologie verorten. So können etwa Angaben, die sich im einen Fall auf das Gründungsjahr einer bestimmten Herrschaft, im anderen Fall auf ein Jahr nach einem großen Naturereignis beziehen, in eine Relation gesetzt und innerhalb der absoluten Weltchronologie auf der Basis des Gregorianischen Kalenders eingeordnet werden. Dies erleichtert den interkulturellen Vergleich: Während in der einen Kultur dies und das geschah, ereignete sich zeitgleich in einer anderen Kultur jenes [14.2.1: Foot 2012, 346–367].

1.2.2 Historische Datenbanken

Als ein Grenzfall von Historiografie können historische Datenbanken gelten, denn ihrer Anlage nach folgen sie zunächst keinem chronologischen Prinzip, sondern „sammeln" Wissen über Personen, Orte, Ereignisse und Zeiten. Dass sie hier nun im Kontext von Formen nicht-narrativer Geschichtsschreibung vorgestellt werden sollen, hängt mit der Multifunktionalität elektronischer Ressourcen zusammen, die es gestattet, aus Datensammlungen Chronologien und andere für geschichtswissenschaftliche Untersuchungen relevante „Ergebnisse" zusammenzustellen [14.2.2: Haber 2011, 80–97].

Repertorium Academicum Germanicum

Als Beispiel, um die historiografischen Aspekte einer historischen Datenbank zu demonstrieren, soll im Folgenden das *Repertorium Academicum Germanicum* (RAG) dienen, das im Zeitraum von 2001 bis 2019 in Bern und Gießen entstand. Für das RAG wurden biografische, soziale und kulturelle Daten zu rund etwa 400.000 Karrierestationen im Alten Reich (bis 1550) zusammengetragen. Die Datenbank präsentiert somit nach eigener Aussage Daten zu rund 62.000 Studierenden an europäischen Universitäten und damit „die Elite der mittelalterlichen Studentenschaft: die Magister der Artistenfakultät, die Besucher der drei höheren Fakultäten der Jurisprudenz, der Theologie und der Medizin sowie die Universitätsbesucher aus dem Adel, auch wenn sie nicht promoviert worden sind."

Während die einzelnen Datensätze des RAG strukturiert sind und unter anderem also im Idealfall (nicht immer ist alles bekannt) Namen, Geburts-, Wirkungs- und Sterbeorte der Gelehrten, deren Lebensdaten und Studienfächer umfassen, liegt dem gesamten RAG wie fast allen historischen Datenbanken zunächst kein weiteres Strukturierungsmerkmal zugrunde. Die Struktur und damit die Erstellung von historiografieähnlichen Texten und Darstellungen liegt bei den Nutzerinnen und Nutzern. Über bestimmte Suchalgorithmen können die Daten unterschiedlich abgefragt und zusammengestellt werden. So lässt sich etwa nach den Gelehrten suchen, die sich zu einem bestimmten Zeitpunkt an einer bestimmten Universität aufgehalten haben. Das Suchergebnis gleicht dann der Form von Annalen und Chronologien: Entlang einer kalendarischen Ordnung sind bestimmte, aber narrativ nicht verbundene Aussagen zu finden.

Strukturierung von Daten in Datenbanken

Das RAG ist ein gutes Beispiel für ein Angebot mit avancierten Suchmechanismen. Es bietet den Nutzerinnen und Nutzern „Ausgewählte Szenarien", die abgefragt und teilweise auch in dynamischer Form visualisiert werden können. Derart lassen sich etwa auf geografischen Karten die Itinerare von Medizinern oder Juristen in einem vorher festegelegten Zeitraum darstellen, sodass Netzwerke aufscheinen, die wiederum Aufschlüsse über die Bedeutung von Studienorten als Zentren für bestimmte Studienfächer in einer bestimmten Zeit ermöglichen und auch die Daten jener Personen zusammenführen, die an diesen Orten zeitgleich anwesend waren. Damit erhält die Datenbank sowohl Aussagekraft in biografischer als auch in sozial- und wissenschaftsgeschichtlicher Hinsicht. Sie trifft wie Annalen und Chronologien keine qualifizierenden Aussagen, lässt aber geschichtswissenschaftliche Befunde zu [14.2.2: HABER 2011, 99–121; 14.2.2: DANKER/SCHWABE 2017, 121–139].

Suchmechanismen in Datenbanken

1.3 Narrative Formen von Geschichtsschreibung

1.3.1 Chronik

Charakteristika der Chronik

Wie bereits erwähnt, basiert die Chronik als einfache narrative Form von Historiografie zwar auch auf einer kalendarischen „Und dann und dann und dann ..."-Ordnung, doch ist diese in der Regel an das Bestehen einer bestimmten Institution oder die Dauer eines Ereigniszusammenhangs gebunden und häufig in Form eines Fließtextes erzählerisch ausgestaltet, wobei qualifizierende Aussagen getroffen werden. Nach frühen Formen in den Kulturen des Vorderen Orients erlebte die Chronik in der griechisch-römischen Antike eine erste Blütezeit. Dabei zeigte sich die Mittelstellung der Chronik zwischen Annalen und Chronologien einerseits und Historien andererseits als Charakteristikum. Es gibt Chroniken, die in Reimform verfasst wurden, solche die als Tabellen angelegt sind und wiederum solche, die so detailliert über Ereignisse und Personen berichten, dass sie schon annährend als Historienwerke oder Biografien zu bezeichnen sind [14.2.1: Ott 2019, 48–51; 14.3: Hug 1982, 77–103].

Eusebius von Caesarea: Chronica

Wie vielfältig Chroniken sein und was sie für die Geschichtswissenschaft leisten können, lässt sich gut an der *Chronica* des Theologen und Gelehrten Eusebius von Caesarea (260/64–339/340) verdeutlichen, die aus zwei Teilen besteht. Im ersten Teil stellte Eusebius Chronologien anderer Kulturkreise nebeneinander und nutzte sie, um unterschiedliche Zeitrechnungen – im oben beschriebenen Sinne – zu synchronisieren. Der zweite Teil (*canones*) bietet wichtige Ereignisse vom Beginn der Welt bis in das Jahr 325 in einer Tabellenform, die durch Angabe von Herrschaftsjahren und Olympiaden zeitlich strukturiert ist. Die Chronik des Eusebius zeugt deutlich von der Benutzung von Quellen und stellt zwischen den dargestellten Inhalten Bezüge her. In diesem Sinne entspricht sie einem Kernanliegen von Geschichtsschreibung, eine Genese der Gegenwart zu bieten, die konstitutive Ereignisse auswählt und in eine temporal strukturierte Folge setzt, auch wenn kausale, konsekutive und finale Bezüge hier eher die Ausnahme bilden.

1.3.2 Gesta

Charakteristika der Gesta

Dieses Merkmal – die Herstellung von Bezügen – unterscheidet Chroniken von den Gesta. Im Mittelpunkt der Gesta (lateinisch *gestum* = „Tat", „Ereignis") stehen die Handlungen historischer Individuen. Dabei kann es sich um Einzelpersonen, aber auch um Kollektivindividuen handeln. Die Blütezeit dieses Literaturgenres war das lateinische Mittelalter. So stellten etwa die *Gesta episcoporum Mettensium* des langobardischen Mönchs PAULUS DIACONUS (725/30–vor 800), eine Auftragsschrift des Metzer Bischofs Angilram (+ 791), die Taten der Bischöfe von Metz dar, um deren Leistungen und die historische Bedeutung des Bistums in Erinnerung zu halten. Gesta dienten in besonderem Maße zur Leistungsschau. Sie erzählten das Leben ihres oder ihrer Protagonisten zum Zweck der *memoria* – des Gedächtnisses oder Gedenkens – und lieferten dazu auch kausale Begründungen: Etwas Späteres existiert in genau dieser Weise, weil zuvor etwas Früheres getan oder entschieden wurde. Dass dabei vor allem Herrscher und führende Geistliche im Zentrum der Betrachtung standen, ist naheliegend. Aber Gesta konnten sich auch auf mönchische Kongregationen oder auf ganze Völker beziehen, wie es etwa die *Res gestae Saxonicae* des sächsischen Geschichtsschreibers WIDUKIND VON CORVEY (+ nach 973) verdeutlichen, die als ausgestaltete Erzählung die Grenze zum Historienwerk überschreiten [14.2.1: GRUNDMANN 1965, 38–45].

1.3.3 Vita, Biografie, Autobiografie, Memoiren

Eine oft verwendete Form von Historiografie sind Darstellungen des Lebens einzelner Personen oder überschaubarer Gruppen. Machen sich Personen in ihrer Darstellung selbst zum Gegenstand, so spricht man von Autobiografien (griechisch *auto* = „selbst", *bios* = „das Leben", *graphein* = „schreiben") oder Memoiren (lateinisch *memoria* = „die Erinnerung", „das Gedächtnis", „das Gedenken"). Ihr Zweck ist es zumeist, Rechenschaft über das eigene, zurückliegende Leben abzulegen, sodass sie oft von Autoren in fortgeschrittenerem Alter verfasst werden. Da auch in Interviews, gerichtlichen oder polizeilichen Verhören, Briefen etc. über das eigene Leben Rechenschaft abgelegt werden kann, fasst man diese Form von „Geschichten über das eigene Leben" mit Autobiografien und Memoiren auch unter dem Oberbegriff „Ego-Dokumente" zusammen.

Ego-Dokumente

Biografien umfassen in der Regel das Leben einer Person oder weniger Menschen von der Geburt bis zum Tod. Ausnahmen davon können sein, dass nur ein Lebensabschnitt zum Gegenstand gemacht wird, etwa die Jugend. Dann spricht man von Teilbiografien. Auch kann – zum Beispiel bei Schriftstellern – weniger das „äußere

Charakteristika der Biografie

Leben", also die Stationen des Lebenswegs im Mittelpunkt des Interesses stehen, als vielmehr deren Schaffen. In diesem Fall handelt es sich um Werkbiografien. Biografien über mehrere Menschen können vergleichend sein, so etwa die berühmten *Bíoi parálleloi* (Parallelbiografien) des Griechen PLUTARCH (um 45–um 125) oder sie können in Form von Gruppen- oder Kollektivbiografien das Leben (und Werk) von Menschen darstellen, die meist über soziale (z. B. familiäre) oder Arbeitszusammenhänge miteinander in Verbindung stehen, um Gemeinschaftsleistungen von Personen herauszuarbeiten [14.3: RAULFF 2002, 55–68; W. PYTA, Geschichtswissenschaft, in: 14.1.2: KLEIN 2009, 331–338]. Eine besonders im lateinischen Mittelalter benutzte Form der Biografie ist die Vita (lateinisch *vita* = „das Leben"), deren Charakteristikum es ist, das Leben der porträtierten Personen zu idealisieren und diese so als Vorbilder für moralische Werte erscheinen zu lassen [14.1.2: KLEIN 2009, 4]. Eine Untergattung der Vita ist die Hagiografie, die sich im Besonderen mit dem Leben von Heiligen (griechisch *hágion* = „das Heilige") und religiösen Märtyrern beschäftigt [14.2.1: GRUNDMANN 1965, 29–38].

Biografien und Autobiografien können unterschiedliche Gestalt haben. Das Gros der Biografien und Autobiografien sind monografische Darstellungen. Autobiografien stammen naturgemäß immer, Biografien meist aus der Hand eines Autors oder einer Autorin. Biografien können aber auch stichpunktartig oder als Tabelle gestaltet sein und damit der Form nach Annalen oder Chronologien ähneln, wobei sie im Gegensatz zu diesen stets das Leben einer Person im Blick haben. Bei derartigen Lebensüberblicken spricht man auch von Biogrammen beziehungsweise Lebensläufen [14.3: KLEIN 2002, 1–22].

Monografische Biografien fokussieren auf eine Lebensgeschichte, wobei sie oft die Zeit vor der Geburt – etwa die Familiengeschichte – als Vorklapp und die Zeit nach dem Tod – etwa die Rezeption des Werks oder die weitere Entwicklung der Leistung des Porträtierten – als Nachklapp mit umfassen. Beziehen Biografien in größerem Maß das Umfeld des oder der Biografierten mit ein, indem sie Ausblicke auf die jeweilige Gesellschaft und andere „Rahmenbedingungen" geben, so spricht man von Lebensbildern. Diese Biografieform ist besonders bei populären, auf einen nicht-wissenschaftlichen Markt bezogenen Biografien beliebt, da sie eine Form von Zeitbildern entwirft, in denen die Protagonistin oder der Protagonist verortet und dadurch anschaulicher gemacht werden.

Eine Besonderheit von Biografien im Feld der Historiografie ist ihr Hang zum Psychologisieren. Anders als etwa bei Darstellungen politischer Geschichte, für die Erkenntnisse über gesellschaftliche Strukturen oder Entscheidungsfaktoren eine Rolle für die Form und Bewertung des Beschriebenen spielen, geht es bei Biografien stärker um individuelle Handlungen und die Entscheidungen, die zu ihnen führen. Um diese zu ergründen, bietet sich die Benutzung von autobiografischem Material und von Zeugnissen von Zeitgenossen an. Da aber hinter solchem Quellenmaterial immer auch bestimmte Darstellungsabsichten stehen (eine Person will sich oder will eine andere in einem bestimmten Licht erscheinen lassen), sind diese immer nur mit großer Vorsicht und kritischer Einschätzung zu verwenden. Letztlich muss die Autorin beziehungsweise der Autor einer Biografie eine Aussage darüber treffen, warum eine Person in einer bestimmten Situation auf bestimmte Weise gedacht und gehandelt hat, was ein bestimmtes Maß an geistig-psychischer Ursachenforschung notwendig macht, die letztlich immer bis zu einem gewissen Grad spekulativ bleiben muss.

Psychologisieren in Biografien

Auch die Rückbindung von Entscheidungen an Lebenskontexte bleibt oft ungewiss: Traf eine bestimmte Person beispielsweise ihre Berufsentscheidung, weil sie sich in einer Familientradition sah, weil finanzielle Gründe eine Rolle spielten, weil sie keine Alternativen sah oder aus ganz anderen Motiven beziehungsweise einer Mischung von Entscheidungsgründen? Letztlich sind die Motive, die zu Handlungen führen, den Entscheidungsträgern selbst nicht immer klar, sondern eher eine Deutung *post festum*. Die Ursachen für etwas werden aus dem Nachhinein in die Zeit und den vermeintlichen Zustand während der Entscheidungsfindung zurückgedeutet. Biografien sind daher meist in höherem Maße spekulativ als ereignisorientierte Historienwerke. Zwar lässt sich auch über die Gründe etwa für den Beginn des Ersten Weltkriegs streiten, doch wird dieser in der Regel nicht als Entscheidung einer Einzelperson, sondern als ein Zusammenwirken von Strukturen, Interessen und Handlungen gedeutet, deren Geflecht sich untersuchen lässt und somit individualpsychologische Ursachenforschung kontextuiert und relativiert [S. HANUSCHEK, Referentialität, in: 14.1.2: KLEIN 2009, 12–16].

Rückführung von Handlungen auf Ursachen in Biografien

Biografien sind vermutlich die auf lange Sicht gesehen erfolgreichste Form von Historiografie. Ein Grund hierfür dürfte ein Effekt sein, der bereits bei der Hagiografie angesprochen wurde: Biografien berichten über Erfolg und Scheitern von Personen und ha-

Wertevermittlung in Biografien

ben damit häufig eine stärker wertvermittelnde Funktion als die vermeintlich nüchterne Darstellung struktureller Prozesse oder anonymer Entwicklungen. Die Auseinandersetzung der Leserinnen und Leser mit einer historischen Gestalt, die Freude an Gelungenem und der Abscheu vor Verwerflichem bewirken eine erbauliche Funktion der Lektüre. Darüber hinaus weisen Biografien – auch solche über herausragende Gestalten – immer eine gewisse Alltagsnähe aus, weil eine Ebene des allgemein Menschlichen und Emotionalen berührt wird, die individuell nachvollzogen werden kann [M. Corsten, Biographie zwischen sozialer Funktion und sozialer Praxis, in: 14.1.2: Klein 2009, 95–102].

1.3.4 Historie

Das Wort „Historie" leitet sich aus dem Griechisch-Lateinischen *(h)istoria* ab, was zunächst „Erforschung", dann aber in spezielleren Verständnis „Geschichte" bedeutete. Der im Deutschen als Fremdwort gebräuchliche Begriff trennt ähnlich wie „Geschichte" nicht zwischen fiktionalen und faktenbasierten Erzählungen. Dagegen wird etwa im Englischen zwischen *Story* und *History* unterschieden. Diese Trennung wurde allerdings erst in der späteren Neuzeit vorgenommen. Noch William Shakespeare (1564–1616) bezeichnete einige seiner historisierenden Dramen als *Histories*, selbst wenn deren Protagonisten fiktiv waren (z. B. *The Tragicall Historie of Hamlet, Prince of Denmarke*, 1601/02).

Gleichwohl wird mit *historia* schon seit der griechischen Antike eine besondere Faktennähe verbunden. So verstand Aristoteles sie als Geschichtsschreibung im Sinne einer Abbildung tatsächlicher Geschichte und unterschied sie von erfundener Dichtung, weil sie hinsichtlich der dichterischen Freiheit beschränkt sei. Die Faktennähe der *historia* belegt auch deren weitere Bezeichnung als *historia rerum gestarum*. Während die *res gestae* die geschehenen Taten und Ereignisse meinen, ist die *historia* die Erzählung von diesen Taten und Ereignissen und damit der Inbegriff von Historio-Grafie, also Geschichtsschreibung [14.3: Herzog 2019, 257–260; 14.3: Jordan 2021, 15–21].

Historie als vormoderne Geschichtsschreibung

Bezeichnend ist, dass es für Historien im Deutschen keine genau passende Übertragung gibt. Übersetzt man das Wort mit Geschichtsschreibung, so ist die Unterscheidung zu den zuvor genannten Formen von Historiografie (Chroniken, Biografien etc.) nicht gegeben. Fasst man das Wort in einem engeren Verständnis, so bezeichnet Historie in literaturwissenschaftlich formalem Sinne eine Erzählung, die sich inhaltlich auf Geschehnisse in einer zurückliegenden Zeitstufe bezieht. Historien stellen also in einem Zeitalter vor der Entwicklung moderner Wissenschaften eine Form von Geschichtserzählung dar, die im Gegensatz zur heutigen geschichtswissenschaftlichen Untersuchung, zum wissenschaftlichen Geschichtswerk, nicht an eine als allgemein verbindlich anerkannte und der Vernunft verpflichtete Methodologie rückgebunden ist. Aus diesem Grund ist auch der Anspruch ein anderer, der an eine Historie einerseits und ein wissenschaftliches Geschichtswerk andererseits angelegt wird: Während Letzteres wissenschaftlich erhobene Ergebnisse präsentiert, die ihre Geltung im Sinne von Objektivität oder Intersubjektivität erst durch ihre Anerkennung in einer (wissenschaftlichen) Öffentlichkeit erhalten, vertraten Historien zumeist den Anspruch, geschichtliche Sachverhalte als „wahr" zu präsentieren, wobei dem Wahrheitsanspruch oft – etwa im Fall der Kirchengeschichtsschreibung – bestimmte Dogmen und Lehrsätze zugrunde lagen.

Das über Jahrhunderte für das Genre wegweisende Werk sind die *Historien* des Herodot (490/480–430/420 v. Chr.), der darum auch „Vater der Geschichtsschreibung" genannt worden ist. Die neun Bücher schildern die griechische Geschichte über einen Zeitraum von mehr als 200 Jahren mit den Perserkriegen als Mittel- und erzählerischem Bezugspunkt. Spätere griechische und römische Geschichtsschreiber tradierten dieses Vorbild, das im west- und mehr noch im oströmischen Herrschaftsbereich Fortsetzer fand und auf das sich im Zuge einer „Renaissance" auch Historiker des byzantinischen Reichs und in späterer Zeit europäischer Staaten zurückbesannen.

_{Herodot: Historien}

Bis zur Verwissenschaftlichung der Geschichtsschreibung Mitte des 18. Jahrhunderts wurden Historien unter der Maßgabe verfasst, als „Lehrmeisterin für das Leben zu dienen". Erst eine kritisch verfahrende Geschichtswissenschaft enthob die Geschichtsschreibung dieser Funktion als *historia magistra vitae*, die im Rückblick auf und Erinnerung an vorbildliche oder lasterhafte Geschehnisse zur moralischen Erbauung und weltanschaulichen Festigung beitragen sollte. Für diese Leistung griffen Historien besonders auf Autoritäten zurück. Die Berufung auf Aussagen und Handlungen weltlicher und geistlicher Autoritäten sowie auf einen Kanon von Schriften, denen besondere Autorität zuerkannt wurde – darunter etwa eben-

_{Rückgriff auf Autoritäten}

so die Bibel wie die *Historien* Herodots – wirkte in selbem Maße wahrheitsbegründend, wie die kritische Auswertung im Rahmen moderner Geschichtswissenschaft später als Grundlage für die Erlangung objektiver Erkenntnisse diente. Der Autoritätenbezug führte dazu, dass Historien teilweise den Charakter von Kompilationen annehmen konnten, weil als verlässlich und wahr bewertete Aussagen älterer Geschichtswerke in neuere Historien übernommen wurden.

Die wissenschaftsgeschichtliche Beschäftigung mit Historien führt direkt in eine für die heutige Historiografie zentrale Frage: die Frage nach dem Verhältnis zwischen Historiografie und Dichtung beziehungsweise die Frage nach der Historiografie als einer bestimmten Literaturgattung im Verhältnis zu anderen Formen des Erzählens.

2 Funktionen von Geschichtsschreibung

„Historia" – die „Geschichte" – sei es, die „vom Gang der Zeiten Zeugnis gibt". Sie sei „das Licht der Wahrheit, die lebendige Erinnerung, Lehrmeisterin des Lebens, Künderin von alten Zeiten", so schrieb Marcus Tullius Cicero (106–43 v. Chr.) in *De Oratore*, seiner Abhandlung über den Redner [1.1: Cicero 1991, II, 36]. Doch statt Geschichte, wie es der Übersetzer der deutschen Ausgabe getan hat, sollte man an dieser Stelle wohl eher von *historia* als „Geschichtsschreibung" sprechen, denn die Geschichte lehrt oder kündet nicht, wohl aber der Historiker durch sein Schaffen: die Historiografie. Wie aber bereits Cicero erkannte und der historische Durchgang im ersten Teil dieses Bands deutlich gemacht hat, kann die Geschichtsschreibung unterschiedliche Funktionen erfüllen, um die es nun gehen soll.

Funktionen von Geschichtsschreibung

Historiografie ist zunächst als „lebendige Erinnerung" eine Art Gedächtnisstütze: Sie erinnert oder dokumentiert Dinge, Geschehnisse, Personen und Handlungen aus zurückliegenden Zeitstufen. Darüber hinaus hat sie so gut wie immer eine politisch-moralische Seite: Geschichtsschreibung als „Lehrmeisterin des Lebens" zeichnet Erfolge und Misserfolge, Gutes und Schlechtes, Katastrophen und Glücksfälle auf, auch wenn sie sich bemüht, diese nicht als solche zu bewerten. Damit zusammenhängend kann Historiografie für einzelne Personen wie für Kollektivindividuen identitäts- und sinnbildend wirken; sie entwirft Bilder von Herkunft und weist meist über die jeweilige Gegenwart hinaus auf eine mögliche Zukunft hin; als Kehrseite dieser Identitäts- und Sinnbildung ist sie auch zerstörerisch: Sie hinterfragt bestehende Identitätsmuster und Sinnhorizonte kritisch und ersetzt sie gegebenenfalls durch neue Angebote.

Moderne Geschichtsschreibung steht in einem Wechselverhältnis zur Demokratie: Einerseits präsentiert sie Erkenntnisse, über deren Geltung öffentlich und meinungsfrei diskutiert wird und bietet so ein Modell freiheitlicher Gesprächskultur; andererseits kann sie sich nur in einem demokratischen System voll entfalten, das die Freiheit von Wissenschaft und Meinungsäußerung garantiert. Zudem trägt Geschichtsschreibung als „Licht der Wahrheit" zur Erkenntnis- und Wissensbildung bei, indem sie wissenschaftlich ermittelte Einsichten und „Fakten" zusammenträgt, miteinander verknüpft und so als „Künderin von alten Zeiten" das Verständnis der gegenwärtigen Welt bereichert und fördert. Schließlich haben historiografische Werke auch erbauliche und unterhaltende Funktionen: Geschichtsschreibung ist Literatur und kann als solche zum Staunen, zur Erheiterung und zum Mitfühlen bei ihren Leserinnen und Lesern führen. Eine Funktion übernimmt Historiografie allerdings in den seltensten Fällen: Fast nie können Historiografinnen und Historiografen ausschließlich von ihren Produkten leben. Geschichtsschreibung entstand und entsteht größtenteils in öffentlichem Auftrag, so von Herrschern, in einem öffentlichen Bildungssystem – dort meist gebunden an Ämter wie das der Professorin, des Bibliothekars oder der Archivarin –, oder sie ist das Produkt engagierter „Laien" neben ihrem eigentlichen Broterwerb.

Nutzen von Geschichtsschreibung

Im Folgenden sollen diese vielfältigen Funktionen von Historiografie näher betrachtet werden, um sie in ihrer je eigentlichen Leistung darzustellen. Dabei muss beachtet werden, dass Geschichtsschreibung nie ausschließlich eine der genannten Aufgaben verfolgt. Sie ist immer durch eine Mischung aus unterschiedlichen Absichten geprägt, die die Autorin oder der Autor verfolgt, sowie unbeabsichtigten „Nebeneffekten". So können sich ihre Verfasserinnen und Verfasser beispielsweise höchster Objektivitäts- und Faktentreue verschreiben, werden dabei aber nie ihre jeweilige Perspektive los.

Historiografie bleibt ein Genre der Literatur, und ihre sprachliche Verfasstheit immer eine Form literarischer Kunst, gleichgültig

Sprache und Geschichtsschreibung

wie „hoch" diese von den Leserinnen und Lesern eingeschätzt wird. Die Sprache, die Geschichtsschreibung verwendet, ist immer schon da, bevor eine Autorin oder ein Autor sich ihrer bedient. Der Philosoph MARTIN HEIDEGGER (1889–1976) bezeichnete die Sprache als „das Haus des Seins". Alles, was wir über uns und unsere Geschichte zu Papier bringen, bedient sich der Sprache, die vorhanden ist, bevor wir sie benutzen. So verwendet Historiografie ein Vokabular, das eine bestimmte Semantik hat, sie benutzt Konjunktionen, um Sachverhalte zusammenzubinden, sie knüpft – bewusst oder unbewusst – an kulturelle und literarische Traditionen an, und im besten Fall versucht sie, ihre Leserinnen und Leser von etwas zu überzeugen, wofür sie rhetorischen Strategien folgt.

2.1 Geschichtsschreibung als Erinnerung und Gedächtnis

In der Einleitung, dem *Prooimion*, seiner *Historien*, schrieb HERODOT:

> Dies ist die Darlegung der Forschung des Herodotos von Halikarnassos. Sie ist verfasst, damit die von Menschen vollbrachten Taten nicht mit der Zeit in Vergessenheit geraten und die großen und bewundernswerten Leistungen, die einerseits von den Griechen, andererseits von den Nichtgriechen erbracht wurden, nicht ohne Nachruhm bleiben. [1.1: HERODOT 2002, I,Pr., 11]

Erklärtes Ziel von HERODOTS Historiografie ist also offensichtlich, vergangenes Geschehen und Persönlichkeiten der Vergangenheit im Medium von Erinnerung und Gedächtnis präsent zu halten, wobei ihm besonders an vorbildlichen Taten gelegen ist. Geschichte – das kommt klar zum Ausdruck – ist eine Form von Wissen, das dem Vergessen entgegenwirken soll, und aus dem Umstand, dass vor allem „Bewundernswertes" berichtet werden soll, kann man schließen, dass über diese Erinnerungsleistung ein moralischer Nutzen erzielt, dass Identität und Sinn gebildet werden sollen. Hierauf wird später noch genauer einzugehen sein.

Geschichtsdenken, Erinnerung und Trauer

Hier festzuhalten ist zunächst, dass Erinnern offensichtlich zur *conditio humana* zählt. Menschen haben schon in frühesten Zeiten ihre Toten mit Schmuck und Grabbeigaben bestattet, was darauf hindeutet, dass deren Weiterexistenz über ihr Vergehen hinaus angenommen wurde. Trauer ist eine Möglichkeit des Menschen, das Verlusterlebnis in Andenken zu wandeln. Möglicherweise ist sie ein Grund für historisches Denken oder gleichursprünglich mit diesem:

Wie bei einem Tod verliert auch die Gegenwart ständig ihre Existenz und wird Vergangenheit. Das Bewusstsein von der Nicht-(mehr-)Existenz des Vergangenen ermöglicht es, dieses als Geschichtliches gedanklich präsent zu halten. Nicht die vergangenen Menschen und Taten bleiben, sondern Quellen und Überreste von ihnen sowie Erinnerungen an sie. Anders aber als Erstere, vergehen Erinnerungen mit dem Tod jener, die sie entwickelt haben. Man kann seine persönliche Erinnerung nicht an spätere Generationen weitergeben, aber man kann sie erzählen, also in die Form einer subjektiven Geschichte (im Sinne von *Story*) oder in objektivierte Geschichtsschreibung (im Sinne von *History*) fassen, die wiederum tradiert werden können [15.2: Rüsen 2020, 301–324].

Hieraus ergibt sich ein für das Verhältnis von Geschichtsschreibung zu Erinnerung und individuellem Gedächtnis zentraler Unterschied: Während Geschichtsschreibung über das Ableben der betreffenden Verfasserinnen und Verfasser hinaus Bestand hat, vergehen Erinnerung und Gedächtnis mit dem Tod der jeweils Erinnernden. Kann Geschichte also über die Generation der Mitlebenden hinaus erinnern oder anders gefragt, können wir noch von Erinnerung sprechen, wenn es die Erinnernden nicht mehr gibt? Gibt es so etwas wie ein Gedächtnis, das über die Lebensspanne eines Individuums hinaus Bestand hat?

> Unterschiede zwischen Geschichtsschreibung und Erinnerung

Vor dem Hintergrund dieser Fragen hat der französische Soziologe Maurice Halbwachs (1877–1945) in seinem Werk *La mémoire collective* (1939) die Vorstellung eines „kollektiven Gedächtnisses" entwickelt, das eine überindividuelle, soziale Gedächtnisleistung bezeichnet. Anders also als das individuelle Erinnern und Gedächtnis haben soziale Gruppen nach Halbwachs ein kollektives Gedächtnis, auf dessen Grundlage Geschichtliches und Gegenwärtiges vermittelt werden:

> kollektives Gedächtnis

> Nach Halbwachs sieht das kollektive Gedächtnis die Gruppe ‚von innen' und ist bestrebt, ihr ein Bild ihrer Vergangenheit zu zeigen, in dem sie sich in allen Stadien wieder erkennen kann. [15.2: A. Assmann 2017, 98]

Diese Theorie ist von dem Ägyptologen und Kulturwissenschaftler Jan Assmann (1938–2024) und seiner Ehefrau, der Anglistin und Kulturwissenschaftlerin Aleida Assmann (*1947), weiter ausgeführt worden, die das kollektive Gedächtnis in ein „kommunikatives Gedächtnis" und ein „kulturelles Gedächtnis" differenziert haben. Als kom-

> kommunikatives Gedächtnis

munikativ wird ein Gedächtnis demnach bezeichnet, wenn es an die Lebensdauer der Mitlebenden gebunden ist. Es besteht also etwa drei Generationen – Eltern, Kinder, Enkel – lang, also rund achtzig Jahre. Das kommunikative Gedächtnis ist an das persönliche Erleben, an bestimmte Situationen und an unterschiedliche Wahrnehmungen aus mitunter lebensgeschichtlich sich verändernden Blickwinkeln heraus gebunden.

kulturelles Gedächtnis — Demgegenüber bezeichnet das kulturelle Gedächtnis eine Form der Tradierung, die generationsunabhängig und zeitlich unbefristet ist. Gegenüber dem kommunikativen Gedächtnis, das Einmaliges beinhaltet, ist das kulturelle Gedächtnis formalisiert und basiert nicht auf Miterleben, sondern auf Tradition und Wiederholbarkeit, die über Lernprozesse als kulturelle Bildung erworben werden. Getragen wird es von „kulturellen Praktiken", wie dem Begehen von Gedenktagen und religiösen Festen, sowie „externen Speichermedien", wie der Historiografie [15.2: A. Assmann 1999, 19]. Das kulturelle Gedächtnis ist eine Form historischen Bildungswissens, das „uns" zeigt, woher wir kommen und wer wir sind. Es stellt ein Repertoire von Denkfiguren, Begrifflichkeiten und Deutungsmustern zur Verfügung, mit denen wir unsere jeweilige Gegenwart als historisch geworden deuten können. Nicht nur „Faktenwissen", sondern auch Mythen, Philosopheme und religiöse Inhalte zählen zu seinem Bestand. Veränderlich ist es insofern, als es in jeder Zeitstufe neu ausgedeutet werden kann, jede jeweilige Gegenwart sich ein Bild von ihm schafft und es in Form von Erzählungen oder Kunstwerken aktualisiert, um Sinnbildung zu ermöglichen [15.2: J. Assmann 2019, 97–101].

Lieu de Mémoire — In diesem Sinne ist auch von „Mnemotopen" oder „Erinnerungsorten" gesprochen worden, worunter nicht nur topografische Orte verstanden werden, sondern auch Ereignisse, Personen, Bauwerke und Kulturgüter. Der französische Historiker Pierre Nora (*1931) definierte Erinnerungsorte (*lieu de mémoire*) als symbolisch aufgeladene Orientierungspunkte einer sozialen Gruppe, die als besonders bedeutend für die Entstehung der jeweiligen Gegenwart und die Identitätsbildung in ihr bewertet werden [15.2: Nora 1990, 11–33]. Erinnerungsorte werden zwar auch individuell erlebt, kennzeichnend für sie ist aber vor allem, dass sie kollektiv geteilt werden. So war und ist die Französische Revolution für Nora, der seine Theorie mit besonderem Blick auf die französische Nation entwickelte, ein zentraler Erinnerungsort für deren Selbstverständnis und Schlüssel für ihren Zusammenhalt [15.2: Nora 1990, 34–72].

Das Verhältnis zwischen Geschichte einerseits sowie Erinnerung und Gedächtnis andererseits ist facettenreich und diffizil. Vor allem zwischen Geschichte und Erinnerung muss deutlich unterschieden werden, wenn Erinnerung als individuelle gedankliche Aneignung verstanden wird, deren Inhalt beim Ableben der Erinnernden vergeht. Diese Trennung muss auch dann aufrecht erhalten werden, wenn Erinnernde das von ihnen Erinnerte schriftlich oder auf andere Weise medial festhalten. Denn im Akt der Medialisierung wird das Erinnerte „entäußert", in eine Erzählung gebracht, die die Form einer Autobiografie oder anderer Formen von Ego-Dokumenten haben kann. Diese Erzählung ist „aufbereitet", die präsentierten Erinnerungen sind also bearbeitet, und als solche ist die Erzählung nicht mehr die Erinnerung selbst, sondern der Bericht einer Erinnerung [A. Erll, Biographie und Gedächtnis, in: 14.1.2: Klein 2009, 79–86]. Das entspricht in etwa der Differenz zwischen den *res gestae* und der *historia rerum gestarum*. Wenn also davon gesprochen wird, dass Geschichtsschreibung eine Erinnerungsleistung erbringt, muss immer berücksichtigt werden, dass „Erinnerung" in diesem Fall eher im Sinne von Bericht, Dokumentation oder Überlieferung verwendet wird, nicht aber als Akt einer gedanklichen Aneignung, was der Begriff eigentlich beinhaltet [15.2: A. Assmann 1999, 179–217].

erzählerische Aufbereitung von Erinnerung

Etwas anders sieht es aus, wenn man auf das Verhältnis von Geschichte und Gedächtnis blickt. Zwar gilt auch hier zu beachten, dass Gedächtnis zunächst einen individuellen Speicherort bezeichnet. Das Gedächtnis wird dabei als eine Art Raum vorgestellt, in dem Erinnerungen gespeichert sind. Folgt man nun aber den Überlegungen von Halbwachs und den Assmanns, so gilt zu überlegen, ob man nicht dann auch von kollektiven Gedächtnisräumen sprechen kann, wenn bestimmte Gedächtnisinhalte in ähnlicher Form bei mehreren Individuen abgespeichert sind. In diesem Fall wäre „Gedächtnis" nahezu synonym zu etwas, was sich als geschichtlicher Konsens bezeichnen ließe, also als geteilte Auffassung über die Art und Weise, wie eine bestimmte geschichtliche Entität betrachtet wird. Zu bedenken ist dabei, dass das „kulturelle Gedächtnis", so wie es von den Assmanns konzipiert wurde, nicht nur Fakten enthält, sondern auch Bezüge auf alle möglichen gedanklichen und kulturellen Entitäten zurückliegender Zeiten [15.2: A. Assmann 1999, 130–145].

Gedächtnis als Speicherort

Dies wirft für jede Form historischen Denkens, vor allem aber für moderne historische Forschung, ein grundsätzliches Problem auf. Denn Geschichtsschreibung soll, anders als Mythen, Legenden oder Glaubensinhalte, ihrem Anspruch nach zeigen, „wie es wirklich gewesen" (LEOPOLD RANKE). Im kulturellen Gedächtnis aber finden Faktizität und Fiktion zu einander, auch wenn diese Fiktion im Modus der sich im Laufe der Zeit wandelnden Tradition vorhanden ist – etwa wenn biblische Erzählungen und Inhalte über Jahrtausende immer wieder unterschiedlich ausgelegt werden.

<small>kritischer Umgang mit den Begriffen „Erinnerung" und „Gedächtnis"</small>

Aus dem Gesagten zu folgern, dass im Kontext von Geschichtsschreibung auf die Verwendung der Begriffe „Erinnerung" und „Gedächtnis" verzichtet werden sollte, erscheint so zwar gut begründet, aber kaum praktikabel. Denn beide Begriffe sind seit Jahrhunderten fest im Diskurs über die Geschichtsschreibung etabliert und zudem aufgrund ihrer Präsenz im alltäglichen Leben der Menschen auch scheinbar klar und praktikabel. Zu fordern bleibt daher ein kritischer Reflexionsprozess der Leserinnen und Leser von Historiografie: Wird von „Erinnerung" und „Gedächtnis" in Bezug auf Geschichtsschreibung gesprochen, so sind damit in der Regel Leistungen gemeint, die sich treffender als Bericht, Dokumentation und Überlieferung bezeichnen lassen. Geschichtsschreibung hält Vergangenes nicht in erster Linie anhand eigenen Miterlebens, sondern auf der Grundlage von Quellen und Überresten im Modus der reflektierten Narration fest. Sie dokumentiert damit das, was von dem Vergangenen noch erhalten ist und in welcher Form es erhalten ist; sie entwickelt eine gedankliche Vorstellung von dem Vergangenen, die als „geschichtlich" bezeichnet wird; und sie stellt Interpretationen vor, wie dieses Geschichtliche mit Bezug auf die Gegenwart verstanden werden sollte.

2.2 Erkenntnis- und Wissensbildung und ihre Vermittlung durch Historiografie

Ein etwas abgegriffenes Bonmot lautet: Etwas ist Wissenschaft, wenn es Wissen schafft. Eine wichtige Aufgabe von Geschichtswissenschaft ist die Schaffung historischen Wissens. Dabei kommt der Historiografie die zentrale Aufgabe zu, erstens diesen Schaffensprozess darzulegen und das Entstehen von historischen Erkenntnissen plausibel zu machen (Dokumentation der zugrunde liegenden historischen Forschung), zweitens ein Medium zu bilden, über das historische Erkenntnisse in eine Öffentlichkeit hinein verbreitet und dort diskutiert werden (Distribution der Erkenntnisse) und drittens über diese Diskussion eine Orientierungsfunktion zu leisten, die für eine Identitäts- und Sinnbildung genutzt werden kann [15.3: RÜSEN 2013, 81].

Wissen und Erkenntnis sind zu unterscheiden von Erleben und Erfahrung. Erleben und Erfahrung sind an ein erkennendes Subjekt gebunden: Jemand Bestimmtes erlebt etwas und verarbeitet es gedanklich zu einer Erfahrung. Dieses Erleben und Erfahren ist immer subjektiv, auch wenn andere Individuen ähnliche Erlebnisse und Erfahrungen gemacht haben. Anders sieht es mit Erkenntnissen und Wissensbeständen aus. Auch sie sind zwar immer an eine bestimmte erkennende oder wissensbildende Perspektive gebunden, aus der heraus sie formuliert werden; aber sie beanspruchen transsubjektive Gültigkeit. Das Wissen, das die Historikerin oder der Historiker schaffen, soll auch losgelöst von ihr oder ihm und über sie oder ihn hinaus Bestand haben. Diese Forderung an die Geschichtswissenschaft wurde und wird unter verschiedenen Titeln mit unterschiedlichen Ausdeutungen erhoben, etwa indem für die dargestellte Geschichte der Anspruch erhoben wird, sie sei „wahr", „objektiv" oder „intersubjektiv gültig" [15.3: JORDAN 2021, 13 f.].

Wissen und Erkenntnis im Unterschied zu Erleben und Erfahrung

Fungieren im Bereich der exakten Wissenschaften vor allem reproduzierbare Experimente und abstrakte, den Gesetzen der Logik entsprechende Formeln als Sicherung für eine Objektivität von Wissen, so richtet die Geschichtswissenschaft ihr erstes Interesse auf einmalige Entitäten, die nicht mehr existent sind. Diese Entitäten folgen also weder den Gesetzen der Logik noch sind sie reproduzierbar. Aus diesem Grund haben etwa die neukantianischen Philosophen WILHELM WINDELBAND (1848–1915) und HEINRICH RICKERT (1863–1936) mit Hinblick auf die Methodologie zwischen Natur- und Kulturwissenschaften beziehungsweise zwischen nomothetischen (Gesetze bildenden) und idiografischen (das Einzelne beschreibenden) Verfahren unterschieden.

nomothetische und idiografische Wissenschaften

Üblicherweise wird die Geschichtswissenschaft den Geistes- beziehungsweise Kulturwissenschaften zugeordnet und ihr Verfahren als idiografisch verstanden. Eine Ausnahme bilden solche Ansätze, die historische Strukturen in ihrer Bedingtheit erklären wollen und sich auf die serielle Auswertung von Daten stützen. Das Zentrum der Mehrheitsposition stützt sich auf eine schon in der Antike formulierte Auffassung, nach der Geschichte sowohl als *res gestae* (geschehene Taten) als auch als *historia rerum gestarum* (Erzählung von diesen Taten) begriffen wird. Parallel dazu wurden die Geschichtsforschung – also die Ergründung der geschehenen Taten – und die Geschichtsschreibung – also die Erzählung von den Gründen für diese Taten, ihren Ablauf und ihre Folgen – als Wesensbestandteile von Geschichtswissenschaft bezeichnet.

Das Verhältnis von Geschichtsschreibung zur Geschichtsforschung

Während die Geschichtsforschung auf die Ergründung historischen Wissens gerichtet ist, kommt der Geschichtsschreibung die elementare Bedeutung zu, Forschungsablauf und -ergebnisse in einer konsistenten Erzählung abzubilden, deren Argumentation nachvollziehbar, plausibel und anschlussfähig ist. Für die erkenntnis- und wissensbildende Funktion der Historiografie bleibt daher festzuhalten, dass sie zum einen eine Überzeugungsarbeit leisten muss, die wesentlich auf ihrer narrativen Verfasstheit beruht, und dass sie zum anderen als Beitrag zu einem bestehenden Wissens- und Wertehorizont verstanden wird, innerhalb dessen sie rezipiert wird und den sie erweitern und/oder verändern will. Beide Punkte werden im Folgenden noch einmal eingehender betrachtet, wenn es um Geschichtsschreibung als Form von Literatur und um politisch-moralische Leistungen von Historiografie geht, während hier nun der Prozess der Wissensbildung, den Geschichtsschreibung abbildet, näher erörtert wird [15.3: JORDAN 2018, 1207–1217].

Am Anfang steht das Vorwissen

Seinen Ausgang nimmt dieser Prozess nicht im Unwissen, sondern im Vorwissen. Historikerinnen und Historiker wie auch die Leserinnen und Leser ihrer Werke bringen immer bestimmtes Wissen und bestimmte Werte mit, die die Formulierung eines Untersuchungsinteresses und einer Fragestellung auf der einen Seite sowie auf der anderen Seite ein bestimmtes Leseinteresse und einen „Horizont" markieren, in den das neue Wissen eingeordnet wird. Ausgehend von diesem Vorwissen formulieren Geschichtsforscherinnen und -forscher Fragen, denen sie nachgehen, die sie durch die Lektüre anderer wissenschaftlicher Werke vertiefen und für die sie bestimmte Quellen suchen [15.3: RÜSEN 2013, 167–190].

Tatsächlichkeitsanspruch

Damit sich aus dem Vorwissen nicht ein bloßes Meinen entwickelt oder sich falsches Vorwissen manifestiert, wurden in der modernen Geschichtswissenschaft die bereits dargestellten methodologischen Verfahrensweisen entwickelt, die sicherstellen, dass eine Tatsächlichkeit für bestimmte historische Entitäten und Ursache-Wirkungs-Verhältnisse behauptet werden kann. Damit diese Behauptungen Wissensform annehmen können, bedarf es des Belegs von zuvor kritisch bewerteten Quellen und einer plausiblen Konjunktion von Zusammenhängen. Erst wenn diese Schritte geleistet sind, wird aus Thesen und Behauptungen ein Wissensangebot, das unabhängig von der Forscherin und dem Forscher Anspruch auf Gültigkeit erheben kann.

Grundlegend für historisches Wissen ist eine Form der Wissensbildung, die als Zeitdifferenzerkenntnis bezeichnet werden kann. Dabei gilt ganz allgemein, dass nichts Fremdes erkannt werden kann, sofern man „fremd" als etwas definiert, für das dem oder der Erkennenden Begriffe fehlen. Geschichtswissenschaftlerinnen und Geschichtswissenschaftler verstehen die Geschichte also nur insofern, als sie einen Begriff in ihrem Denkhorizont haben, der sich auf eine vergangene Zeit übertragen lässt. So kann eine heutige Forscherin oder ein Forscher etwa ein Bild davon haben, wie eine moderne Familie aufgebaut ist und funktioniert und so die Frage entwickeln, wie dies vor Jahrhunderten ausgesehen hat. Der Begriff der modernen Familie fungiert in diesem Fall als Folie, vor dem historische Vorkommnisse und Strukturen betrachtet werden [15.3: JORDAN 2018, 1207–1209]. *Zeitdifferenzerkenntnis*

Seine bestimmte Historizität gewinnt das Bild dadurch, dass etwas fremd im Sinne von anders ist, als es heute ist (und vielleicht auch zu anderen Zeitstufen war). Aus diesem Grund ist historisches Wissen eine Differenzerkenntnis. Da diese Erkenntnis aber nicht synchron gewonnen wird – etwa soziologisch: ein Familienmodell der Gegenwart ist anders als ein anderes Familienmodell der Gegenwart –, sondern diachron – das Modell einer Familie zum Zeitpunkt t_1 ist anders als das zum Zeitpunkt t_2 – wird die Zeit als grundlegender Faktor für das Anderssein gesetzt. Zeitdifferenzerkenntnis meint also, dass etwas als historisch erkannt wird, weil es eine Entsprechung in der jeweiligen Gegenwart hat, die eine Variante darstellt. Der Zeitraum zwischen dem Gegenstand heute und seiner historischen Variante wird dabei als Entwicklung gedacht, die vom Früheren zum Späteren stattgefunden hat. Eine Minimalgeschichte umfasst daher mindestens zwei unterschiedliche Zeitschichten – „heute" und „früher" –, zwischen denen eine Zeitspanne – die „Entwicklung" – liegt, die die Differenz zwischen den Schichten plausibel macht. *Das Fremde als das Andere*

Geschichte richtet ihr Interesse somit nicht nur auf Einmaliges, sondern auch auf zeitübergreifende Konstanten und Wiederholungsstrukturen. In diesem Sinne wurde hier einleitend der Unterschied zwischen dem, „was war", und dem, „was immer schon gewesen ist", gemacht. Geschichtswissenschaft bildet nicht nur Wissen über Einmaliges in der Geschichte, sondern zieht als Zeitdifferenzdenken auch Parallelen zwischen verschiedenen Zeitstufen. Dabei wird das eine Einmalige als etwas einem anderen Einmaligem Ähnliches begriffen, ohne dass dabei eine vollständige Identität erreicht würde. Beide Ereignisse bleiben einmalig, werden aber gedanklich aufeinander bezogen, sodass im Bezug geschichtliches Wissen entsteht [15.3: Koselleck 2000, 287–297].

Geschichtsschreibung und andere Präsentationsformen

Historiografie ist eine von verschiedenen Präsentationsformen, mit denen derart entwickelte historische Erkenntnisse verbreitet werden. Andere Formen sind etwa der Vortrag, die Darstellung im Rahmen von Museen und Ausstellungen oder Filmdokumentationen, Geschichtsunterricht in der Schule und anderen Bildungsinstitutionen sowie Geschichte im Alltag (etwa das Erinnern an bestimmte Persönlichkeiten oder Ereignisse durch Denkmäler, Gedenkstätten oder die Benennung von Straßen, Preisen und Vereinigungen). In diesem Sinne ist Geschichtsschreibung ein Anliegen der Geschichtsdidaktik, die sich damit beschäftigt, wie historisch gelehrt und gelernt wird.

Geschichtsschreibung und schulisches Geschichtslernen

Professionelle Historikerinnen und Historiker übersehen häufig, dass historisches Wissen von einem Großteil der Öffentlichkeit nicht über Fachpublikationen, sondern vor allem über die übrigen eben genannten Wege erworben wird. Insofern kommt etwa Schulbüchern für den Geschichtsunterricht als didaktisch hinsichtlich der Inhalte und der avisierten Altersgruppe aufbereiteter besonderer Form von Geschichtsschreibung große Bedeutung zu. In Schulbücher fließt Wissen erst ein, wenn es im fachwissenschaftlichen Diskurs allgemein anerkannt wurde. Schulbücher basieren im Unterschied zu fachwissenschaftlichen Werken nicht unmittelbar auf Forschung, sondern auf eben diesen fachwissenschaftlichen Werken, deren Erkenntnisse sie pädagogisch aufbereiten, indem sie sie gemeinsam mit Auszügen aus Quellen, Bildmaterial und anleitenden Fragestellungen präsentieren und darüber auch in die Arbeit der Historikerin oder des Historikers einführen. Sie sind also eine Art „Historiografie aus Historiografie". Ähnliches gilt auch für einen großen Teil der populären Geschichtsschreibung, die einem breiten Publikum historische Inhalte nahe bringt.

Wer sich also nicht professionell mit Geschichtswissenschaft beschäftigt, sammelt sein historisches Wissen hauptsächlich aus nicht-akademischen Veröffentlichungen, wobei der Grundstein hierfür größtenteils in der Schule gelegt wird. Auf dieser Ebene schließt sich eine Kette der Wissensdistribution, die von der akademischen Geschichtsforschung ihren Ausgang nimmt: Das als Forschungsleistung gewonnene quellennahe Wissen mündet in der Regel in akademische Geschichtsschreibung. Diese wird in einem öffentlichen Aushandlungsprozess diskutiert, wobei Erkenntnisse als gültig übernommen oder kritisiert beziehungsweise verworfen werden. In didaktisch aufbereiteten Formen einer „Historiografie aus Historiografie" gelangt das anerkannte Wissen an Rezipientinnen und Rezipienten außerhalb des akademischen Betriebs und diffundiert zu einem öffentlichen Geschichtsbild. Das geschieht nicht ungesteuert: In Lehrplänen, Schulplankommissionen und anderen Steuerungsgremien wird darüber entschieden, welches Wissen auf welche Weise vermittelt werden soll. Geschichtsschreibung wird hier einer didaktischen Steuerung unterzogen, die auf bestimmte allgemeinere Ziele wie die Bildung von Allgemeinwissen, die politische Bildung und das formale Lernen ausgerichtet sind. Ist das Aushandeln von historischem Wissen auf der Basis akademischer Geschichtsschreibung ein wesentlicher Beitrag zur demokratischen Kultur, indem sie deren Identität zu begründen und eine Wertebildung zu ermöglichen hilft, so ist die Übernahme des akademisch als geltend anerkannten Wissens in Schulbücher in Form von „Historiografie aus Historiografie" ein weiterer wichtiger Schritt der politisch-demokratischen Bildung für breite Bevölkerungsschichten.

Geschichtsforschung als Anfang von Wissensdistribution

Historisches Wissen wird meistens als Erzählung vermittelt. Die Erzählabsicht ist dabei dafür entscheidend, wie das Wissen eingesetzt werden beziehungsweise was es bewirken soll. Der Geschichtstheoretiker und -didaktiker Jörn Rüsen (*1938) hat vier Formen des Erzählens unterschieden:

Historisches Erzählen

1. „*Traditionales historisches Erzählen* [Hervorhebung im Original] erinnert an die Ursprünge, die gegenwärtige Lebensverhältnisse begründen."
2. „*Exemplarisches historisches Erzählen* [Hervorhebung im Original] erinnert an Sachverhalte der Vergangenheit, die Regeln gegenwärtiger Lebensverhältnisse konkretisieren."

3. „*Kritisches historisches Erzählen* [Hervorhebung im Original] erinnert an Sachverhalte der Vergangenheit, von denen her gegenwärtige Lebensverhältnisse in Frage gestellt werden können."
4. „*Genetisches historisches Erzählen* [Hervorhebung im Original] erinnert an qualitative Veränderungen in der Vergangenheit, die andere und fremde Lebensverhältnisse in eigene und vertraute münden lassen."
[15.3: Rüsen 1985, 46 f.]

Ausgehend von dieser Differenzierung entwickelte Rüsen eine Typologie, die die unterschiedlichen Leistungen historischen Erzählens vergleichend aufzeigt:

	Erinnerung an	Kontinuität als	Identität durch	Sinn von Zeit
traditionales Erzählen	*Ursprünge,* die gegenwärtige Lebensformen begründen	*Dauer* ursprünglich begründeter Lebensformen	*Affirmation* vorgegebener Deutungsmuster	Zeit wird als Sinn verewigt
exemplarisches Erzählen	*Fälle,* die Anwendungen von Verhaltensregeln demonstrieren	*Geltung von Regeln,* die zeitlich verschiedene Lebensformen umgreifen	*Verallgemeinerung* von Zeiterfahrungen zu Verhaltensregeln	Zeit wird als Sinn verräumlicht
kritisches Erzählen	*Abweichungen,* die gegenwärtige Lebensformen in Frage stellen	*Veränderung* gegebener Kontinuitätsvorstellungen	*Verneinung* gegebener Deutungsmuster	Zeit wird als Sinn beurteilbar
genetisches Erzählen	*Transformationen* fremder Lebensformen in eigene	*Entwicklung,* in der sich Lebensformen verändern, um sich dynamisch auf Dauer zu stellen	*Vermittlung* von Dauer und Wandel zu einem Bildungsprozeß	Zeit wird als Sinn verzeitlicht

Abb. 10: Schema einer Typologie des historischen Erzählens, in: [15.3: Rüsen 1985, 48].

Orientierungsfunktion historischen Wissens

All diesen Erzählformen, über die historisches Wissen vermittelt wird, ist gemeinsam, dass sie auf die Lebensverhältnisse der Gegenwart bezogen sind und Zeit als Sinn auf spezifische Weise erfahrbar machen. Rüsen sprach aus diesem Grund wiederholt von der „Orientierungsfunktion", die historisches Wissen für die Gegenwart leiste, indem es zur Formung eines Geschichtsbewusstseins sowie zu Identitäts- und Sinnbildung beitrage.

Narrative Kompetenz als Voraussetzung für die Rezeption von Geschichtsschreibung

Entscheidend hierfür ist auch die narrative Kompetenz der Leserinnen und Leser, auf die die historische Erzählung abgestimmt sein muss. Für die Geschichtsschreibung bedeutet dies nicht nur, dass sie sich ihrer Absichten bewusst sein muss, die sie mit der Vermittlung von Wissen verfolgt, sondern auch, dass sie auf die Kenntnisse und Fähigkeiten ihrer Rezipientinnen und Rezipienten Rücksicht zu nehmen hat. Dabei spielen Faktoren wie Lebenserfahrung, (historisches) Vorwissen und Sprachkompetenz eine entscheidende Rolle. Um historisches Wissen „wirksam" werden zu lassen, muss das Medium – die historische Erzählung – passend gewählt werden; es muss eine leserbezogene Rhetorik gefunden werden, um Erkenntnisse deutlich und vor allem so plausibel zu machen, dass sie kritisch rezipiert und bestätigend, erweiternd oder korrigierend in bestehende Weltbilder eingearbeitet werden oder diese als solche infrage stellen können.

2.3 Historia Magistra Vitae – die politisch moralische Lehrfunktion der Geschichte

Lernen ist in der Regel ein Prozess des Erfahrungen-Machens. Nun sind Erfahrungen – anders als durch die Sinne erfahrbare Erlebnisse – gedankliche Konstruktionen, die sich unter anderem von diesen dadurch unterscheiden, dass sie verallgemeinerbar sind. Das Erlebnis, für eine Ordnungswidrigkeit mit einem Bußgeld belegt worden zu sein, kann dazu führen, dass man sich entscheidet, künftig nicht nur die betreffende Ordnungswidrigkeit zu vermeiden, sondern Ordnungswidrigkeiten im Allgemeinen. Erfahrungen können daher nicht nur aus dem persönlichen Erleben gewonnen, sondern vermittelt werden. Dieser Lernprozess – das Sammeln von Erfahrungen – ist ein Kernbestandteil jeder Pädagogik und Erziehung. Wer – so stand für den römischen Rhetor Cicero außer Frage – wäre besser geeignet, Erfahrungen zu vermitteln, als der Redner. Die Geschichte dient ihm hierbei als Beispielsammlung im Sinne unseres eben gegebenen Gedankenspiels: Die Verdeutlichung eines bestimmten Sachverhalts – hier einer bestimmten Ordnungswidrigkeit – dient dazu, für die Gegenwart und Zukunft ähnlich gelagerte Sachverhalte aufgrund erworbenen, verallgemeinerten Erfahrungswissens zu entscheiden.

Erfahrungen

Die bereits vor Cicero entwickelte Idee, dass in Form von Historiografie vermittelte Geschichte „lebensklug" mache, bestimmte lange Zeiten der Historiografiegeschichte bis weit in die Neuzeit hinein. Neben den in der Bibel berichteten Taten bildeten histori-

Geschichte als Handlungsanleitung

sche Persönlichkeiten, Ereignisse und Handlungen die Folie, um „gutes Handeln" exemplarisch darzustellen. Der griechische Historiker POLYBIOS (um 200–um 120 v. Chr.) prägte den Begriff der „pragmatischen Geschichtsschreibung" (*pragmatike historia*) als Bezeichnung einer Historiografie, die darauf abziele, Geschichte als Form von Bedingungsketten zu beschreiben, deren Studium als Anleitung für künftiges Handeln genutzt werden könne. Renaissancegelehrte wie NICCOLÒ MACHIAVELLI (1469–1527) und Philosophen wie MONTESQUIEU (1689–1755) legten ihre Werke vor, um zu bestimmtem sozialen und politischen Handeln anzuleiten.

Nutzen der Geschichte

Auch in der Frühphase der Verwissenschaftlichung der Geschichtsschreibung spielte die Denkfigur von der *historia magistra vitae*, der Geschichte als Lehrmeisterin für das Leben, eine bedeutende Rolle. Nicht nur für Aufklärungsphilosophen wie IMMANUEL KANT (1724–1804) diente Historiografie zur „Erziehung des Menschengeschlechts"; auch „professionelle" Historiker seiner Zeit wie etwa jene, die der „Göttinger Schule" zugerechnet werden, betrieben Geschichtsschreibung mit pädagogischem Anspruch. Der „Rückblick auf die Geschichte" sollte nicht nur dazu dienen, die Gewordenheit der Gegenwart zu verstehen, sondern darüber hinaus Zukunft zu planen. Das Studium „der Alten" diene dazu, Handlungsmuster und ethische Einstellungen zu erkennen, zu analysieren und als Wissen auf mögliche Ereignisse der Zukunft anzuwenden. Die in diesem Sinne betriebene Geschichtsforschung war also eine Art moralischer, politischer und sozialer Vorbereitungswissenschaft für das Leben. Die besondere Leistung der Geschichtsschreibung war ihr „Nutzen" für ihre Leserinnen und Leser.

Erziehung und Bildung durch Geschichte

Dieses Ideal erzieherischen Nutzens geriet im Neuhumanismus Anfang des 19. Jahrhunderts in die Kritik. Anstelle von „Erziehung" wurde nun die historische „Bildung" zum Ziel von Geschichtswissenschaft erhoben. Der grundlegende Unterschied zwischen beiden Idealen bestand daran, dass historischem Wissen nicht mehr dann ein besonderer Wert zugemessen wurde, wenn es als „nützlich" galt; stattdessen war „Bildung" vielmehr ein Selbstzweck, und die Anhäufung von Wissen geschah um des Wissens willen zur Herausbildung einer umfassenden „humanistischen" Persönlichkeit. Selbst bei idealistischen Geschichtsphilosophen, denen Geschichte häufig zu einer Exempelsammlung gerann, die zur Verdeutlichung apriorisch gesetzter Werte herangezogen wurde, setzte sich die Erkenntnis durch, dass der Blick auf das Geschehene nur bedingt auf das

Künftige vorbereite. So urteilte Georg Wilhelm Friedrich Hegel (1770–1831) in seinen Vorlesungen zur Geschichte:

> Im Gedränge der Weltbegebenheiten hilft nicht ein allgemeiner Grundsatz, eine Erinnerung an ähnliche Verhältnisse [in der Geschichte, SJ] reicht nicht aus; denn so etwas wie eine fahle Erinnerung hat keine Gewalt im Sturm der Gegenwart, keine Kraft gegen die Lebendigkeit und Freiheit der Gegenwart. [1.1: Hegel 1955, 19]

Die wohl bekannteste Schrift, die gegen die Denkfigur der *historia magistra vitae* gerichtet war, entstand im Jahr 1874: Friedrich Nietzsches (1844–1900) *Vom Nutzen und Nachteil der Historie für das Leben*. Sie beschreibt Geschichte (und Geschichtsschreibung) nicht nur als etwas, dessen Erziehungswert infrage stehe, sondern hält eine zu große Berufung auf Historisches für eine Gefahr für die „Lebensfähigkeit" des Menschen. Die Orientierung an Historischem belaste den Menschen mit Wissen und hemme so im Unterschied zu Kunst und Religion seine Bildungsfähigkeit. In gewisser Weise transformierte Nietzsche damit die Kritik, die Aristoteles der Geschichtsschreibung in seiner *Poetik* angedeihen lassen hatte: War hier die Leistung der Historiografie gegenüber der Dichtung als begrenzt beurteilt worden, weil sich die Geschichtsschreibung auf das Faktische beschränke und sich damit dem Bereich der Fantasie versage, so sah Nietzsche die Schaffenskraft des Menschen dadurch gefährdet, dass sie sich zu sehr mit (vergänglichem) Historischem überfrachte und dabei das (der Zeit und Vergänglichkeit enthobene) Un- oder Überhistorische aus dem Blick verliere, derer das Leben bedürfe.

Nutzen und Nachteil der Historie

Der Basler Kunst- und Kulturhistoriker Jacob Burckhardt (1818–1897) transformierte diesen Gedanken für die Geschichtswissenschaft:

„weise für immer ... "

> Aber so wenig als im Leben des Einzelnen ist es für das Leben der Menschheit *wünschenswert* [Hervorhebung im Original], die Zukunft zu wissen. [1.1: Burckhardt 1982, 246].

In seinen Vorlesungen *Über das Studium der Geschichte*, die auch unter dem Titel *Weltgeschichtliche Betrachtungen* bekannt wurden, prägte er die berühmte Formel:

> Wir wollen durch Erfahrung nicht so wohl klug (für ein andermal), als vielmehr weise (für immer) werden. [1.1: Burckhardt 1982, 230]

Er brachte damit eine Skepsis auf den Punkt, die die Bewertung des Nutzens und der Prognosefähigkeit von Geschichtsschreibung bis heute bestimmt.

Wiederholungsstrukturen in der Geschichte

Gleichwohl gab es auch in jüngerer Zeit Versuche, Geschichtsforschung einen gewissen prognostischen Wert zuzuschreiben. So vermittelte etwa REINHART KOSELLECK (1923–2006) zwischen dem einzelnen Ereignis und Wiederholungsstrukturen. In seiner Theorie von den „Bedingungen möglicher Geschichte" erklärte er es als Ziel, wiederkehrende anthropologisch bedingte Strukturen wie die Verhältnisse von „Innen–Außen, Oben–Unten und Früher–Später" historisch aufzuzeigen, um so Aussagen über die Möglichkeiten zu treffen, in einer bestimmten historischen Situation bestimmte Prognosen über eine mögliche Zukunft anzustellen (beziehungsweise angestellt zu haben) [15.4: KOSELLECK 2010, 103].

Dieser Vergleich historischer Prognosen auf der Grundlage anthropologischer Konstanten unterscheidet sich aber deutlich von Geschichtsphilosophien, die Zukunftswissen auf der Grundlage apriorischer Sätze am Beispiel von Geschichte zu binden versuchten, wie auch von Ansätzen historischer Forschung, die deren Ergebnissen praktischen Nutzen zumaßen. Das grundsätzliche Dilemma des Lehrsatzes von der *historia magistra vitae* liegt nämlich in der Geschichtlichkeit selbst.

Probleme der Prognosenbildung

Die Auffassung, dass es „die Geschichte" – verstanden als Kollektivsingular – gibt, impliziert nämlich, dass jedes historische Ereignis einzigartig ist, weil es zu einer bestimmten Zeit geschieht: nur dann und nicht wiederholbar. Zwar lassen sich bestimmte grundlegende allgemeine Strukturen für mehrere Ereignisse als charakteristisch ausmachen: Jeder Kriegsbeginn lässt sich etwa als Anfang eines bewaffneten Konflikts mindestens zweier Parteien beschreiben. Doch hilft ein solcher Schluss für eine Prognostik möglicher zukünftiger Kriege? [JORDAN 2007, 211–218].

Wird *historia* im Sinne von *res gestae* als zeitliche Folge einzelner Ereignisse begriffen, dann nützt ihr Wissen nicht, um mögliche zukünftige Ereignisse zu planen. Werden allgemeine Strukturen aus der Zusammenschau der *res gestae* entwickelt – ähnlich wie die Naturwissenschaften aus Beobachtungen Gesetze ableiten –, dann entstehen – wie am Beispiel des Kriegsbeginns verdeutlicht – so grobe Allgemeinaussagen, die für eine Prognosenbildung nicht mehr dienlich sind.

2.4 Identitäts- und Sinn(neu-)bildung

Wenn der Geschichte eine bedeutende Leistung für die Identitäts- und Sinnbildung zugeschrieben wird, so sind dabei zwei Subjekte im Blick, die von dieser Leistung profitieren: das individuelle Subjekt, also der einzelne Mensch, und Kollektivsubjekte wie Gesellschaften, gesellschaftliche Gruppen sowie Staaten und Nationen. Fast alle modernen Gesellschaften beziehen einen nicht unwesentlichen Teil ihres Selbstverständnisses und darüber vermittelt der Art, wie sie sich präsentieren, über historische Rückbesinnung. Das Selbstbild der US-amerikanischen Gesellschaft wäre ohne die *Frontier*-These FREDERICK JACKSON TURNERS (1861–1932), die einen Status „besonderer Entwicklung" („Kampf gegen die Natur") behauptete, ebenso wenig denkbar wie ohne die Aufarbeitung der Beteiligung der USA an Kriegsgeschehen auf europäischem (1917/18, 1941–1945) und asiatischem Boden (1950–1953, 1955–1975) oder dem Kampf gegen den Islamismus in der Folge der Attentate vom 11. September 2001. Auch aus der Aufhebung der Sklaverei und den seither bestehenden Rassenkonflikten speist sich ein großer Teil des Selbstverständnisses der Menschen in den USA. Ähnliches gilt für die Bedeutung der Französischen Revolution für die Identität der französischen Nation und für das „historische Vermächtnis" der Bundesrepublik, dass sich aus den deutschen Kriegsverbrechen zwischen 1939 und 1945 sowie der Shoah ergeben hat.

Individuelles und soziales Selbstverständnis

2.4.1 Historische Identität

Im strengen Sinne gilt es, zwischen den Leistungen der Geschichtsschreibung für eine Identitätsbildung und für eine Sinnbildung zu unterscheiden. Historische Identität bezieht sich in erster Linie auf Funktionen, die Geschichte für ein Ich- oder Wir-Subjekt leistet und die dieses Ich als konstitutiv für seine Persönlichkeit erachtet. Insofern sind nicht alle historischen Ereignisse und Persönlichkeiten für die Identitätsbildung relevant. Die Geschichte des indischen Kastensystems etwa ist für die Identität der deutschen oder französischen Gesellschaft nahezu irrelevant, für die britische Gesellschaft sieht dies vor dem Hintergrund kolonialer Vergangenheit schon anders aus. Für die deutsche oder französische Sicht auf Indien wiederum kann die Geschichte des Kastensystems von Bedeutung sein, denn so, wie sich einzelne und kollektive Individuen selbst eine his-

Relevantes für die Identitätsbildung

torische Identität zuschreiben, schreiben sie auch anderen eine Identität zu. Dass diese zugeschriebene Identität nicht aus Vorurteilen besteht, ist wiederum eine Leistung von wissenschaftlich betriebener Geschichtsforschung: Auf Tatsächlichkeit und Nachweisbarkeit verpflichtet, hilft diese Forschung, nicht-rationale oder ideologisch motivierte Eigen- wie Fremdbilder zu hinterfragen, zu widerlegen und durch faktenbasierte Angebote zu ersetzen [15.3: MEGILL 2007, 41–59].

Arbeit am Ich

Identitätsbildung ist ein steter Prozess, indem durch neue – in Form von Historiografie vorgetragene – Angebote eine fortlaufende Arbeit am Ich stattfindet. Dabei ist es nicht nur die Aufgabe von Historikerinnen und Historikern, Angebote für eine „neue Identität" zu unterbreiten oder bestehende Identitätsangebote zu untermauern. Die Arbeit von Geschichtsschreiberinnen und Geschichtsschreibern kann auch einen im positiven Sinne „destruktiven" Charakter haben, nämlich dann, wenn sie aktuelle Identitätsangebote infrage stellt oder gar verwirft, um die Perspektive für neue, zeitgemäße Angebote zu öffnen. Historiografie kommt in dieser Hinsicht eine eminente didaktische Funktion zu.

Identität als Angebot

In demokratischen Gesellschaften wird diese Funktion in Form von Angeboten geleistet. Geschichtsschreibung stellt bestimmte Sichtweisen auf bestimmte historische Ereignisse, Strukturen und Persönlichkeiten vor, deren Geltung in einem öffentlichen Diskussionsprozess ausgehandelt werden. Inwieweit Individuen geltende historische Einsichten auf sich beziehen und als konstitutiv für die eigene Identität begreifen, ist weitgehend von diesen selbst abhängig. So gründet zwar das offizielle Selbstverständnis der Bundesrepublik als Kollektivindividuum und der deutschen Gesellschaft als Mehrheitsgesellschaft auf einer Anerkennung der nationalsozialistischen Verbrechen als „historischer Schuld"; gleichwohl ist der freiheitlich strukturierte Öffentlichkeitsraum auch für die Auseinandersetzung mit anderen Ansichten offen, sofern diese keine Lügen enthalten und nicht gegen die Grundsätze eines demokratischen Miteinanders verstoßen [15.5.1: ANGEHRN/JÜTTEMANN 2018, 7–51].

Dies gilt auch für „kleinere" soziale Einheiten wie gesellschaftliche Gruppen. So haben etwa die Forschungen zur Geschichte von Industrialisierung und Arbeitswelt zu einem Identitätsangebot geführt, das bis über die 1970er Jahre hinaus zu einer Identität des „Arbeiters" beigetragen hat. Historische Studien zur sexuellen Orientierung helfen Mitlebenden sich als hetero- und homosexuell beziehungsweise als *queer* zu definieren. Sie tragen somit zu einer historisch bedingten Gruppenbildung bei, nehmen dem einzelnen Individuum das Gefühl, „allein" zu sein, geben der Gruppe eine historisch fundierte Identität und verdeutlichen ihr im intertemporalen Vergleich ihre Gewordenheit.

Indem das einzelne Individuum verschiedene soziale Rollen ausfüllen kann, kann es auch verschiedene historische Identitätsangebote miteinander verbinden. Diese Angebote werden kontextgebunden zur Geltung gebracht. Ein bezeichnendes Beispiel hierfür ist etwa das Selbstverständnis bestimmter religiöser Gruppen in einem nationalen Kontext. So kann sich ein katholischer oder ein jüdischer Mensch in Frankreich sowohl als „historisch gewordener" Katholik oder Jude als auch als „historisch gewordener" Franzose definieren. Der Begriff von Identität ist dabei oft mit einem Gefühl von „Tradition" verbunden, auch wenn diese Tradition erfunden sein mag. So geben etwa Menschen in Trachtenvereinen ihrer Identität Ausdruck, indem sie bestimmte Kleidungsstücke tragen, die als „historisch" und als „typisch" für Regionen oder Gruppen empfunden werden. Absicht der individuellen Präsentation ist es dabei, sich in bestimmte Traditionen einzureihen, sich als Teil einer historischen Entwicklung zu begreifen [15.3: Rüsen 2013, 266–272].

konkurrierende Identitätsangebote

Identität und Tradition

Die Konstitution dieser Tradition ist dabei eine Leistung von Geschichtsschreibung, die beschreibt, was alles zu einer bestimmten Tradition (Feste, Kleidung, spezifische Verhaltensweisen, als gemeinsam verstandenes Kulturgut und Sprache etc.) gehört. Dass diese Rekonstruktionsleistung von Identitätslinien an das „Erfinden von Traditionen" grenzt und in sie übergeht, ist im Rahmen von Studien zu so genannten *Invented Traditions* herausgestellt worden [15.5.1: Hobsbawm/Ranger, 1992]. Sie haben gezeigt, dass es für eine bestimmte Identität nicht entscheidend ist, ob sie auf einer auf historischen Tatsachen beruhenden Tradition oder auf einer Tradition gründet, die auf vermeintlich historischen Tatsachen aufbaut [15.3: Rüsen 2013, 43–60].

Invented Traditions

2.4.2 Historische Sinnbildung

Im Unterschied zur Identitätsbildung zielt Sinnbildung mehr auf die Einbettung historischer Erkenntnisse in einen nachvollziehbaren Zusammenhang. Sinnbildung ist letztlich das Übertragen der durch rationale Verfahrensweisen (Historische Erkenntnislehre,

Methodik) von Geschichtswissenschaft erzielten Einsichten in ein rational strukturiertes Weltbild beim Einzelnen oder einer Gruppe, das auf dem Grundsatz *nihil sine ratione est* (nichts ist ohne Grund) beruht. Die eigene Existenz wird dann als sinnhaft verstanden, wenn ihre Herkunft über Sinnzusammenhänge deutlich gemacht wird. Diese Sinnzusammenhänge herzustellen, ist wiederum ein Kernanliegen von Historiografie. Geschichtsschreibung beruht, wie bereits dargestellt, vor allem auf kausalen, finalen und konsekutiven Verknüpfungen von Entitäten: Etwas ist, weil vorher etwas war; etwas geschah, um etwas zu bewirken; etwas bewirkte, dass etwas anderes folgte. Die Geschichtsschreiberin und der Geschichtsschreiber stellen temporal aufeinander folgende Entitäten in einen sinnhaften Zusammenhang [J. Stückrath, Der Sinn der Geschichte, in: 15.5.2: Müller/Rüsen 1997, 48–78; 15.5.2: Rüsen 2020, 21–24; 15.5.2: Rüsen 2019, 263–265].

Herstellung von Sinnzusammenhängen

An den Stellen, wo sich dieser Zusammenhang nicht herstellen lässt, benutzen sie „Platzhalter". Dies können Denkfiguren wie Zufall, Schicksal und Fügung sein. Fehlt also ein zuordnenbarer Grund für etwas, so wird dessen Eintreten als Zufall bezeichnet. Das Substituieren von fehlenden Gründen durch „Platzhalter" bestätigt als Ausnahmefall die Sinnbildungsfunktion von Geschichtsschreibung. Alles hat einen Grund, auch wenn dieser persönlich nicht nachvollzogen oder gar moralisch geteilt werden muss. Man kann Geschichte verstehen, ohne Verständnis für sie aufzubringen [15.5.1: Hoffmann 2019, 339–342].

Verstehbarkeit historischer Ereignisse

Diese Struktur historischer Erkenntnis als sinnhafter Zusammenhang bietet die Ausgangssituation dafür, dass historische Erkenntnisse in bestimmte aktuelle Verständnisse von Welt integriert werden können. Ein Beispiel hierfür aus jüngster Zeit bildet der russische Krieg gegen die Ukraine, dessen Beginn von breiten Bevölkerungsteilen der westlichen Welt mit völligem Unverständnis aufgenommen wurde. „Unverständnis" heißt dabei nicht nur, dass die Menschen kein politisch-moralisches Verständnis für die Aufnahme von Kriegshandlungen aufbringen konnten, sondern mehr noch, dass sie nicht verstanden, aus welchem Grund diese aufgenommen wurden. Um diese Verstehenslücke zu füllen, wurden „Experten" herangezogen: Historikerinnen und Historiker, Politikwissenschaftlerinnen und Politikwissenschaftler, Osteuropaforscherinnen und Osteuropaforscher. Ihre Aufgabe bestand darin, ein Verstehen aktueller Prozesse herzustellen, auch indem sie sie als Ergebnis historischer Entwicklungen erklärten. So traten neben das Erklärungsmodell, das von einem „Wahnsinn" Putins ausging – also einer fehlenden Vernunftstruktur als „Platzhalter" für fehlende rationale Gründe –, weitere Ansätze, die das Geschehen in die Tradition russischer Vormachtsambitionen in Osteuropa im 19. Jahrhundert einreihen, es als Fortsetzung eines imperialen Denkens im Stile der Sowjetunion des 20. Jahrhunderts oder auch als Reaktion auf eine vermeintliche westliche Provokation deuteten.

Historisch begründete Erklärungsansätze für politische, soziale, kulturelle und wirtschaftliche Gegebenheiten der Gegenwart bieten den Menschen die Möglichkeit, diese als geworden zu begreifen und sich selbst in der Gegenwart besser zu verstehen. Das, was zuvor nicht rational erklärbar war, wird durch sie verstehbar. Diese prinzipielle Verstehbarkeit, die maßgeblich auf historischem Fundament beruht, trägt dazu bei, dass Individuen politisch wie moralisch Stellung beziehen können; es ist die Voraussetzung für gegenwarts- und zukunftsgestaltendes Handeln auf rationaler Basis. Weil ich einen bestimmten Umstand in der Rationalität seiner Entstehung begreife, kann ich mich zu ihm verhalten, kann mein Handeln gegenüber ihm ausrichten und ihn durch mein Handeln zu lenken, zu befördern oder zu ändern suchen.

<small>Verstehen als Voraussetzung von Handeln</small>

Geschichtsschreibung trägt noch in anderer Form zur Identitäts- und Sinnbildung bei. Sie stellt nicht nur neue Identitäts- und Sinnangebote in Form von historischen Erkenntnissen zur Verfügung, sondern hinterfragt auch bestehende Angebote. Menschen bilden Identitäten und Sinn nie auf einem „blanken Grund". Sie sind vielmehr stets durch bestehende Kontexte – Sinn- und Werthorizonte sowie sprachlich vermittelte, vorhandene Begrifflichkeiten und Denkfiguren – imprägniert. Indem die historische Betrachtung Alternativen zu dem Bestehenden aufzeigt, hilft sie, sich kritisch dazu zu positionieren, das eigene Ich und seine Sinnbezüge zu hinterfragen und gegebenenfalls zu ändern beziehungsweise zu revidieren. Da dieser Prozess der Kritik auf rationaler und demokratischer Basis gründet – es kann nur das als erwiesen gelten, was durch methodisch geregelte Verfahren ermittelt, mit Quellen belegt und in einem freien Meinungsaustausch anerkannt wird –, trägt er dazu bei, irrationale oder ideologische Konzepte zu beseitigen [R. Koselleck, Vom Sinn und Unsinn der Geschichte, in: 15.5.2: Müller/Rüsen 1997, 79–97]. Eine Auseinandersetzung mit dem geschichtswissenschaftlichen Angebot versachlicht den Identitäts- und Sinnbil-

<small>Hinterfragung bestehender Sinnangebote</small>

dungsprozess in dem Sinne, dass bloße Meinungen oder apriorische Vorgaben mit Rationalitätsargumenten konterkariert werden.

2.4.4 Meistererzählungen

Meistererzählung – Master Narrative – métarécit

Eine intensiv diskutierte Form historischer Identitäts- und Sinnangebote stellen die Meistererzählungen dar, die im englischsprachigen Raum als *Grand Narratives* oder *Master Narratives*, im Französischen als *métarécits* bezeichnet werden. Das Wort „Erzählung" beziehungsweise seine Entsprechungen *Narrative* und *récit* deuten bereits an, dass diese Angebote in besonderer Weise mit der Geschichtsschreibung als erzählender Präsentationsform verbunden sind. Angewendet wird der Begriff vor allem bei der Betrachtung größerer Kollektivindividuen: Meistererzählungen präsentieren in spezifischer Weise die Geschichte von Staaten, Nationen und Völkern oder von größeren Bevölkerungsgruppen.

Definitionen von „Meistererzählung"

Dabei gibt es unterschiedliche Auffassungen darüber, was als Meistererzählung bezeichnet werden soll und welche Funktionen diese erfüllen. Weitgehend anerkannt ist JÖRN RÜSENS (*1938) relativ weit gefasster Vorschlag, unter Meistererzählung eine Form der Darbietung historischen Wissens zu verstehen, die grundsätzlich Antworten auf Fragen nach kultureller Identität anbietet [15.5.3: RÜSEN 1998, 23]. Von einer Mehrheit geteilt wird auch das Verständnis von KONRAD H. JARAUSCH (*1941) und MARTIN SABROW (*1954), wonach es ein bestimmendes Element von Meistererzählungen ist, sich über die Fachwissenschaft hinaus an eine breite Öffentlichkeit zu wenden [15.5.3: JARAUSCH/SABROW 2002, 9–32]. Uneinigkeit herrscht dagegen darüber, inwieweit Meistererzählungen auch ideologische Dimensionen haben, denn „Meistererzählung" war lange Zeit ein Kampfbegriff, der besonders für die Beurteilung der Leistung von Historiografie für eine nationale Identitätsbildung ins Gefecht geführt wurde.

Kritik am Begriff der Meistererzählung

Als eher negativ bewerteten solche Historikerinnen und Historiker den Begriff seit den 1970er Jahren, die die Ausgestaltung von Geschichtsschreibung als Erzählung einer historischen Entwicklung generell in Frage stellten und stattdessen für das Erklären historischer Strukturen plädierten [15.5.3: MOTZKIN 2002, 371–387]. Hierzu zählten neben den Vertretern der „Annales-Schule" vor allem Anhängerinnen und Anhänger von Formen der Sozialgeschichte. Ebenfalls negativ verstanden jene Wissenschaftlerinnen und Wissenschaftler den Begriff, die in ihm einen Ausdruck von Herrschaft sahen. Ihre Untersuchungen bezogen sich häufig auf Fragen der *Post Colonial Studies* – so etwa die des französischen Ethnologen CLAUDE LÉVI-STRAUSS (1908–2009), der die *Master Narratives* der Kolonialisten mit den *Slave Narratives* der unterdrückten indigenen Bevölkerung kontrastierte [15.5.3: JARAUSCH/SABROW 2002, 14].

Aber auch andere, die sich mit Herrschaftswissen beschäftigten – beispielsweise der Philosoph MICHEL FOUCAULT (1926–1984) sowie Vertreter der „Geschichte von unten" und der *Gender Studies* –, sahen in Meistererzählungen einen Ausdruck von Oben-Unten-Verhältnissen beziehungsweise Herr-Knecht-Verhältnissen, in denen diese Erzählungen zur Manifestierung bestehender Herrschaftsverhältnisse benutzt worden seien. Neben der attestierten Dominanz, die Meistererzählungen gegenüber anderen Erzählungen anstrebten, wurde zudem deren Teleologiehaftigkeit kritisiert: Meistererzählungen gingen von einem *status quo* aus, auf den hin Geschichte erzählt werde.

Nicht zuletzt aufgrund des von dem seinerzeit in Manchester lehrenden Historiker STEFAN BERGER (* 1964) bei der European Science Foundation initiierten Projekts „Representations of the Past: National Histories in Europe" (2003–2008) hat sich der Umgang mit dem Begriff „Meistererzählung" versachlicht. Im Rahmen dieses international komparativ angelegten Projekts wurden mehrere Studien erarbeitet, in denen Meistererzählungen aus vielen verschiedenen Nationen miteinander verglichen und in den Kontext der Institutionalisierung und Professionalisierung von Geschichtswissenschaft eingereiht wurden. Zugleich wurden nationale Meistererzählungen im Spiegel anderer (Meister-)Erzählungen betrachtet. So richtete sich das Interesse vor allem auf das Verhältnis der Erzählung von der Nationsbildung in einzelnen Nationen zu Erzählungen, in denen andere große Kollektivindividuen den Mittelpunkt der Betrachtung bildeten. Über den als weitgehend neutralen Beschreibungsbegriff verwendeten Terminus „Meistererzählung" konnte so das jeweilige Verhältnis zwischen der Darstellung einer Nation zu der Darstellung von Rasse, Religion, Klasse und Geschlecht untersucht werden [15.5.3: BERGER/LORENZ 2008].

Representations of the Past

In diesem Sinne als Untersuchungsbegriff benutzt, ist der Terminus „Meistererzählung" ein Mittel, um Identitätsbildungsangebote vergleichend zu untersuchen. Die in vielen westlichen und später auch in anderen Ländern verbreitete Erzählung vom Aufstieg der

Meistererzählungen als Identitätsangebote

jeweiligen Nation konnte mit Erzählungen, die für die Identität einzelner sozialer Gruppen dieser Nation ebenfalls konstitutiv wurden, gespiegelt werden. Als Ergebnis zeigte sich, dass Meistererzählungen als Identitätsangebote mit anderen Angeboten konkurrierten, ohne diese auszuschließen. Menschen können sich auf historischer Basis sowohl als Mitglieder einer historisch gewordenen Nation als auch einer Religion, einer sozialen Klasse oder eines Geschlechts begreifen – je nach Kontext [K. THIJS, The Metaphor of the Master, in: 15.5.3: BERGER/LORENZ 2008, 60–74].

Meistererzählungen als Korrektiv von Vorurteilen

Stand und steht bei der Beschäftigung mit Meistererzählungen die Geschichte der Nation im Vordergrund, so führten Studien zu anderen Themen und zu anderen Zeitstufen – etwa zur neuzeitlichen Vorstellung vom „dunklen Mittelalter" oder einer „Renaissance der Antike" – zu einer Kritik an bestehenden Denkbildern und mitunter sogar zu deren Aufgabe. Versteht man unter einer Meistererzählung ein historiografisch entwickeltes, in der Öffentlichkeit nach Dominanz strebendes Groß-Narrativ, so bietet die Beschäftigung mit ihr zum einen die Möglichkeit, sich von Vorurteilen und unzeitgemäßen Denkbildern zu befreien und zum anderen in der historiografiegeschichtlichen Verortung dieser Meistererzählung – ihrer Historisierung also – eine meta-historiografische (Neu-) Bewertung vorzunehmen. Ähnlich wie bei den Studien, die nach 1945 die gängige Epochenscheide zwischen Mittelalter und Neuzeit infrage stellten und auf der Grundlage der Analyse von Narrativen eine enger an das Mittelalter angebundene „Frühe Neuzeit" im Unterschied zur „Moderne" vorschlugen, können sich hieraus grundlegend neue universalgeschichtliche Strukturmodelle ergeben, die zu anderen Angeboten darüber führen, warum wir so geworden sind, wie wir sind.

2.5 Wechselverhältnis zwischen Geschichtswissenschaft und Demokratie

Für die Sattelzeit, in der sich nach KOSELLECK der Übergang der Neuzeit in die Moderne vollzog und in die der Beginn der modernen Geschichtswissenschaft fällt, hat KOSELLECK mit Hinblick auf die Veränderung der Begrifflichkeit und damit des ihr zugrundeliegenden Denkens vier leitende „Kriterien" ausgemacht: Demokratisierung, Verzeitlichung, Ideologisierbarkeit und Politisierung. Alle diese Begriffe sind insofern Prozessbegriffe, als sie eine Zunahme oder Abnahme von etwas in der Zeit ausdrücken [15.6: Koselleck 1972, XVI–XVIII].

So mache sich etwa die Demokratisierung an einer Ausdehnung des Verständnisses von Öffentlichkeit fest. In dieser neuen Öffentlichkeit, an der größere Teile der Bevölkerung partizipieren konnten, verloren alte Begriffe an Bedeutung oder wurden umgedeutet; Neologismen dagegen gewannen an Stellenwert für den politischen Diskurs. Gleichzeitig sei eine Verzeitlichung der Begrifflichkeiten festzustellen, die nicht nur zu einem verzeitlichten Verständnis im Gebrauch bestimmter Begriffe, sondern auch zur Etablierung von Begriffen geführt habe, die ein neues Zeitverständnis zum Ausdruck bringen. Zu diesen zählte Koselleck neben etwa „Entwicklung" und „Fortschritt" auch die „Geschichte schlechthin", also „die" Geschichte, verstanden als Kollektivsingular, als „Geschichte über den Geschichten", wie es Johann Gustav Droysen (1808–1884) zuerst ausgedrückt hat [1.1: Droysen 1977, § 73, 441].

Demokratisierung

Verzeitlichung

Die neuen Begriffe – so ein weiteres Merkmal – seien ideologisierbar. „Freiheit", oder „Fortschritt" werden mit bestimmten politischen Ideologien verbunden, zu „Modellformeln", in denen bestimmte Erwartungen und Forderungen an eine Zukunft zum Ausdruck gebracht werden und die in geschichtsphilosophische Entwürfe münden. Damit verbunden sei eine Politisierung, eine Mobilmachung von Bevölkerungskreisen durch Sprache, denn:

Ideologisierbarkeit

Politisierung

> Das Verhältnis des Begriffs zum Begriffenen kehrt sich um, es verschiebt sich zugunsten sprachlicher Vorgriffe, die zukunftsprägend wirken sollen. [15.6: Koselleck 1972, XVIII]

Die sich formierende Geschichtswissenschaft war nicht nur von diesen vier Tendenzen imprägniert; sie trug und trägt selbst gerade zur Verzeitlichung des Denkens bei. Die Arbeit der Historikerinnen und Historiker und die Wirkung ihres Produkts, der Historiografie, stehen damit in einem dialektischen Verhältnis zu der Gesellschaft, die sie formt und durch die sie geformt wird. Am deutlichsten wird dies an jenem Begriff, der am häufigsten mit dem 19. Jahrhundert verbunden wird, dem Begriff der Nation. „Nation" im Gegensatz zu „Staat", „Volk" und „Gesellschaft" wurde zum zentralen Subjekt der Geschichtsbetrachtung der so genannten „politischen Historiker". Diese – so etwa Droysen, Heinrich von Sybel (1817–1895) und Heinrich

Wechselverhältnis von Historiografie und Gesellschaft

TREITSCHKE (1834–1896) in Deutschland – verstanden ihre Tätigkeit nicht nur als wissenschaftliche, sondern auch als politische. Insofern engagierten sich viele Vertreter dieser im ersten Drittel des 19. Jahrhunderts Geborenen auch politisch über ihre Disziplin hinaus. Ihre Geschichtsschreibung war nicht mehr bloß für eine herrschende Elite oder für den akademischen Betrieb bestimmt, sondern richtete sich an „die Öffentlichkeit", die sich im Laufe des 19. Jahrhunderts über bürgerliche Schichten sozial nach unten ausdehnte.

Moralisch-politische Bildungsfunktion der Geschichte

Im Kanon des humanistischen Schulsystems und in dem diesem zugrunde liegenden Bildungsgedanken, nahm die Geschichtswissenschaft eine exponierte Stellung ein. Geschichte sollte im Humboldtschen Sinne zur Bildung des Menschen, zur Formung seiner Humanität, anleiten; ihr wurde eine besondere moralisch-politische Bildungsfunktion zugemessen. Geschichte sollte der Identitäts- und Sinnbildung dienen und damit verbunden der Orientierung in den sich als zunehmend rascher wandelnd wahrgenommenen Gesellschaften. Dieser Anspruch war nicht auf einzelne Bevölkerungsteile begrenzt, sondern dem Ideal nach „universal" im Sinne einer allgemein menschlichen Bildung [15.6: JORDAN 2021, 58–61].

Fachwissenschaftliche Kontroversen

Liegt hierin bereits ein erkennbar demokratischer Impetus, so wurde dieser durch die formale Verfassung der Geschichtswissenschaft unterstützt, in der Erkenntnisbildung als Prozess des Aushandelns vonstatten geht: Ergebnisse werden im Vergleich, mitunter in Konkurrenz, zu anderen präsentiert und von einer *Community* bestätigt, verändert oder verworfen. Erst durch die *Community* erlangen sie den Status von Gültigkeit. Beschränkte sich der Umfang der *Community* in den Anfängen wissenschaftlicher Geschichtsschreibung auf die akademische Welt und ihr (bildungs-)bürgerliches Umfeld, so erweiterte er sich im Laufe des 19. und 20. Jahrhunderts zunehmend.

Hierzu trug bei, dass fachwissenschaftliche Kontroversen immer mehr öffentlich ausgetragen wurden. Waren etwa die wissenschaftlichen Auseinandersetzungen um die Thesen KARL LAMPRECHTS (1856–1915) oder zwischen GUSTAV SCHMOLLER (1838–1917) und CARL MENGER (1840–1921) noch weitgehend Kontroversen, die in der akademischen Öffentlichkeit geführt wurden, so nahmen etwa an der Fischer-Kontroverse in den 1960er Jahren oder am Historikerstreit in den 1980er Jahren, die Eingang in die öffentlichen Medien fanden, weitaus größere Bevölkerungskreise teil [13.2: LEHMANN 2000; 13.2: SABROW u. a. 2003; 13.2: GROSSE KRACHT 2005].

Hinzu kam, dass im Laufe der Zeit immer mehr soziale Aufsteiger Zugang zur akademischen Geschichtswissenschaft fanden, die soziale Herkunft der Historikerinnen und Historiker also vielfältiger wurde. Nicht zuletzt trat die bürgerliche Geschichtswissenschaft in Westeuropa und Deutschland seit der Mitte des 19. Jahrhunderts in ein Konkurrenzverhältnis zur sich formierenden sozialistischen, später auch zur völkischen Geschichtssicht, was zu Dauerkonflikten und Legitimationsprozessen führte.

Kennzeichnend für die Geschichtswissenschaft ist ein Aushandeln von Positionen nach demokratischen Prinzipien. Die *res publica litteraria* besteht aus mehr oder minder gleich berechtigten Teilnehmerinnen und Teilnehmern und steht heute zumindest idealiter jeder und jedem offen. Sie gibt damit ein Vorbild, wie ein freiheitlich-demokratischer Meinungsbildungsprozess zu laufen hat, in dem moralisch-politische Positionen ebenfalls durch Aushandeln gewonnen werden, in dem das Zuhören, auch bei nicht geteilten Positionen, Pflicht und ein Mundtotmachen verboten ist. Dass hierbei sowohl im Wissenschaftlichen wie im Politischen bestimmte Herrschaftsverhältnisse vorliegen, also eine Asymmetrie bei den Chancen besteht, positionsbildend zu wirken, ist unbestritten. Gleichwohl basiert dieser Prozess unumstößlich auf dem Prinzip der freien Meinungsbildung, der Anerkennung anderer Meinungen und einem Mehrheitsprinzip, in dem sich das durchsetzt, was die meiste Zustimmung findet und nicht das, was aufgrund von repressiver Macht durchgesetzt wird [15.6: Röttgers 1982, 29–48].

<small>Erkenntnisbildung als Aushandeln</small>

Weil moderne Geschichtswissenschaft immer freiheitlich-demokratisch verfasst ist, gibt es keine Geschichtswissenschaft in diktatorischen und totalitären Systemen. Die Versuche, Geschichtswissenschaft nach ideologischen Vorgaben zu betreiben und Positionen, die sich diesen Vorgaben widersetzen, mit politischen Mitteln auszuschalten, sind gescheitert. Dies trifft in Deutschland auf den Geschichtsbetrieb in der Zeit des Nationalsozialismus ebenso zu wie auf den der DDR. Die ideologisch vorprogrammierten Erkenntnisse fanden nie über den Kreis der „politisch Gläubigen" hinaus Geltung, die so produzierte Geschichtsschreibung veraltete nicht im Sinne von Max Webers (1864–1920) Gedanken in *Geschichte als Beruf* (1919), sondern war mit dem Ableben der totalitären Regimes schlagartig wertlos.

<small>Ohne Demokratie keine Geschichtswissenschaft</small>

Geschichtswissenschaft als Vorbild für Demokratie	Die Geschichtswissenschaft ist ihrer Struktur nach ein Vorbild für Demokratie. Ihre in Form von Historiografie präsentierten Einsichten werden offen diskutiert und dienen als Grundlage für eine moralisch-politische Identitäts- und Sinnbildung sowie dazu, tradierte Formen von Identität und Sinn kritisch zu hinterfragen. Für diesen offenen Meinungsbildungsprozess bedürfen Geschichtswissenschaft und Geschichtsschreibung aber eines politischen Schutzraums, in dem sie sich frei entfalten können. Demokratie bedarf der Geschichtswissenschaft, aber freie Geschichtswissenschaft bedarf auch der freiheitlichen Rechtsordnung einer Demokratie. Aus
Demokratie als Voraussetzung für Geschichtswissenschaft	diesem Grund ist die Entstehung moderner Geschichtswissenschaft an die Entstehung moderner demokratischer Gesellschaften gebunden. Erst durch sie entstanden Räume der Öffentlichkeit und der Meinungsfreiheit, die zunehmend entgrenzt wurden. Das demokratische System gewährt der Person der Historikerin beziehungsweise des Historikers Schutz vor Verfolgung und Anfeindung und sichert ihr und ihm so die Möglichkeit zu, Erkenntnisse ohne Rücksicht auf Ideologien und zu befürchtende Restriktionen öffentlich vertreten zu können.
Fake News	So wie ein Geschichtsbetrieb unter ideologischen Vorgaben und politischen Maßgaben wertlos wird, wird auch eine Demokratie wertlos, wenn sie von den Einsichten der Geschichtswissenschaft abrückt. Sieht man in der Geschichte ein notwendiges Mittel kritischer Identitäts- und Sinnbildung, so gerät die Demokratie dann in Gefahr, wenn dieses Mittel durch andere Mittel zu ersetzen versucht wird. Ein gutes Beispiel hierfür aus den letzten Jahren ist der so genannte Trumpismus der USA, der gezielt (historische) Fakten als Grundlage politischer Meinungsbildung und Begründung politischen Handelns durch *Fake News* zu ersetzen suchte. *Fake News* unterscheiden sich dabei gegenüber Geschichtslügen dadurch, dass sie historische Tatsachen nicht einfach leugnen oder zu verdrängen versuchen; *Fake News* sind vielmehr ein Gegenentwurf zu historischer Tatsächlichkeit: Sie ignorieren diese und sprechen ihr dadurch ihren Wert für eine freie Entscheidungsbildung ab. In dem Maße, in dem die Rückbindung politischer Entscheidung an Fakten, an Tatsächlichkeit, an Wirklichkeit oder an Gültigkeit von Einsichten – also alles Kernelemente der Geschichtswissenschaft – zugunsten reiner Behauptungen aufgegeben wird, verliert politisches Handeln seine demokratische Legitimation. Insofern sind Demokratie und Geschichtswissenschaft zwei untrennbare und aufeinander

verwiesene Kernelemente moderner Gesellschaften [15.6: Götz-Votteler/Hespers 2019; 15.6: Schicha u. a. 2021].

2.6 Geschichtsschreibung als Literatur

Der Geschichtsschreiber und der Dichter unterscheiden sich nach Aristoteles dadurch,

Geschichtsschreibung als defizitäre Form von Literatur

> daß der eine das wirklich Geschehene mitteilt, der andere, was geschehen könnte. Daher ist die Dichtung etwa Philosophischeres und Ernsthafteres als Geschichtsschreibung; denn die Dichtung teilt mehr das Allgemeine, die Geschichtsschreibung hingegen das Besondere mit. [1.1: Aristoteles 1982, Kap. 9, 1451b5–7]

Historiografie ist dem Urteil des Philosophen nach also eine defizitäre Form von Literatur. Defizitär ist sie deshalb – so könnte man vereinfacht sagen –, weil sie sich zu sehr mit dem einzelnen Kleinen, ausschließlich tatsächlich Geschehenen beschäftigt und es ihr an Fantasie mangelt. Dieses Urteil wird heute nicht nur unter Historikerinnen und Historikern auf Widerstand stoßen. Denn spätestens seit den eben angesprochenen Diskussionen um *Fake News* und der Frage nach Authentizität hat die Frage nach dem Wirklichkeitsgehalt von Aussagen wieder an Bedeutung gewonnen [15.7: Stopka 2013, 79–92].

Zu berücksichtigen ist außerdem, dass Geschichtswissenschaft eine Form sozialer Interaktion ist. Historikerinnen und Historiker präsentieren ihre Ergebnisse in Vorträgen und in Form von Geschichtsschreibung den Vertretern ihrer eigenen Zunft wie auch einer breiten Öffentlichkeit. Zuweilen lösen sie dabei großes Interesse aus, so etwa im Fall der Veröffentlichung von Fritz Fischers (1908–1999) Werk *Griff nach der Weltmacht. Die Kriegszielpolitik des kaiserlichen Deutschland 1914–1918* (1961), die Anfang der 1960er Jahre die Fischer-Kontroverse um die deutsche Kriegszielpolitik auslöste, im Fall von Ernst Noltes (1923–2016) Vortrag *Zwischen Geschichtslegende und Revisionismus* (1980), der Anlass zum „Historikerstreit" um die Singularität des Holocaust gab, oder im Fall von Daniel Goldhagens (*1959) Band *Hitler's Willing Executioners. Ordinary Germans and the Holocaust* (1996), in dessen Folge über die Schuld der Deutschen an der Judenvernichtung gestritten wurde.

Geschichtsschreibung stellt also nichts fest, dass dann gilt oder nicht gilt, sondern präsentiert Thesen, die diskutiert werden. Dies trifft zwar zuweilen auch auf Formen schöner Literatur zu, etwa dann, wenn im Gefolge von Martin Walsers (1927–2023) Roman *Tod eines Kritikers* (2002), für dessen Protagonisten erkennbar der „reale" Literaturkritiker Marcel Reich-Ranicki (1920–2013) als Vorbild diente, über Anstandsregeln für die Literarisierung lebender Persönlichkeiten debattiert wurde. Allerdings besteht ein grundlegender Unterschied darin, dass Literatur diese Funktion haben kann, während sie für die Geschichtsschreibung essentiell ist.

Geschichtswissenschaft als Modell demokratischer Debatten

Moderne Geschichtsschreibung ist eine Form, intersubjektive Erkenntnisse, die auf der Basis methodisch geregelter Verfahren entwickelt wurden, in Form von schriftlicher Niederlegung zur Diskussion zu stellen. Nicht die Präsentation der Erkenntnisse ist das eigentliche Ziel von Historiografie, sondern deren Erörterung, die Provokation von Gegenpositionen, ihre öffentliche Anerkennung, Modifikation oder Verwerfung. Geschichtswissenschaft ist das Grundmodell einer freiheitlich-demokratischen Debatte, Geschichtsschreibung darin das Beziehen einer spezifischen Position. Auch hierin unterscheidet sie sich von Formen Schöner Literatur, die nicht notwendigerweise auf Debatten zielen, sondern als reine Selbstentäußerung einer Autorin oder eines Autors konzipiert sein können.

Fließender Übergang zwischen Geschichtsschreibung und Belletristik

Gleichwohl bleibt ein fließender Übergang zwischen Geschichtsschreibung und Belletristik. So haben die Darstellungen im ersten Teil des vorliegenden Bands zum einen gezeigt, dass es eine Vielzahl historiografischer Darstellungsformen gibt, von denen ein Teil – wie etwa die Biografie oder Selbstzeugnisse – die Grenzen zwischen Faktizität und Fiktion überschreiten und verwischen kann. Zum anderen ist jede Form des Schreibens eine Form von Literatur, was bedeutet, dass für sie die allgemeinen Gesetze gelten, die für jede Literatur gelten. Dazu gehört, dass sie einen Autor hat,

Geschichtsschreibung nach den Vorgaben der Sprache

der für die spezifische Gestaltung seines Textes zuständig ist, dass der Text sich einer Sprache bedient, die bestimmte Aussagemöglichkeiten bereit hält und dass er eine Form hat, für die rhetorische Figuren und textuelle Strukturierungen – ob bewusst oder unbewusst eingesetzt – entscheidende Argumentationsmittel sind [15.6: Jordan 2021, 14 f.]. Historikerinnen und Historiker folgen den Ausdrucksmöglichkeiten und -verfahren einer Grammatik und eines Wortschatzes (um ihre Begriffe als gedankliche Konstrukte zu manifestieren), der immer schon vor ihnen da ist, und stehen in einem kommunikativen Bezug, der neben Aspekten der Inhaltsvermittlung auch vom sozialen Zusammenhang zwischen Sender (Historiker/in) und Empfänger (Leser/in) sowie von bestimmten bewussten oder unbewussten Aussageintentionen (Appellen) geprägt ist [15.7: Kessler 1982, 37–85; 15.7: Geppert 2009, 167–202].

Bedenkenswert für das Verhältnis von Historiografie und Literatur sind auch die genannten Thesen Jan Assmanns (1938–2024) zum „kulturellen Gedächtnis". Für die Geschichtsschreibung folgt daraus, dass sie nie losgelöst von ihrem Entstehungskontext und vor allem von kulturellen und literarischen Traditionen betrachtet werden kann. Geschichtsschreibung ist Literatur; Historikerinnen und Historiker sind Autoren.

Ähnliches behaupteten auch Forscherinnen und Forscher, die sich mit Meistererzählungen beschäftigten und diese wie der Göttinger Historiker Frank Rexroth (*1960) für „Chiffren für Glaubenswahrheiten aller Art [halten, SJ], die unbefragt hingenommen werden" [15.5.3: Rexroth 2007, 4].

<small>Historische Diskurse als Machtdiskurse</small>

Durch Historiografie hervorgebrachte historische Diskurse seien damit immer auch Machtdiskurse. Ist Geschichtsschreibung daher ein Opfer der kulturellen und literarischen Traditionen, in denen sie steht? Führt sie einen Bedeutungsüberschuss mit sich, indem sie mehr sagt, als sie eigentlich will?

Schon seit frühesten Zeiten nutzten Historiker die Grenzlinie zwischen Geschichtsschreibung und Schöner Literatur, um die Historiografie ihrer Vorgänger zu diskreditieren. So unterstellte Thukydides (vor 454–399/96 v. Chr.) seinen Vorläufern, ihre Vorträge mehr auf die Unterhaltung ihres Publikums als auf die Darstellung wahrer Sachverhalte ausgerichtet zu haben. Zwar erscheint aus heutiger Sicht die Entgegensetzung von „Unterhaltung" und „Wahrheitsvermittlung" fraglich, da es mittlerweile anerkannt ist, dass die Vermittlung von Fakten und Einsichten durchaus mit einem flotten, unterhaltenden Schreibstil vereinbar ist. Erscheint dieser Schreibstil allerdings zu „salopp", so werden auch heute noch Ressentiments hervorgerufen, dass sich die Historikerin beziehungsweise der Historiker auf den Inhalt, nicht die Form von Geschichtsschreibung zu konzentrieren habe, ja, mithin eine allzu auffällige Form von den Inhalten ablenke.

<small>Geschichtsschreibung zwischen Unterhaltung und Faktenvermittlung</small>

Dass die Diskussion um Form und Inhalt von Geschichtsschreibung ein äußerst heikles Thema ist, haben die Streitigkeiten um

<small>Linguistic Turn</small>

den *Linguistic Turn* gezeigt. Die so bezeichnete „sprachkritische Wende" in der Geschichtswissenschaft zielte auf sprachphilosophischer Grundlage – den Begriff prägte der US-amerikanische Philosoph RICHARD RORTY (1931–2007) mit einer von ihm 1967 herausgegebenen gleichnamigen Anthologie – auf die Untersuchung sprachlicher Vermittlungsformen auch in der Geschichtswissenschaft. Den zentralen Punkt des Problems dabei bezeichnete der Historiker WILLIBALD STEINMETZ (*1957) mit dem geflügelten Wort von „dem Sagbaren und dem Machbaren". Die These dazu lautete: Nur das kann gemacht werden und Wirklichkeit werden, was auch bezeichnet, gesagt, verhandelt werden kann [15.7: STEINMETZ 1993, 18–20].

Das Sagbare in der Geschichtsschreibung

Untersuchte STEINMETZ unter dieser Vorgabe englische Wahlrechtsdebatten, so kann man seinen Ansatz auch auf Historiografie ausdehnen. Die Frage lautet dann: Was konnten Historiker zu einer bestimmten Zeit überhaupt sagen und welche Möglichkeiten dazu hatten sie? Diese Frage ist letztlich nicht nur auf geschichtswissenschaftliche Weise zu klären, in dem Kommunikationskontexte rund um entstandene Geschichtsschreibung erläutert werden, sondern auch durch literaturwissenschaftliche Untersuchungen [15.7: STEINMETZ 1993, 30–44]. Dass solche Untersuchungen bei Historikerinnen und Historikern auf Vorbehalte stoßen oder zumindest vor einiger Zeit noch stießen, zeigt sich an den Diskussionen um die Thesen des US-amerikanischen Literaturwissenschaftlers HAYDEN WHITE (1928–2018), der in den 1970er Jahren begann, historiografische Texte literaturwissenschaftlich zu interpretieren. Der Streit um diese Thesen soll nun etwas eingehender dargestellt werden, da er zum Grundproblem zwischen Historiografie und Literatur leitet, der Frage danach, inwiefern Geschichtsschreibung als Präsentation geschichtswissenschaftlicher Erkenntnisse literarischen Gepflogenheiten und Zwängen unterworfen ist, ja, inwiefern die Vermittlung der Erkenntnisse eine literarische Strategie ist.

2.6.1 Exkurs: Hayden Whites literaturwissenschaftliche Analyse von Geschichtsschreibung

Metahistory

Nach WHITE schaffen Historikerinnen und Historiker ihre Gegenstände, indem sie sich bestimmter literarischer und rhetorischer Traditionen bedienen. Um dies zu klären, unterzog WHITE historiografische Texte in der damals in der US-Literaturwissenschaft gängigen Form einer Strukturanalyse. Seine Absicht war es, wie er in dem ersten Satz seines Bandes *Metahistory. The Historical Imagination in 19th Century Europe* (1973) schrieb, die *„deep structure of the historical imagination"* zu untersuchen, um dem poetischen Charakter von Geschichtsschreibung auf den Grund zu kommen (15.7.1: WHITE 1973, ix]. WHITE wollte das *„prefigurative element"* erfassen, *„by which its theoretical concepts were tacitly sanctioned"* [15.7.1: WHITE 1973, xi].

Nach WHITE gestalten Historikerinnen und Historiker ihre Werke entweder als Erzählung dessen, was geschehen ist (*explanation by emplotment*) oder als Darstellung, wie sich etwas aus etwas anderem heraus entwickelt hat (*explanation by argument*) oder indem sie historische Sachverhalte auf bestimmte aktuelle weltanschaulich-politische Forderungen und Ziele hin formulieren (*explanation by ideological implication*) oder als Mischung der drei Wege [15.7.1: WHITE 1973, 7]. Alle diese Strategien sind rhetorische Kunstgriffe, die der Geschichtsschreibung „den Anschein einer ‚Erklärung'" geben sollen. Für jede Strategie gebe es vier narrative Strukturierungsmöglichkeiten: Historikerinnen und Historiker könnten ihre Texte in Form einer (a) „Romanze", einer (b) „Tragödie", einer (c) „Komödie" oder einer (d) „Satire" konzipieren; die formale Schlussfolgerung erfolge als (a) „Formativismus", (b) „Mechanismus", (c) „Organizismus" oder (d) „Kontextualismus"; mögliche ideologische Implikationen seien der (a) „Anarchismus", der (b) „Radikalismus", der (c) „Konservativismus" und der (d) „Liberalismus".

Gestaltungsformen von Geschichtsschreibung

Mode of Emplotment	*Mode of Argument*	*Mode of Ideological Implication*
Romantic	Formist	Anarchist
Tragic	Mechanistic	Radical
Comic	Organicist	Conservative
Satirical	Contextualist	Liberal

Abb. 11: Affinitäten zwischen der Art der Erzählstruktur, der Art der Argumentation und der Art der ideologischen Implikation, in: [15.7.1: WHITE 1973, 29].

WHITE wandte dieses Schema unter anderem auf das historiografische Werk LEOPOLD RANKES (1795–1886) an, das seine Erklärungskraft aus den unter (c) genannten Formen gewinne. RANKE habe seine auf ein versöhnliches Ende hinauslaufenden Texte als „Komödien" gestaltet, gehe von einem organizistischen Zusammenhang der Ereig-

Rankes „Komödien"

nisse aus und vertrete damit einen Konservatismus, der die gegenwärtige Welt als beste aller möglichen behaupte.

Theorie der Tropen

WHITE ergänzte diese Theorie der Erzählformen durch eine „Theorie der Tropen" als rhetorischen Figuren uneigentlicher Rede, von denen er vier *Master Tropes* unterschied: (a) die „Metapher", (b) die „Metonymie" (ein Teil steht für ein Ganzes), (c) die „Synekdoche" (ein Teil des Ganzen steht für eine bestimmte Qualität des Ganzen) und (d) die „Ironie". Mit diesen Tropen seien bestimmte Wirklichkeitsdeutungen verbunden: „Die Metapher ist wesentlich darstellend, die Metonymie reduktionistisch, die Synekdoche integrativ, die Ironie negatiorisch". Im Gegensatz etwa zur Historiografie JACOB BURCKHARDTS (1818–1897), die von einem ironischen Verständnis der Geschichte geprägt sei, lasse sich bei RANKE ein synekdochisches Geschichtsverständnis erkennen. Allerdings sah WHITE den Vorteil seiner Analyse nicht in der Klassifizierung von Texten, sondern in deren „diskriminierender und detaillierter Befragung".

> Die Tropologie ist auch keine Methode der Interpretation, sondern eine Systematik des Aufdeckens von Fragen: Fragen nach den Faktoren, Aspekten und Umständen, welche die Verbindung eines Konglomerats von Bewusstseinsinhalten mit dem jeweils vorliegenden Sinnzusammenhang bestimmen. [15.7.1: WAGNER 1993, 229]

Die Verteidigung der Geschichte

Für das Verständnis von Geschichtswissenschaft und im Besonderen von Geschichtsschreibung im letzten Drittel des 20. Jahrhunderts sind die Reaktionen auf die Untersuchungen HAYDEN WHITES äußerst bezeichnend. Vor allem Historikerinnen und Historiker, die aus „faktenpositivistischen", eher theorieskeptischen Traditionen stammten, reagierten mit einer Mischung aus völligem Unverständnis und harscher Ablehnung. Der englische Neuzeithistoriker RICHARD J. EVANS (*1947) versah seinen im Jahr 1997 erschienenen Band über die „Grundlagen historischer Erkenntnis" mit dem Titel *In Defence of History*. Wie er sahen viele Historikerinnen und Historiker das Fundament geschichtswissenschaftlichen Arbeitens – die Konzentration auf eine geschichtliche Wirklichkeit – durch WHITES Thesen bedroht und suchten sie zu verteidigen. WHITES Auffassungen wurden als *„the most damaging undertaking ever performed by a historian of his profession"* empfunden, wobei außer Acht blieb, dass WHITE eben kein Historiker, sondern Literaturwissenschaftler war [15.7.1: GROSSKURTH 1975, 193]. Die US-amerikanischen Historiker RUSSELL JACOBY (*1945) und DOMINICK LACAPRA (*1939), die unterschiedliche Wissenschaftspositionen vertraten, konzedierten WHITE, seine Untersuchung in der Sprache einer „aggressiven Wissenschaft" vorgetragen zu haben [15.7.1: JACOBY 1992, 405–424; 15.7.1: LACAPRA 1992, 425–439]. Einhellig vertraten alle Kritiker Whites die Auffassung, dass Geschichtsschreibung nicht auf ihren Status als Literaturgattung verkürzt werden dürfe, da dies eine Verharmlosung des Geschehenen und eine Entwürdigung der „Opfer der Geschichte" darstelle. Sie behaupteten dagegen rigide eine Unterscheidung zwischen Fakten und Fiktionen, die allerdings von WHITE auch nie infrage gestellt worden war [15.7.1: JENKINS 2009, 105–123]. Es waren vor allem fünf Punkte, an denen sich die Diskussion entzündete.

So löste zunächst WHITES Wortwahl Unverständnis aus. Begriffe wie „präfigurativ", „Imagination" und „historische Einbildungskraft" schienen zentral auf das Wirklichkeitsverständnis der Geschichtswissenschaft zu zielen. Auch die Titel deutscher Ausgaben von Aufsätzen WHITES, allen voran der Sammlung *Auch Klio dichtet oder die Fiktion des Faktischen* (1986), deren Titel vermutlich vom Verfasser der Einführung in den Band, REINHART KOSELLECK, stammt, der bereits 1976 von der „Fiktion des Faktischen" gesprochen hatte, wurden als aggressiv bewertet.

1. Kritik an Whites Wortwahl

Eher formaler Natur waren Vorbehalte gegen WHITES strengen Schematismus, sein starres Vierer-Schema, das nur Schubladendenken zulasse.

2. Kritik an Whites Schematismus

Drittens habe WHITE sich zu sehr auf die Form der Geschichtsschreibung konzentriert, dabei aber deren Inhalte und theoretische Konzepte außer Acht gelassen. Mit diesem Vorwurf wurde eine Position erhärtet, die sich generell in den Beziehungen zwischen einer großen Zahl von Historikerinnen und Historikern einerseits und von Sprach- und Literaturwissenschaftlerinnen und -wissenschaftlern andererseits erkennen lässt und die der deutsche Romanist WOLF-DIETER STEMPEL (*1929) in einem Interview folgendermaßen skizzierte:

3. Kritik an Whites Konzentration auf die Form

> Historiker sind in der Regel, mag man sagen, ‚Praktiker' in dem Sinne, dass sie sich eigentlich wenig darum scheren, was die Historiographie im Innersten zusammenhält; von daher bestand für linguistische Ansätze wenig Verständnis. [15.7.1: BODEN/ZILL 2017, 92]

Damit verbunden war viertens die Kritik, dass WHITE dem Historiker eine Funktionalisierung seiner Darstellungsform für seine Dar-

4. Kritik an Whites Hinweis auf rhetorische Strategien

stellungsinhalte unterstelle, dass Historikerinnen und Historiker also quasi durch die Wahl ihrer Darstellungsform die Darstellung ihrer Inhalte manipulierten. Dabei wurde meist außer Acht gelassen, dass WHITE lediglich darauf hingewiesen hatte, dass jeder Geschichtsschreibung – wie auch immer sie aussieht – eine rhetorische Strategie zugrunde liege. In diesem Sinne sei sie fiktional, ihre Inhalte aber nicht fiktiv. „Fiktion" im WHITESCHEN Sinne bezeichnet einen literarischen Entwurf, das Konzept, das der Präsentation von Forschungsergebnissen zugrunde liegt, nicht aber einer Einstreuung von Fiktivem, also wirklichkeitsfremden Erdachtem, wie es etwa für den Historischen Roman typisch ist.

5. Kritik an Whites These von der Autonomie der Texte

Schließlich rührten WHITES Thesen fünftens an dem Heiligtum der Historiker: an ihrer Vorstellung von der und ihrem Glauben an die Wirklichkeit. Verstörend war dabei nicht die Trennung zwischen Geschichte als geschehenen Taten (*res geste*) und Geschichtsschreibung als deren Darstellung (*historia rerum gestarum*). Vielmehr schien WHITE die Wirklichkeit der erkennenden Historikerinnen und Historiker beziehungsweise der Geschichtsschreiberinnen und Geschichtsschreiber als Konstrukt zu betrachten. Im Gegensatz zu den Vertretern des Historismus, die ihre Aufgabe darin sahen, die Fakten möglichst objektiv und unter Ausschaltung jeglicher subjektiver Einflüsse zu Papier zu bringen, postulierte WHITE ganz im Sinne der literarischen Moderne eine Autonomie des Textes als dritter Instanz zwischen Erkenntnis und Erkenntnisvermittlung. Die Selbstständigkeit und zeitliche wie geistige Vorrangigkeit der Sprache vor ihrer Verwendung als reines Beschreibungsinstrument in der Geschichtsschreibung schien die Autonomie des Historikers und dessen Aussage- und Überzeugungskraft zu unterminieren. WHITE war – und dies war der schlimmste Vorwurf aus Ansicht seiner Kritiker – postmodern! [15.7: SCHÖTTLER 2018, 129–139].

Bedrohung durch die Postmoderne

Angst vor dem Linguistic Turn

Viele der Vorwürfe gegenüber WHITE und dem *Linguistic Turn* insgesamt erscheinen heute, nachdem sich die Wogen der Debatten geglättet haben, als überzogen und nicht mehr haltbar. Fragte der Historiker PETER SCHÖTTLER (*1950) im Jahr 1997 noch provokativ in einem Aufsatz *Wer hat Angst vor dem ‚linguistic turn'?*, so legte er gut zwanzig Jahre später eine Abrechnung mit dem Thema vor, die den treffenden Titel trägt *Nach der Angst. Geschichtswissenschaft vor und nach dem „linguistic turn"* (2018). Dass WHITE mit seiner Terminologie und auch seinen Auftritten bewusst provozieren wollte, ist längst anerkannt. Ebenso anerkannt ist aber auch die Literarizität von Geschichtsschreibung. Die Bindung an literarische Präsentationsformen, die Verwendung von sprachlich-rhetorischen Figuren in jeglicher Geschichtsschreibung sowie das bewusste oder unbewusste Anknüpfen an kulturelle Überlieferungen und tradierte Denkfiguren stehen heute außerhalb jeder Diskussion. Wichtig für die Bewertung von Geschichtsschreibung ist vielmehr, dass diese „formalen Kriterien" bei der Analyse von Historiografie und bei der Bewertung der in ihr präsentierten Erkenntnisse mitbedacht werden [15.7.1: JORDAN 2017, S. 55–71].

Heute dürfen sich intersubjektive Diskurse um geschichtswissenschaftliche Sachverhalte nicht mehr ausschließlich auf die Darstellungsinhalte beschränken, sondern müssen auch die Form der Texte und Kontexte mitdiskutieren, in denen die betreffenden Sachverhalte präsentiert werden: Dies ist eine der großen Lehren der Neuen Kulturgeschichte, die um die Jahrtausendwende zum leitenden Paradigma geschichtswissenschaftlicher Forschung wurde [15.7: SCHÖTTLER 2018, 140–158].

Die Neue Kulturgeschichte löste die Sozialgeschichte als leitendes Paradigma der Geschichtswissenschaft ab, was deutliche Auswirkungen auf die Historiografie hatte. Während Sozialhistorikerinnen und -historiker seit den 1960er Jahren vor allem Strukturen und Prozesse untersucht hatten, kehrte nun das historische Subjekt in Form der *Agency* in die Geschichtsschreibung zurück. Zuvor als „historistisch" verdächtige Formen von Historiografie wie die Biografie feierten ihr Comeback. Entscheidend dabei war aber weniger, dass Individuen wieder zu Handlungsträgern in der Geschichtswissenschaft gemacht wurden, als vielmehr, dass der Blick auf sie nun von Wahrnehmungen und Präsentationen bestimmt wurde. Neue Kulturgeschichte

Zur Behandlung dieser Problemstellungen wurde nicht nur auf eine Vielfalt von Methoden gesetzt, sondern auch der Quellenbegriff deutlich erweitert. Historische geografische Karten etwa erschienen nun als Ausdruck einer Wahrnehmung von historischer Wirklichkeit. Kommunikationsräume – wie etwa Anwesenheitsgesellschaften – wurden als Rahmen für historische soziale Interaktionen ausgemacht, Umwelt nicht mehr als rein äußerliches Einwirken auf den Menschen, sondern als von Menschen gemacht gedeutet. Methodenpluralismus und erweiterter Quellenbegriff

Damit veränderte sich der Wirklichkeitsbegriff, der Grundlage jeder Geschichtsschreibung und Geschichtswissenschaft ist. Stand am Anfang die Suche nach historischer Wahrheit in deren Mittelpunkt und später die Frage nach historischer Wirklichkeit, nach Veränderter Wirklichkeitsbegriff

Faktizität, so wurde der Schwerpunkt nun auf die Deutung der Wirklichkeit gelegt. Nicht mehr die *res gestae* waren das Entscheidende, sondern ihre Wahrnehmung und Deutung, die Be-Deutung, die sie in ihren historischen Kontexten entfalteten. Das historische Faktum scheint so in dem für es möglichen Wahrnehmungsmöglichkeiten und Wahrnehmungsweisen auf [15.7: Jordan 2021, 177–215].

2.7 Geschichtsschreibung als Broterwerb

Geschichte als Beruf — Geschichtsschreiberinnen und Geschichtsschreiber sind heute meist an akademischen Institutionen wie Universitäten, Akademien, Archiven, Bibliotheken, Museen und außer-universitären Forschungseinrichtungen beschäftigt. Das Geschichteschreiben zählt dabei zuweilen zu den Aufgabenbereichen, für die sie bestallt sind; häufiger aber werden die Werke am Rande oder neben den ihnen zugeschriebenen Kernaufgaben verfasst. Weitere Geschichtswerke stammen aus der Feder ausgebildeter Akademikerinnen und Akademiker, die keine Anstellung im akademischen Bereich haben (Journalisten, Lehrer, freiberufliche Historiker etc.) oder nach der Beendigung ihrer beruflichen Laufbahn (als Rentner, Pensionäre etc.) historiografisch tätig sind. Geschichtsschreibung ist fast immer eine Möglichkeit des Nebenerwerbs, nur selten kann über sie der Lebensunterhalt bestritten werden. Hierzu trägt bei, dass sich durch das Verfassen von Fachbüchern nur selten größere Einkünfte erzielen lassen und auch unselbstständige Veröffentlichungen in Fachzeitschriften, Online-Portalen und allgemeine Publikationsorganen (Zeitungen, Rundfunk- und Fernsehanstalten etc.) in der Regel nicht oder nur gering honoriert werden. Ebenfalls üblicherweise ohne Entgeltung werden Qualifikationsarbeiten – vor allem Dissertationen – gedruckt, für die häufig sogar ein Druckkostenzuschuss an die Verlage geleistet werden muss.

Schreiben für Geld — Die Erwerbssituation von Historikerinnen und Historikern bleibt normalerweise außerhalb der Betrachtung, wenn es um die Geschichte der Geschichtsschreibung geht. Dabei ist sie sowohl mit Hinblick auf eine *Mainstream*-Bildung wie auch auf mögliche Abhängigkeiten nicht unentscheidend für das Entstehen von Geschichtswerken. Bedenkt man etwa, dass die moderne akademische Geschichtswissenschaft vom 19. Jahrhundert bis weit in das 20.

Jahrhundert hinein ein rein (bildungs-)bürgerliches Unterfangen war, in dem zudem häufig noch konfessionelle Zugehörigkeiten eine wichtige Rolle spielten, so wird deutlich, dass über die berufliche Position und die damit verbundene Erwerbssituation von Historikerinnen und Historikern auch bestimmte Formen von Historiografie gefördert, andere dagegen erschwert wurden. Sozialistische Historiker hatten so beispielsweise mit viel größeren äußeren Schwierigkeiten zu kämpfen, ihre Werke zu schreiben und – in wiederum meist von Bürgern geführten Verlagen – zu veröffentlichen, als ihre bürgerlichen, im akademischen Betrieb installierten Kollegen. Hinzu kommt, dass jene, die von den Einnahmen ihrer Veröffentlichungen leben, einen entsprechenden Massenmarkt bedienen müssen, damit sich ihr Produkt überhaupt irgendwie rechnet. Aufwendigere Archivrecherchen oder langjährige Studien sind häufig in die Kosten-Nutzen-Rechnung solcher Schriften nicht eingepreist.

Gleichwohl gab es den Historiografen auch als Beruf. In der langen Geschichte der Geschichtsschreibung auch außerhalb des Abendlandes haben weltliche wie geistliche Herrschende immer wieder Historiker beschäftigt, um sich und ihre Herrschaft in bestimmtem Licht erscheinen zu lassen. Solche Formen von Auftragsarbeiten gibt es auch heute noch, etwa in Form von Firmengeschichten, für die meist freiberufliche Historikerinnen und Historiker engagiert werden. Dabei gilt für diese Arbeiten wie noch mehr für die älteren Auftragswerke, dass sie in besonderem Maße dem Verdacht der Parteinahme ausgesetzt sind. Die Bezahlung für Historiografie lässt zumindest in finanzieller Hinsicht Abhängigkeitsverhältnisse entstehen, die über das ohnehin bestehende Maß sozialer Abhängigkeiten von Geschichtsschreiberinnen und Geschichtsschreibern – man schreibt für eine bestimmte Zielgruppe – hinausgehen. Allerdings darf dies nicht im Umkehrschluss zu der Annahme verführen, dass nicht-kommerziell orientierte Geschichtsschreibung gleichsam objektiv ist. Im einen wie im anderen Fall muss ihre Perspektive geprüft, und gegebenenfalls müssen Tendenzen zur Parteinahme offengelegt werden.

Geschichtsschreibung als Auftragsarbeit

3 Geschichtsschreibung, ihre Quellen und die Herstellung von Authentizität

3.1 Geschichtsschreibung und ihre Quellen

Quellen als Zeugen

Quellen bilden die Grundlage moderner Geschichtsforschung. Sie sind quasi das Fundament, auf dem eine historische Darstellung aufbaut, die dem Anspruch folgt, historische Tatsächlichkeit oder Wirklichkeit behaupten zu wollen. Quellen können innerhalb der historischen Erzählung zwei Funktionen übernehmen. Zum einen wird in Geschichtswerken – in der Regel durch einen standardisierten Annotationsapparat (z. B. Fußnoten) – auf sie verwiesen. Quellen dienen so als Belege, als Zeugen dafür, dass Aussagen nicht auf bloßem Meinen beruhen, sondern auf methodisch regulierter Forschung. Zum anderen werden Quellen – meist in Auszügen – in Geschichtsdarstellungen eingefügt, um „O-Töne zu erzeugen"; in elektronischen Publikationen kann diese Einbindung auch als Ton- und Bilddokument geschehen [16.1: Beck/Henning 2012, 13–16; 16.1: Brauer 2013, 7–20].

Sprechende Quellen

Dadurch wird der Eindruck erzeugt, dass nicht mehr die jeweilige Historikerin beziehungsweise der Historiker Erkenntnisse präsentiert, sondern die Quellen selbst sprechen. Quellen fungieren so als Autoritäten. Diese Vorstellung erklärt auch, warum sich der Begriff „Quelle" (englisch und französisch: *source*) und nicht etwa verwandte Begriffe wie „Überrest", „Überbleibsel", „Zeugen", „Zeugnisse" oder „historisches Material" als Bezeichnung international etablieren konnte: Die Bild von einer Quelle insinuiert, dass etwas aus etwas entspringt. Die Darstellung historischer Wirklichkeit oder Tatsächlichkeit geht scheinbar ungetrübt und direkt aus Quellen hervor, so wie klares Wasser dem Boden entspringt. Die Leistung von Forschenden besteht demnach darin, die Quellen freizulegen und sie „sprudeln" zu lassen. Warum diese Auffassung mittlerweile allgemein als schwierig angesehen wird, wird im Folgenden näher zu betrachten sein. Zunächst sei jedoch ein schärferer Blick auf das geworfen, was in der Geschichtswissenschaft als Quellen definiert wird [16.1: Jordan 2022, 375–382].

Definition des Begriffs „Quelle"

Im deutschsprachigen Raum bis heute weitgehend anerkannt ist die bereits 1947 formulierte Definition des Historikers Paul Kirn (1890–1965). Ihr zufolge bezeichnet man als Quellen alle Texte, Gegenstände oder Tatsachen, aus denen Kenntnis der Vergangenheit gewonnen werden kann. [16.1: Kirn 1952, 30]

Quelle kann also alles sein, was von einer früheren Zeitstufe in eine spätere überliefert wurde, wobei zu berücksichtigen ist, dass sich der Zustand des Dings, das überliefert wurde, in der Zeit verändert hat: Textteile einer Handschrift gingen verloren, im Erdboden Begrabenes zersetzte sich, Bauwerke zerfielen und blieben nur als Ruinen erhalten, Fassaden alter Gebäude wurden überbaut und verändert etc. Eine Quelle ist also nichts aus der Vergangenheit, sondern etwas Gegenwärtiges, das aus einer Sache hervorgegangen ist, die in der Vergangenheit geschaffen wurde. Zwar konzentrierte sich der Quellenbegriff in der älteren Geschichtswissenschaft zu weiten Teilen auf Schriftstücke, doch können auch andere Dinge als Quellen genutzt werden. Daher stellte Johann Gustav Droysen (1808–1884) eine differenzierte Betrachtung von historischem Material vor, an der sich gut die Unterschiedlichkeit all dessen erkennen lässt, was allgemein als „Quelle" bezeichnet wird:

> Historisches Material ist teils, was aus jener Gegenwart, deren Verständnis wir suchen, unmittelbar noch übrig ist (*Überreste*), teils was davon in die Vorstellung der Menschen übergegangen und so umgeformt überliefert ist (*Quellen*), teils eine Verbindung von beiden Formen (*Denkmäler*). [1.1: Droysen 1977, § 17, 400]

Generell unterscheidet man zwischen primären Quellen, die quasi „aus erster Hand" Zeugnisse für *res gestae* und Personen bieten, und sekundären Quellen, die über (nicht erhaltene) frühere Quellen Auskunft geben. Die Entscheidung, was als Quelle zu gelten hat, ist dabei nicht von deren Alter oder Zustand, sondern vom Nutzungskontext abhängig [16.1: Jordan 2019, 75–79]. Für Historikerinnen und Historiker, die sich für die Geschichte der britischen Gesellschaft in der Neuzeit beschäftigen, kann der wegweisende Band *The Making of the English Working Class* (1963) des sozialistischen Historikers Edward P. Thompson (1924–1993) viele interessante Einsichten enthalten und darum zur Sekundärliteratur zählen. Beschäftigt man sich mit Geschichtstheorie und der Geschichte der Geschichtsschreibung, so wird man den Band eher zu den Quellen rechnen, die Aufschluss über die Sichtweise der „Neuen Linken" im Großbritannien der 1960er Jahre bieten.

Primäre und sekundäre Quellen

Quellenkritik Darauf, wie Quellen in der modernen Geschichtsforschung kritisch bearbeitet werden, wurde oben bereits hingewiesen (s. S. 52 f., 82 f.), sodass sich im Folgenden auf die Funktion von Quellen in der Geschichtsschreibung konzentriert werden kann. Diese wurde – wie bereits erwähnt – lange darin gesehen, Quellen zum Sprechen zu bringen. Stand in der Geschichtsforschung der Frühen Neuzeit die kritische Sichtung von Quellen ganz im Zentrum der Methodologien, so wurden diese um die Wende zum 19. Jahrhundert um hermeneutische Verfahren ergänzt: Die Quellenkritik bildete fortan nur einen ersten Schritt, an den sich das Verstehen historischer Sachverhalte auf der Grundlage quellenkritisch ermittelter Erkenntnisse anschloss. Doch auch dieser Schritt wurde lange Zeit mit einem gewissen „Erkenntnisoptimismus" betrieben. Was damit gemeint ist, lässt sich an zwei berühmten Zitaten Leopold Rankes (1795–1886) verdeutlichen. Dieser hatte im Vorwort zu seiner Dissertationsschrift als Erkenntnisziel von Geschichtsforschung gefordert, der Historiker solle „blos zeigen, wie es eigentlich gewesen" [1.1: Ranke 1824, VI]. Einige Jahre später formulierte er den Wunsch: „Ich wünschte mein Selbst gleichsam auszulöschen und nur die Dinge reden" zu lassen [1.1: Ranke 1870, 103].

Wenn Ranke davon sprach, dass die „Dinge" reden sollten, dann liegt hinter dieser Bemerkung die Vorstellung, dass ein unverstelltes Bild der Wirklichkeit und Tatsächlichkeit der „Dinge" – gemeint sind die *res gestae* – aus den Quellen über sie hervorgehe. Man kann die Metapher einer Brille heranziehen, um diese Vorstellung anschaulicher zu machen: Für Ranke, wie für viele Historikerinnen und Historiker nach ihm, bilden methodologische Verfahren eine Art Brille, durch die Quellen betrachtet werden. Je schärfer diese Verfahren und je schärfer die Brille ist, umso klarer wird der Blick auf die Quellen, aus denen das ungetrübte Bild der Geschichte hervortritt.

Quellen als Autorität Quellen werden so – neben Historikerinnen beziehungsweise Historikern als wissenschaftlich erfahrenen und anerkannten Instanzen sowie ihrem methodischen Instrumentarium – zu einer der drei Autoritäten, auf denen der Wirklichkeits- oder Tatsächlichkeitsanspruch moderner historischer Forschung fußt. Bedenkt man aber, dass Geschichtsforschung immer eine Zeitdifferenzerkenntnis ist, dass Früheres aus den Denkformen und Begriffen des jeweils Gegenwärtigen „übersetzt" werden muss, so werden Quellen als Autoritäten fragwürdig. Denn, so haben moderne Erkenntnistheoretiker wie Karl R. Popper (1902–1994) nicht zuletzt vor dem Hintergrund der verheerenden Erfahrungen mit Ideologien und Utopien im „Zeitalter der Extreme" gezeigt, Wahrheits- und Objektivitätsansprüche sind immer theorieförmig. Sie beruhen auf Erkenntnissen, die nicht die Wahrheit sind, sondern nur eine begrenzte Anzahl von Thesen über das zulassen, was wirklich oder tatsächlich geschehen ist.

Quellen, so hat Reinhart Koselleck (1923–2006) dargelegt, „schützen uns vor Irrtümern, nicht aber sagen sie uns, was wir sagen sollen" [16.1: Koselleck 1977, 46]. Ihr „Vetorecht" besteht darin, dass die aus ihnen gewonnenen Einsichten gegen Urteile angeführt werden können, die Falsches behaupten oder lügen. Ein prominentes Beispiel hierfür ist die so genannte Auschwitzlüge, also das Bestreiten der Tatsache, dass es Konzentrationslager beziehungsweise die Ermordung von Menschen in Auschwitz gegeben habe. Zwar können die betreffenden Quellen nicht „sagen", „*was* Auschwitz war", aber sie können belegen, „*dass* Auschwitz war". Quellen sprechen also nicht, aber sie üben eine wichtige Funktion in der Geschichtsforschung wie in der Geschichtsschreibung aus, und das in dreifacher Hinsicht:

Vetorecht der Quellen

Quellen dienen erstens als erkenntnisbildende Instanz für Forschende. Ausgehend von Quellen entwickeln diese im Forschungsprozess eine genauere Vorstellung von geschichtlicher Wirklichkeit.

1. Quellen als erkenntnisbildende Instanz

Zweitens fungieren Quellen in der Geschichtsschreibung als wichtige Autoritäten, die über Verweise oder direkte Einbindung in die Darstellung deren Glaubwürdigkeit erhöhen und ihr höhere Authentizität verleihen.

2. Quellen als Autorität

Damit verbunden übernehmen Quellen beim auf der Basis von Historiografie vollzogenen Aushandeln der Geltung historischer Erkenntnisse drittens eine regulatorische Funktion: Während sie auf der einen Seite die Plausibilität von Argumentationen für bestimmte historische Erkenntnisse erhöhen, begrenzen sie auf der anderen Seite die Möglichkeit von Falschaussagen, Lügen und *Fake News*. Aus diesem Grund sind sie in einem demokratischen Meinungs- und Wertebildungsprozess eine wesentliche Grundlage dafür, dass rein ideologisch motivierte Positionen als solche erkennbar und widerlegbar gemacht werden können [16.1: Jordan 2010].

3. Quellen als Schutz vor Fake News

3.2 Authentizität in der Geschichtsschreibung

Grundlagen für den Geltungsanspruch historischer Kenntnisse

Der Geltungsanspruch historischer Erkenntnisse in der modernen Geschichtswissenschaft ruht vor allem auf drei Säulen: Zunächst verbürgen nach wie vor Historikerinnen und Historiker mit ihrem Renommee den Geltungsanspruch historischer Erkenntnisse. Diese Funktion übernehmen ergänzend auch Methodologien, die als allgemein anerkannte Regulative auf Vernunftbasis fungieren. Geschichtsschreibung bildet diese Ergebnisse nicht nur ab, sondern beschreibt auch den Weg, auf denen und die Mittel, mit denen sie erzielt wurden. Das ist das Hauptunterscheidungsmerkmal von Historiografie gegenüber fiktionalen Erzählformen. Zum Dritten ist deren Begründungsbezug auf historische Quellen, die als Zeugen einer geschichtlichen Tatsächlichkeit dienen, eine weitere wichtige Basis historischer Erkenntnisbildung. Autorenschaft, Methodologie und Quellenbezug übernehmen damit in der modernen Geschichtsschreibung jene Funktion, die in den älteren Historien allein „Gelehrten" und kanonischen Schriften als Autoritäten zukam.

Quellen als Authentizitätsgaranten

Quellengesättigte Geschichtsdarstellungen gelten wegen der vielen Quellen, auf denen sie beruhen, und der besonderen Aussagekraft, die Quellen zugemessen wird, oft als besonders realitätsgetreu (im Sinne einer Abbildungstheorie), als „eigentlich" (im existenzphilosophischen Sinne) oder als authentisch (gemäß der philosophiehistorischen Tradition, nach der das griechische *αὐθεντία* lateinisch als *auctoritas* weitergeführt wurde) [16.2: Knaller 2007, 10–16]. Historiografie gilt dann als besonders authentisch im Sinne von wirklichkeitsgetreu, wenn die Untersuchung von Quellen über ein standardisiertes Referenzsystem mit der Darstellung verbunden wird, also Anmerkungen, Verweise, Fußnoten und Verzeichnisse wissenschaftliche Ergebnisse an eine Quellengrundlage rückbinden.

Wie erwähnt, fungieren Quellen dann, analog zu Zeugen in einem Gerichtsprozess, als Zeugnisse, die die Glaubwürdigkeit historischer Tatsachen befördern. Aber, so mag man fragen, ersetzt die moderne wissenschaftliche Vorgehensweise die älteren Autoritäten vollständig oder gibt es weiterhin Mechanismen der Erzeugung von Objektivitätsansprüchen, die jenseits von Methodologie und historischem Material liegen? [16.1: Jordan 2022, 375–382].

Faktizität

„Tatsächlichkeit" oder „Tatsache", „Wirklichkeit" und „Authentizität" sind Begriffe des alltäglichen Sprachgebrauchs; bei näherem

Hinsehen jedoch erweisen sie sich als definitorisch äußerst schwierig. „Tat-Sachen" oder Fakten (lateinisch *factum* = „das Gemachte") sind dem ursprünglichen Wortsinn nach „gemacht", sind Sachen, die aus Taten resultieren. Das unterscheidet sie von „Daten" (lateinisch *datum* = „das Gegebene"). Mit der Verzeitlichung des Denkens in der Sattelzeit (etwa 1750–1850) verkehrten sich diese Definitionen. Das Datum wurde nun verstärkt als Bezeichnung eines kalendarischen Zeitpunkts verstanden, also als etwas, was durch eine Konvention entsteht und daher gemacht ist; das Faktum beziehungsweise die Tatsache erhielt die Bedeutung eines „wirklichen, gegebenen Umstands", so der DUDEN. Tatsachen sind also im heutigen Sprachgebrauch so definiert, dass sie wirklich sind oder – mit historischem Blick – wirklich waren.

Als Wirklichkeit oder Realität (von lateinisch *res* = „Ding", „Gegenstand") definiert der DUDEN: „[alles] das, Bereich dessen, was als Gegebenheit, Erscheinung wahrnehmbar, erfahrbar ist". Hieraus entsteht für Historikerinnen und Historiker ein Problem, denn die Gegenstände, mit denen sie sich beschäftigen, existieren nicht mehr, zumindest nicht mehr in der Form und den Kontexten, die sie interessieren. Darum sind sie auf Überreste und Quellen angewiesen, die sie aber als solche wahrnehmen und erfahren, nicht aber als das, was sie ursprünglich einmal waren. Im strengen Sinne kann daher nur für Überreste und Quellen der Anspruch auf Tatsächlichkeit oder Wirklichkeit erhoben werden, nicht aber für Gegenstände vergangener, nicht mehr existenter Zeitstufen.

Die Gegenwärtigkeit von Quellen

In den letzten Jahren hat die Popularität des Begriffs „Authentizität" (griechisch αὐθεντικός = „echt"; lateinisch *authenticus* = „verbürgt", „zuverlässig") zugenommen. Zu erklären ist diese Konjunktur mit einer Sehnsucht nach Tatsächlichkeit im Zeitalter unsicherer Nachrichten und scheinbarer Beliebigkeiten. Kann man den Meldungen der Sozialen Medien und den Verlautbarungen von Autoritäten wie etwa Politikern und Politikerinnen im Zeitalter von *Fake News* Glauben schenken? Authentizität steht daher für etwas Unverstelltes, Eindeutiges, Tatsächliches, Wahres [16.2: SCHILLING 2020, 11–13].

Authentizität als Modebegriff

Wie schwierig dieses Konzept ist, hat der Literaturwissenschaftler ERIK SCHILLING (* 1984) dargelegt. Denn Authentizität erweist sich bei näherer Betrachtung etwa als Gegenkonzept zu „Professionalität, Situativität und Ambiguität" [16.2: SCHILLING 2020, 25]. Die Forderung, dass Historikerinnen und Historiker beziehungsweise

Authentizität: ein schwieriger Begriff

deren Erkenntnisse authentisch sein müssen, setzt nicht nur die Erwartung voraus, dass eindeutige Aussagen getroffen werden, die ein „möglicherweise" und ein „teils, teils" ausschließen. Sie impliziert darüber hinaus eine Positionsneutralität: Aussagen müssen kontextunabhängig und allgemein für Jede und Jeden Bestand haben.

Intersubjektive Authentizität

Die Forderung nach Authentizität steht damit im Gegensatz zur Praxis historischen Forschens, denn die Aussagen, die Geschichtsschreiberinnen und Geschichtsschreiber zu Papier bringen, sind – wie gezeigt – immer perspektivenabhängig. Sie sind eine Sicht der Dinge, die dadurch Gültigkeit erhält, dass sie in einem Diskurs angezweifelt und verworfen werden kann und im Idealfall durch diesen in Fachwissenschaft wie Öffentlichkeit geführten Diskus akzeptiert und bestätigt werden. Genau dieses meint SCHILLING, wenn er von „intersubjektiver Authentizität" spricht, worunter er versteht, dass eine „Zuschreibung [...] auf intersubjektiv geteilten Kriterien" basiert [16.2: SCHILLING 2020, 33].

Subjektive Authentizität

Mit dem Konzept „intersubjektiver Authentizität" – man könnte genauso gut von „intersubjektiver Tatsächlichkeit" oder „intersubjektiver Wirklichkeit" sprechen – liefert SCHILLING eine Denkfigur, die es auch in der Geschichtswissenschaft gestattet, von historischen Tatsachen, historischer Wirklichkeit und historiografischer Authentizität zu sprechen. Die Bewertung, dass historische Tatsachen wirklich geschehen sind, dass ein authentisches Bild von ihnen gezeichnet werden kann, beruht auf einer Zuschreibung: Eine bestimmte subjektive Beobachtung wird vom Beobachter mit bestimmten Erfahrungswerten, (Vor-)Wissen und Deutungsmodellen in Einklang gebracht. Die so entstehende „subjektive Authentizität" kann dann im offenen Diskurs geteilt und bestätigt werden, sodass sie zur „intersubjektiven Authentizität" wird, also das umfasst, was allgemein als historische Tatsache und Verständnis historischer Wirklichkeit verstanden wird.

Kehren wir vor diesem Hintergrund zu unserer Frage zurück: Ersetzen die Benutzung einer allgemein anerkannten Methodologie und die Berufung auf Quellen die Autoritäten der älteren Geschichtsschreibung vollständig oder gibt es weiterhin Mechanismen der Erzeugung von Objektivitätsansprüchen, die jenseits von Methode und historischem Material liegen?

Dass diese Frage nicht mit einem einfachen Ja! zu beantworten ist, mögen schon die Ausführungen über Hayden Whites Untersuchungen zu Formen und Aussagen von Historiografie nahelegen. Historikerinnen und Historiker bedienen sich bewusst und unbewusst bestimmter rhetorischer Strategien, um den Eindruck von Wirklichkeit und Tatsächlichkeit des von ihnen Dargestellten hervorzubringen. Das, worüber man viel weiß und was quellenmäßig gut belegt ist, wird in den Vordergrund gestellt; jenes, was unklarer und weniger ergründet ist, soll im Analogieschluss „mit-authentifiziert" werden. Die Geschichtsschreibung verwendet nahezu alle rhetorischen Figuren: auf Bestimmtes bezogene Erkenntnisse werden verallgemeinert; es wird sich auf Positionen (Autoritäten) bezogen, die als allgemein anerkannt gelten (etwa andere geltende Deutungen bestimmter Geschehnisse); bestimmte Dinge werden herangezogen, auch wenn sie dem Argumentationsgang wenig dienen, andere dafür außer Acht gelassen, weil sie der Klarheit des Ergebnisses widersprechen würden und so weiter.

All diese Dinge kann man als unwissenschaftlich kritisieren, wenn sie ein bestimmtes Maß übersteigen und der Eindruck entsteht, dass Ergebnisse manipuliert worden sind. Da Historikerinnen und Historiker aber grundsätzlich an den Gebrauch von Sprache gebunden sind, können sie deren rhetorische Figuren auch nicht umgehen, selbst wenn sie dies wollten [16.2: Geertz 1988, 129–149]. Verstärkend kommt hinzu, darauf hat vor allem Jan Assmann (1938–2024) hingewiesen, dass Historiografinnen und Historiografen in kulturellen Traditionen stehen. Sie deuten ihr Material mit bestimmten Denkfiguren und Denkformen, die zum Teil schon Jahrtausende alt sind [16.2: J. Assmann 1992, 31–34]. Basale Deutungsschemata wie „Freund–Feind" oder „fremd–vertraut" werden bewusst oder unbewusst abgerufen, nicht zuletzt auch, weil sie als Allgemeingut Anschlussfähigkeit versprechen.

Eine „Rhetorik der Historiografie" zu verfassen, wäre ein reizvolles Projekt. Bislang gibt es in keinem nennenswerten Maße Untersuchungen zu einer Rhetorik, der sich Historikerinnen und Historiker bedienen – sieht man einmal von Whites literaturwissenschaftlichen Ausführungen, von allgemeinkulturellen Ansätzen wie denen Assmanns oder von soziologischen Studien wie denen zu Deutungsmustern etwa bei Alfred Schütz (1899–1959) und Talcott Parsons (1902–1979) ab. Der Grund hierfür ist sicher in der grundsätzlichen Abwehrhaltung zu sehen, die viele Historikerinnen und

Strategien der Authentizitätserzeugung

Rhetorik der Historiografie

Historiker gegenüber WHITE gezeigt haben: Geschichtswissenschaft gründet auf dem Glauben an die Tatsächlichkeit des Geschichtlichen und auf der Hoffnung, diese möglichst objektiv abbilden zu können [16.2: MEGILL 2007, 107–124; 16.2: PARAVICINI 2010, 13–28]. Daran haben auch konstruktivistische Ansätze nichts ändern können. Provokant könnte man formulieren: Hinsichtlich der Einsicht in die (Re-)Konstruktion ihrer Erkenntnisse kommen auch heutige Historikerinnen und Historiker kaum über die Positionen Droysens aus der Mitte des 19. Jahrhunderts hinaus.

Autoritäten

Noch ein anderer Punkt verdient Beachtung, wenn man sich mit der Glaubwürdigkeit von Geschichtsschreibung beschäftigt. Es war oben gesagt worden, dass die Historienschreibung im vorwissenschaftlichen Zeitalter ihre „Wahrheiten" vor allem darauf gründete, sich auf Autoritäten zu berufen. Dies konnten Schriften sein – allen voran die Bibel –, aber auch Personen, die als besonders glaubwürdig galten, so etwa die Historiker der Antike oder Personen, die qua Amt beziehungsweise durch ihren hohen sozialen Status (z. B. hohe kirchliche Würdenträger) oder aufgrund eines bestimmten zugeschriebenen Rufs (z. B. der Heiligkeit) oder aufgrund ihres herausragenden Wissens und ihrer Fähigkeiten (z. B. die Kirchenlehrer) akzeptierte „Wahrheiten" verkündeten. Die Berufung auf diese Autoritäten wurde in der modernen Geschichtswissenschaft um den Bezug auf Quellen und den Gebrauch von Methoden zur Erkenntnisfindung erweitert.

Eine gewisse Sonderstellung nehmen dabei die Persönlichkeiten ein, denen aufgrund ihres Wissens, ihrer Fähigkeiten oder ihres sozialen Status Autorität für die in Historiografie präsentierten Geschichtsbilder zugemessen wird. Auch moderne Geschichtsschreibung erhält nämlich nicht in geringem Maße dadurch erhöhte Glaubwürdigkeit, dass sie von solchen Persönlichkeiten verfasst wird. Es macht – wiederum als bewusst oder unbewusst vollzogene Bewertung – einen Unterschied, ob ein Geschichtswerk von einer renommierten Akademikerin oder einem Akademiker geschrieben wurde, denen man hervorragende Forschungskompetenz zutraut, oder von *No-Names*. Es macht einen weiteren Unterschied, ob ein Autor oder eine Autorin über ihr Fachgebiet publiziert oder über „irgend etwas".

Akademische Mandarine

Die Auseinandersetzung zwischen Fachleuten und so genannten Laien bestimmte gerade die Gründungsphase moderner Geschichtswissenschaft im 19. Jahrhundert. In dem Maße, in dem sich

Geschichtswissenschaft als akademische Disziplin etablierte, schlossen sich Historiker – und dies waren lange Zeit ausschließlich Männer – als „akademische Mandarine", so der deutsch-US-amerikanische Historiker Fritz K. Ringer (1934–2006) in *The Decline of the German Mandarins. The German Academic Community 1890–1933* (1969), gegenüber Nicht-Akademikern ab. Zählten Laienhistoriker, Lehrer und andere Pädagogen, Publizisten etc. zu Beginn des Verfachlichungsprozesses der Geschichte als Wissenschaft noch eine gewichtige Rolle für dessen Fortschreiten, so wurden sie – wie in Kapitel 12.2 gezeigt – gegen Ende des 19. Jahrhunderts zunehmend ausgegrenzt. Dieser Separations- und Exklusionsprozess markierte nicht nur intellektuelle, sondern vor allem soziale Distinktionen und Hierarchien. Im Kern ging es in ihm um Deutungshoheit: Wer sollte und durfte Geschichtsbilder prägen?

Dieser Streit wurde zumindest in der westlichen Welt zwar nach der Öffnung der Universitäten in der Zeit nach dem Zweiten Weltkrieg für breitere Bevölkerungskreise vermindert. Nun schlugen auch aus Nicht-Akademikerkreisen stammende Menschen akademische Laufbahnen ein, und zeitgleich wurde in gewissem Maße (renommierten) Publizisten die Teilhabe am fachwissenschaftlichen oder öffentlichen Diskurs eingeräumt. Gleichwohl besteht bis heute ein gewisser Hiatus zwischen Koryphäen einerseits und unbekannteren, weniger renommierten Historikerinnen und Historikern andererseits. Zudem dürften immer noch überkommene Geschlechterbilder in der weiterhin von Männern dominierten Geschichtswissenschaft eine Rolle spielen: Wer heute das Buch eines *Distinguished Professor* der Universität Oxford oder Cambridge zur Hand nimmt, muss sich sicherlich in ganz anderem Maß von (Vor-)Urteilen befreien, die dessen Buch vor der Lektüre bereits Autorität zumessen, als jener, der eine Dissertation einer ihm unbekannten Historikerin zu lesen beginnt.

Moderne Geschichtswissenschaft erhält also auch ein Quantum Autorität über den Status ihrer Verfasserin und ihres Verfassers. Das ist so wie in vormoderner Zeit, allerdings mit einem entscheidenden Unterschied: Während es früher verboten oder zumindest anstößig war, die Lehrmeinung von Koryphäen infrage zu stellen, gehört dies heute zu einer von jeder Leserin und jedem Leser erwarteten kritischen Haltung dazu. So können etwa auch Nachwuchswissenschaftlerinnen und -wissenschaftler viel offener die Leistungen ihrer Lehrer und Vorbilder hinterfragen, ohne soziale

Möglichkeit der kritischen Auseinandersetzung

Restriktionen fürchten zu müssen, wie dies noch vor einigen Jahrzehnten der Fall war.

Geschichtswissenschaftliche Diskurse finden in einer größeren Öffentlichkeit als jener an Universitäten statt und sind viel stärker in der Meinungsäußerung freiheitlich geprägt [13.2: GROßE KRACHT 2005, 11–15]. Der Diskurs, in dem über Erkenntnisse gestritten wird, ist pluraler geworden, und die Möglichkeiten, über Leistung in ihm Anerkennung als Autorität zu gewinnen, sind gestiegen. Die Überzeugungskraft von Geschichtsschreibung ist daher nicht frei von der Autorität der Verfasserschaft, was immer bei kritischem Umgang mit Erkenntnissen zu berücksichtigen bleibt, aber der Autoritätsgewinn ist stärker als je zuvor von sozialen Voraussetzungen entkoppelt und an wissenschaftliche Leistung rückgebunden.

4 Geschichtsschreibung in einer globalisierten Welt

Chancen und Grenzen von Globalgeschichte

Der im ersten Teil dieses Buchs unternommene Versuch, Formen von Historiografie von den Anfängen bis heute in unterschiedlichen Kulturkreisen aufzuzeigen, stellt ein Stück globaler Universalgeschichte dar, dessen Ziel es ist zu zeigen, was Geschichtsschreibung immer schon gewesen ist. Auf die Vorteile aber auch Nachteile dieses Vorgehens wurde eingangs bereits hingewiesen. Gleichwohl lohnt es sich, der Tendenz zur Globalisierung von Untersuchungsgegenständen noch einmal genauer nachzugehen, die seit einigen Jahren nicht nur in der Geschichtswissenschaft Konjunktur hat. Wie, so muss man mit besonderem Interesse für die Geschichte der Geschichtsschreibung fragen, kann sinnvoll globale Universalgeschichte betrieben werden, wo liegen ihre Chancen, wo stößt sie an ihre Grenzen?

Dominanz westlicher Geschichtsentwürfe

Nun ist der Blick auf die ganze Welt von den frühesten Zeiten an nichts Neues. Seit Beginn der Historiografie sind zahlreiche Weltgeschichten entstanden; in der vormodernen Zeit zählten sie sogar zu einem bevorzugten Genre. Allerdings gerieten Weltgeschichten während des 20. Jahrhunderts besonders in den Industriestaaten zunehmend in die Kritik, unter anderem weil sie die Entwicklung der westlichen Welt – so ein zentraler Vorwurf – in das Zentrum der Darstellung setzten (*The West and the Rest*) und einen westlichen Blick auf die Kulturen dieser Welt warfen. Weltgeschichtsschreibung geriet damit unter den Verdacht, Kulturimperialismus zu betreiben: Auf der einen Seite stünde die Erfolgsgeschichte der westlichen Welt mit ihrer wirtschaftlichen, politischen, aber auch bildungs- und kulturgeschichtlichen Dominanz, auf der anderen Seite die übrigen Kulturen, die dem Westen gegenüber immer als defizitär oder zumindest als „verspätet" erschienen. Die leistungsfähige Moderne der Einen würde so mit der hinterher hinkenden „verspäteten" Moderne der Anderen kontrastiert und zugleich ein erwarteter Weg der Anderen unterstellt. Mit letzterem verbunden ist die ältere Vorstellung einer „Dritten Welt", die inzwischen von nicht minder vorurteilsbehafteten Konzepten von „Entwicklungsländern", die einen weiten Abstand zum „Standard" der westlichen Welt haben, und „Schwellenländern", die schon fast diesen Standard erreicht haben – mit dem Unterton: wenn sie sich nur daran orientieren und „aufzuholen" versuchen – abgelöst wurde [17: Dinkel 2014].

Diese Vorwürfe sind zwar zunächst immer sehr pauschal, aber im Kern kaum zu ignorieren, denn Kulturvergleiche sind selten neutral. Historiografie, die international vergleichend betrieben wird, kann darum kaum wertefrei sein. So wurden Ansätze entwickelt, die dieses Lemma beheben sollten. Einer davon war die *histoire croisée*, die vor allem von Bénédicte Zimmermann (*1965) und Michael Werner (*1946) in Paris theoretisch begründet wurde [17: Werner/Zimmermann 2002, 607–636]. Diese Form der Verflechtungsgeschichte versucht im Sinne der Neuen Kulturgeschichte, gegenseitige Einflussnahmen in den Blick zu nehmen, also etwa zu betrachten, wie das deutsche Bildungssystem in Japan rezipiert oder wie in mittelamerikanischen Staaten US-amerikanischer Lebensstil kopiert wurde. Der *histoire croisée* geht es also weniger darum zu zeigen, wie bestimmte Entwicklungen weltweit „tatsächlich" stattgefunden haben, sondern Bilder vom jeweils Anderen zu entwerfen, in denen Anknüpfungs- wie Unterscheidungspunkte aufscheinen.

Histoire croisée

Eine Globalgeschichte der Historiografie müsste also die Sicht eines bestimmten Kulturkreises auf einen anderen oder mehrere andere darstellen und Rezeptionswege nachvollziehen. Diese Darstellung eines netzartigen Austauschs ist im Rahmen einer konventionellen Monografie aber kaum machbar, setzt sie doch, wie eingangs erläutert, enormes spezielles Wissen, Sprachkenntnisse und die Möglichkeit (und den Willen) voraus, die Perspektive des Anderen einzunehmen.

Eine weitere Form der Globalgeschichte ist die transnationale Geschichte. Das Charakteristikum dieser vor allem im Rahmen der

Transnationale Geschichte

aufkommenden Sozialgeschichte seit den 1960er und 1970er Jahren betriebenen geschichtswissenschaftlichen Zugangsweise ist die Aufgabe von „Nation" oder „Staat" als leitendem Bezugsrahmen. Dem gegenüber rückt wie bei der *histoire croisée* der Austausch zwischen Gesellschaften und Gruppen in den Vordergrund, wobei das Hauptgewicht auf die Auswirkungen von nations- und staatsübergreifenden Prozessen auf die beteiligten Nationen und Staaten gelegt wird. Im Sinne einer transnationalen Geschichtsschreibung könnte man etwa die weltweite Zunahme der Digitalisierung in den Blick nehmen, um dann zu schauen, welche Folgen dieser globale Prozess im Einzelnen jeweils hatte [17: Gassert 2012].

Post Colonial Studies

Als dezidiert anti-imperialistische Form der Globalgeschichte entstanden die *Post Colonial Studies*. In ihrem Zentrum steht die Emanzipation der ehemals westlich dominierten Nationen und Staaten, die im 20. Jahrhundert einsetzte und besonders nach 1945 an Dynamik gewann. Anstelle des westlichen Blicks auf die ehemaligen Kolonien solle nun eine Eigensicht treten, die die kulturellen Traditionen der Kulturen stärker berücksichtigt und eigenständig gegenüber westlicher Bevormundung Bilder der Gesellschaften und ihrer Kulturen entwerfe. Dabei sollen stereotype westliche Deutungsmuster überwunden werden, wie das epochemachende Werk *Orientalism* (1978) des US-Literaturwissenschaftlers mit palästinensischen Wurzeln, Edward Said (1935–2003), vorgezeichnet hat, das das Bild des „aufgeklärten" Westens von „mysteriösen" oder rückständigen Kulturen des Nahen Ostens und der arabischen Welt kritisch hinterfragte [17: Lindner 2011].

Dichotomien in der Globalgeschichte

Alle diese Formen von Globalgeschichte eint, dass sie auf Dichotomien, also Gegensatzpaaren, beruhen: das Eigene versus das Andere, das Fortschrittlichere versus das Rückständigere, das Bekannte/Vertraute versus das Fremde/Unvertraute und so weiter. Eine nicht dichotomisierende oder nicht-vergleichende Globalgeschichte ist kaum denkbar, und das betrifft auch die Globalgeschichte der Historiografie. Schaut man sich die vorliegenden Werke an, so sind sie bei besten Vorsätzen von Denkfiguren durchzogen, zum Beispiel: „Während in dem einen Kulturkreis schon diese oder jene Form der historischen Arbeit bekannt war, setzte sie sich in einem anderen Kulturkreis erst später durch" oder: „Während in den freiheitlich geprägten Gesellschaften in einer bestimmten Region bereits eine kritische Auseinandersetzung mit etwas möglich war,

war diese in anderen autoritärer geprägten Staaten und Nationen noch nicht möglich".

Auch in diesem Band sind zahlreiche solcher Feststellungen einer Ungleichzeitigkeit des Gleichzeitigen anzutreffen, die Wertungen beinhalten, welche stets kritisch betrachtet werden müssen. So erscheint etwa die Entwicklung in nicht-westlichen Ländern ab einem bestimmten Zeitpunkt in der Moderne – meist seit der Mitte des 19. Jahrhunderts – von einer Übernahme oder einer Imitation „vorheriger" westlicher „Standards" geprägt.

Ungleichzeitigkeit des Gleichzeitigen

Um diesem Eindruck entgegen zu steuern, wurde die Denkfigur der *Early Modernities* ins Feld geführt, mit der multiple Modernisierungspfade geltend zu machen gesucht wurden. Kurz gesagt konstatiert die Rede von den *Early Modernities* in der Epoche der Frühen Neuzeit in allen Kulturen der Welt feststellbare Prozesse der Modernisierung. Diese zum Teil sehr unterschiedlichen Prozesse seien in der Phase des Imperialismus in einem einzigen Prozess der Modernisierung (nach westlichen Begriffen) zusammengeführt worden [17: CONRAD 2013, 174–192].

Early Modernities

Was aber nutzt diese Denkfigur – außer ihrem Effekt, die Vorstellung einer Westernisierung kritisch zu hinterfragen – bei einer Einschätzung des Stands moderner Geschichtswissenschaft in den Kulturen weltweit? Denn Geschichtsdenken – ganz gleich, wie es in den unterschiedlichen Kulturen auf unterschiedliche Weise in der Vormoderne ausgeprägt war – findet heute immer im globalen, internationalen Rahmen statt. Die Geschichtswissenschaft folgt dabei aber nicht einer in globalem, internationalem Rahmen formulierten Methodologie und Erkenntnistheorie, sondern einem Weg, den die „moderne" Wissenschaft in Westeuropa – allen voran in Deutschland – und den USA seit dem 18. Jahrhundert eingeschlagen hat. Dazu gehört auch, dass das Ausbildungs- und Bildungssystem in nicht-westlichen Kulturen dem westlichen Vorbild angepasst wurde. Überspitzt könnte man sagen: Historikerinnen und Historiker aus nicht-westlichen Staaten erhalten erst dann im globalen Rahmen eine Stimme, wenn diese zuvor verwestlicht wurde. Und das heißt konkret, dass sie sich in der Regel des Englischen als *Lingua Franca* bedient, also eine Übersetzungsleistung voraussetzt. Aus diesem Grunde muss man fragen, was man tun kann, um Stereotype und Urteile zu vermeiden, zu reduzieren oder zumindest als solche kenntlich zu machen, die durch die Denkfigur einer Ungleichzeitigkeit des Gleichzeitigen verursacht sind?

Man spricht Englisch in der Geschichtswissenschaft

A Global History of Modern Historiography

Die Antwort darauf fällt nicht leicht. Als einen Vorschlag dazu kann man das von dem Ideenhistoriker GEORG G. IGGERS (1926–2017) initiierte Projekt einer globalgeschichtlichen Historiografiegeschichte sehen. Der 2008 erschienene Band *A Global History of Modern Historiography* ist eine Gemeinschaftsarbeit des jüdischen Deutsch-Amerikaners IGGERS mit dem ursprünglich aus China stammenden Q. EDWARD WANG (*1958) und der indischstämmigen SUPRIYA MUKHERJEE. In seinen insgesamt acht Kapiteln nehmen die Autoren im Sinne transnationaler Geschichtsbetrachtung die Entwicklung der Historiografiegeschichte vom 18. Jahrhundert bis zur Gegenwart in drei Kulturkreisen – der westlichen Welt, dem Mittleren Osten und Indien sowie Ostasien – in chronologischer Folge in den Blick.

Der „große Blick" der Globalgeschichte

An dem Werk kritisieren lässt sich zunächst, dass große Teile der Welt – darunter das gesamte Südamerika und Afrika – außerhalb der Untersuchung bleiben. Allerdings ist diese Kritik lässlich, da zumindest drei große Kulturkreise globalgeschichtlich einbezogen sind. Desweiteren erscheint es schwierig, dass diese Kulturkreise so groß gefasst sind, bestehen doch etwa im 19. Jahrhundert deutliche Unterschiede zwischen den Auffassungen über Geschichtsschreibung in Frankreich, Deutschland oder den USA; ähnliches lässt sich für den „Kulturkreis Ostasien" behaupten. Dies verweist auf ein generelles Problem der Globalgeschichte der Historiografie: Der „große Blick" auf das Ganze führt zu Pauschalisierungen und Unschärfen in der Binnenstruktur. Es muss erst eine westliche oder eine ostasiatische Welt bei weitgehender Nivellierung aller inneren Kulturunterschiede konstruiert werden, um dann Entwicklungen und Unterschiede aufzeigen zu können.

Indigenes Wissen?

Letztlich bleibt noch ein weiterer Vorbehalt, den man gegenüber dem Iggerschen Werk wie auch gegenüber der Globalgeschichte der Historiografie generell äußern kann. Es ist kein Zufall, dass IGGERS, der selbst kein Indisch und Chinesisch sprach und in Deutschland beziehungsweise in den USA sozialisiert und ausgebildet wurde, sich Ko-Autoren suchte, die über „indigenes" Wissen über Indien und Ostasien verfügen. Inwiefern ist aber MUKHERJEES und WANGS Perspektive indigen? Sicherlich haben Beide den Vorteil, Quellen im Original rezipieren zu können und also anders als viele westliche Historiker nicht auf das angewiesen zu sein, was in ihnen verständlichen Sprachen vorliegt beziehungsweise auf Sekundärliteratur, die diese Quellen ausgewertet hat.

Aber provokativ gefragt: Inwieweit repräsentieren Historikerinnen und Historiker aus nicht-westlichen Kulturen deren spezifische, historische Sichtweise? So hat HILARY PERRATON (1934–2021) in seinen umfassenden Studien zum Kulturtransfer im internationalen Studiensystem zeigen können, dass im Jahr 2010 knapp 700.000 Studierende in den USA (3,4 % aller Studierenden dort) für ihr Studium aus dem Ausland gekommen waren. Die große Mehrheit davon (70 %) stammte aus Asien, gefolgt von 15 % aus anderen amerikanischen Staaten, 10 % aus Europa und 5 % aus Afrika [17: PERRATON 2020, 176].

Kulturtransfer

1950	1960	1970	1980	1990	2000	2010	2020
Canada	Canada	Canada	Iran	China	China	China	China
4.498	6.058	12.595	47.550	39.600	59.939	157.558	317.299
China	China	India	Taiwan	Japan	India	India	India
3.549	5.304	12.523	19.460	36.610	54.664	103.895	167.582
Germany	India	Taiwan	Nigeria	Taiwan	Japan	South Korea	South Korea
1.264	4.835	9.219	17.350	33.530	46.497	73.351	39.491
India	Iran	Hong Kong	Canada	India	South Korea	Canada	Canada
1.136	2.880	9.040	14.320	28.860	45.685	27.546	25.143
UK	Japan	Iran	Japan	South Korea	Taiwan	Taiwan	Vietnam
874	2.434	6.402	13.500	23.360	28.566	24.818	21.631

Abb. 12: Häufigste Herkunftsländer ausländischer Studierender in den USA, 1950–2020, in: [17: PERRATON 2014, 207; ergänzt um das – wegen der Corona-Epidemie außergewöhnliche – Jahr 2020 nach IIE Open doors, various dates].

Etwa 390.000 Studierende aus anderen Ländern (zumeist aus China, Indien und Süd-Korea) gingen 2010 nach Großbritannien, 270.000 nach Australien, 260.000 nach Frankreich und 200.000 nach Deutschland, viele davon gefördert durch internationale Austausch- und Förderprogramme.

Ähnliches hatte PERRATON zuvor bereits für die Staaten des Commonwealth aufzeigen können, in denen die gezielte Förderung des Auslandsstudiums zu einem Kulturaustausch geführt hat, bei dem besonders Studierende aus den weniger industrialisierten Staaten des Commonwealth in Großbritannien und anderen höher industrialisierten „westlichen" Staaten mit dem „westlichen" Studiensystem und dessen Inhalten vertraut gemacht wurden. Sofern sie ihre Abschlüsse im Gastgeberland ablegten oder dort sogar promoviert wurden, darf man davon ausgehen, dass diese Studierenden ihre wissenschaftliche Laufbahn in den westlichen Staaten fortsetzten oder nach einer Rückkehr in ihre Heimatländer dort aufgrund ihrer besonderen Qualifikation führende Positionen erlangten.

		1950	1960	1970	1980	1990	2000	2010
UK	foreign	8,242	12,410	24,606	56,003	80,183	222,936	389,958
	%	8	10	n/a	n/a	n/a	n/a	n/a
France	foreign	13,510	27,132	34,900	114,181	136,015	137,085	259,935
	%	10	13	5	10	8	7	12
Germany (W)	foreign	2,114	21,701	27,769	61,841	107,005}	187,033	200,862
	%	2	7	6	5	6}}		
Germany (E)	foreign	n/a	829	3,350	7,106	13,343}	n/a	n/a
	%		1	3	2	n/a}		
USA	foreign	29,813	53,107	144,708	311,882	407,529	475,169	684,714
	%	1	1	2	3	3	4	3
USSR/Russia	foreign	5,900	13,500	17,400	62,942	66,806	41,210	129,690
	%	< 1	n/a	< 1	n/a	1	1	n/a
Australia	foreign	339	4,991	7,525	8,777	28,993	105,764	271,231
	%	1	6	4	3	6	13	21
Switzerland	foreign	4,177	6,987	9,469	14,716	22,621	26,003	38,195
	%	25	33	22	17	16	17	15
China	foreign	n/a	n/a	n/a	1,381	8,495	n/a	71,673
	%				n/a	n/a		n/a

Abb. 13: Zahl ausländischer Studierender im Höheren Bildungswesen im Vereinigten Königreich, in Frankreich, der Bundesrepublik, der DDR, den USA, der UdSSR/Russland, Australien, der Schweiz und China, 1950–2010, in: [17: Perraton 2014, 206].

Der Faktor „westliche Bildung"

Um im Beispiel des Iggerschen Werks zu bleiben: Supriya Mukherjee erhielt ihre akademische Ausbildung in der USA und wurde bei Georg Iggers zur Ph. D. promoviert. Sie leitete seitdem Veranstaltungen zur Asiatischen Geschichte der Neuzeit und zur Modernen Weltgeschichte an der University of Manitoba in Kanada. Q. Edward Wang wuchs in China auf, studierte dann aber an der Rowan University in Glassboro (USA), wo er heute eine Professur innehat; er ist zudem Changjiang Professor of History an der Beijing University. Für Mukherjee und Wang wie auch für viele andere Autorinnen und Autoren, die zur Globalgeschichte der Historiografie veröffentlicht haben, lässt sich feststellen, dass sie zwar aus nicht-westlichen Kulturen stammen oder dort ihre Wurzeln haben, akademisch aber durchaus „westlich" sozialisiert sind: Sie veröffentlichen in westlichen Sprachen – meist in Englisch – und sind Teil eines westlichen Wissenschaftsbetriebs. Selbst wenn sie in anderen Sprachen lehren und arbeiten, tun sie dies häufig an Kulturinstitutionen, die westlichen Vorbildern gefolgt sind beziehungsweise an denen sich ein Wissenschaftsbetrieb nach westlichem Vorbild etabliert hat.

Wie die vorliegende Arbeit gezeigt hat, ist die „westliche Prägung" der Historiografie kein Phänomen, das sich erst in einer Zeit zunehmender De-Kolonialisierung und Globalisierung nach 1945 feststellen lässt, sondern sie setzte ein Jahrhundert zuvor ein. Dies gilt auch für andere Kulturen: Der als „Vater der brasilianischen Geschichtsschreibung" bekannt gewordene FRANCISCO ADOLFO DE VARNHAGEN (1816–1878) war der Sohn eines deutschen Ingenieurs und folgte der Methodologie RANKES. YORO DYAO (um 1847–1919) war in Senegambia Absolvent der französischen *École des Otages* und schrieb seine Geschichte der ethnischen Gruppe der Wolof in französischer Sprache.

Westliche Prägung der Geschichtsschreiber

Feststellbar ist die „westliche Prägung" aber auch für weniger ferne Kulturen, denen nicht selten ebenfalls eine gegenüber dem Westen „rückständige Position" bescheinigt wird. So lässt sich als Beispiel für einen Wissens- und Wissenschaftstransfer innerhalb Europas der rumänische Historiker MIHAIL KOGĂLNICEANU (1817–1891) nennen, dem eine wichtige Begründungsfunktion für die rumänische Geschichtswissenschaft zukommt. Er studierte in den 1830er Jahren in Berlin Geschichte, lebte unter anderem in Paris und schrieb seine *Histoire de la Valachie et de la Moldavie* (Bd. 1, 1837, Geschichte der Walachei und Moldawiens) in französischer Sprache [B. VALOTA, in: 12.2: MIDDELL u. a. 2001, 151].

Wissenstransfer innerhalb Europas

Nicht-westliche Historikerinnen und Historiker bringen Sprach- und Kulturkenntnisse in den internationalen Diskurs ein, an denen es westlichen Historikerinnen und Historikern oft mangelt. Das ändert aber nichts an der Tatsache, dass dieser internationale Diskurs westlichen Maßstäben folgt. Die Bücher – wie etwa das von IGGERS angestoßene – erscheinen in westlichen Verlagen; die Autorinnen und Autoren folgen westlichen Wissenschaftsmaßstäben und sind häufig am westlich organisierten Universitätsbetrieb ausgerichtet; sie suchen ihr Publikum vorwiegend in der westlichen Welt und veröffentlichen meist nicht in ihrer Muttersprache.

Westliche Maßstäbe

Dabei ist es weniger entscheidend, dass die Autorinnen und Autoren sich des Englischen bedienen, um ihre Forschungen vorzustellen, was möglicherweise ihr Ausdrucksvermögen beschränkt. Wichtiger ist der Umstand, dass Sachverhalte und zentrale Termini übersetzt werden müssen. Das betrifft Begriffe, die in anderen Sprachen überhaupt nicht vorhanden sind, etwa wenn ein chinesischer Leser, der der deutschen Sprache mächtig ist, in diesem Buch über Annalen und Chroniken liest. Noch viel stärker betrifft es Begriffe,

Schwierigkeiten der Übersetzung

die eine unterschiedliche kulturelle Prägung haben. Für historiografische Unternehmen zentrale Ausdrücke wie „Geschichte", „Nation", „Mensch" oder „Zeit" besetzten und besetzen in verschiedenen Sprachen und Kulturen verschiedene semantische Felder. Vereinheitlicht man daher die einzelsprachlichen Diskurse, indem man sie in das Englische überträgt, besteht die große Gefahr, diese spezifische Semantik zu verlieren: Allein schon der Übersetzer aus dem Englischen muss sich entscheiden, in welchen der deutschen Begriffe „Nation", „Staat", „Volk" oder „Land" er das englische *Nation* überträgt. Bei Kulturen, die nicht eine westlichen Staaten vergleichbare Nations- oder Nationalstaatsbildung durchlaufen haben, wird die Übertragung noch schwieriger.

5 Globalgeschichte der Historiografie – Perspektiven und Grenzen. Eine Schlussbemerkung in eigener Sache

Wer – wie es hier unternommen wurde – das Projekt einer Globalgeschichte der Historiografie und der daraus resultierenden Fragen zu realisieren versucht, entwickelt bald Skrupel, seiner Sache gewachsen zu sein. Selbst bei umfangreichstem Wissen auf dem Gebiet, stößt man schnell auf Wissensbereiche, die sich als dunkle Flecken, mitunter gar umfangreiche dunkle Flächen entwickeln. Warum wohl bleibt in diesem Band die Geschichtsschreibung eines ganzen Kontinents – nämlich Afrikas – vollständig ausgeblendet, wenn man von der Entwicklung im Alten Ägypten absieht, die von der abendländischen Tradition vereinnahmt wurde? Warum werden einige Kulturen eingehender, andere eher oberflächlicher behandelt?

Begrenztes Wissen

Wohl kaum eine Wissenshistorikerin oder ein Wissenshistoriker hat dieselben Kenntnisse im Bereich ostasiatischer Geschichtsschreibung wie in antiker oder arabischer Historiografie. Daher steht fast immer eine bestimmte Geschichtskultur im Zentrum des Interesses. In diesem Band ist dies – wie in den meisten anderen – die westliche Geschichtsschreibung mit Schwerpunkt auf den Verfachlichungs- und Verwissenschaftlichungsprozessen, die zur modernen, heute global angewendeten Geschichtswissenschaft führten. Traditionen anderer Kulturen laufen dagegen, auch bei bestem Bemühen, meist nur mit.

Kenntnisse über die Kulturen, die nicht das Zentrum der Darstellung bilden, erhalten Historikerinnen und Historiker einerseits aus Quellen, deren Sprache sie verstehen, und andererseits aus Quellen, die in ihnen verständliche Sprache übersetzt wurden. In letzterem Fall sind sie auf das Verständnis und die Übersetzungsleistung der Übersetzerin oder des Übersetzers angewiesen. Mehr noch als aus den Quellen beziehen die Autorinnen und Autoren ihr Wissen aus zweiter Hand: aus Abhandlungen zu einzelnen Wissensbereichen und aus anderen universalen Historiografiegeschichten. Diese Stücke Sekundärliteratur wurden in der Einleitung als „Halbfertigwaren" bezeichnet, die im Projekt einer globalen Historiografiegeschichte als „Historiografie aus Historiografie" weiter verarbeitet werden.

Historiografie aus Historiografie

Wer eine Globalgeschichte der Historiografie vorlegt, entwickelt ein eigenes Bild aus dem (kritischen) Umgang mit anderen Bildern. Wie bei einem Foto von einem anderen Foto droht dabei die Gefahr der Unschärfe. Die Geschichte als Erzählung von dem, was war, neigt somit dazu, flache, undifferenzierte Darstellungen zu entwerfen. Es bleiben zwei Auswege aus diesem Dilemma:

Das Dilemma einer Globalgeschichte der Historiografie

Zum einen kann man das Projekt einer Globalgeschichte der Historiografie aufgeben und stattdessen Kraft und Arbeit in überschaubarere Studien stecken. Dies ist der Weg des Spezialistentums. Sein Vorteil wäre es, dass Einzelstudien zu historiografischen Epochen oder zur Geschichtsschreibung einzelner Kulturen in dem oben beschriebenen Maße ihre Gültigkeit erhalten, indem ihre Erkenntnisse in Fachwissenschaft und Öffentlichkeit diskutiert und akzeptiert werden. Spezialisten zu verschiedenen einzelnen Themen könnten vergleichend aufeinander Bezug nehmen, sodass zwar am Ende keine monografische Geschichte der Geschichtsschreibung entstünde, gleichwohl aber ein steter Austausch und Vergleich Wissen über die Globalgeschichte der Geschichtsschreibung hervorbringen würde. Genau dies geschieht etwa auf internationalen Tagungen zur Historiografiegeschichte auf gegenseitig befruchtende Weise.

1. Der Weg des Spezialistentums

Zum anderen kann man sich bei allen Untiefen der Herausforderung stellen, an einer globalen Universalgeschichte festzuhalten, wie sie im ersten Teil dieses Buchs mit dem Ziel verfolgt wurde, zu zeigen, was Historiografie immer schon gewesen ist. Hierfür unab-

2. Entwurf von Geschichtsbildern mit expliziter Perspektive

dingbar ist die Voraussetzung, dass nicht die „Wirklichkeit der Historiografie" abgebildet werden kann, sondern letztlich Bilder von unterschiedlichen Zeitstufen und Kulturen entworfen und zur Diskussion gestellt werden. So wurde der Autor dieses Bandes im deutschen Universitätssystem ausgebildet und hat sich schwerpunktmäßig mit der Theorie und der Geschichte der Geschichtsschreibung in Deutschland, vor allem im 19. und 20. Jahrhundert, befasst. Vor diesem Hintergrund hat er sich mit Quellen aus und Darstellungen von anderen historiografischen Kulturen beschäftigt. Seine Sicht auf die Dinge ist also bei aller Offenheit für andere Kulturen eine dezidiert westliche.

Als solche – dies ist nun die Herausforderung an die Rezipienten und Rezipientinnen – muss seine Arbeit gelesen werden. Sie bietet einen Blick „vom Westen" oder gar „von Deutschland" aus auf die Geschichtsschreibung der Welt. Sie zeigt, wo der Autor Traditionen als unterschiedlich oder ähnlich beurteilt hat, wo er Probleme erkennt, die einzelne Traditionen betreffen oder die für alle gleichermaßen entstehen und wo Entwicklungen stattgefunden haben, die er in den Hintergrund seines Wissens über die Kulturgeschichte allgemein eingebunden hat.

Globale Gemeinsamkeiten und kulturelle Ähnlichkeiten

Zu bewerten bleibt vor allem, wo der Autor Gemeinsamkeiten zwischen den von ihm dargestellten Traditionen sieht, wo er „Wesenszüge" von Historiografie ausmacht, die zeiten- und kulturübergreifend Bestand haben, also zu zeigen versucht, was Historiografiegeschichte immer schon gewesen ist.

Zu diesen Einsichten mag erstens etwa zählen, dass das Verfassen von Geschichtsschreibung immer ein Akt politischen Handelns war und ist, bis in die jüngste Zeit immer von Männern dominiert wurde und immer als Hervorbringen von Literatur gesehen werden muss, mit allen damit verbundenen kulturübergreifenden Fragen und Problemen. Zudem stand Geschichtsschreibung bis über die Etablierung der westlich geprägten Geschichtswissenschaft seit der Sattelzeit immer in einem engen Abhängigkeitsverhältnis von herrschenden Gruppen wie auch von Ideologien und religiösen Dogmen bis hin zu Mythen.

Ebenso zeigt sich zweitens, dass das Repertoire historiografischer Genres begrenzt ist: Bestimmte Formen von Historiografie – von der Chronologie über Annalen bis zur Herausbildung einer wissenschaftlich fundierten Geschichtsschreibung – sind in nahezu allen Kulturen anzutreffen.

Drittens ist schließlich deutlich geworden, dass die globale Entwicklung der Historiografie immer auch eine Folge kultureller (Inter-)Dependenzen ist: Für die koreanische und in gewissen Maße japanische Historiografie war die chinesische Geschichtsschreibung lange Vorbild; für die weltweite Geschichtswissenschaft wurde das westliche, besonders das deutsche, Modell einer verfachlichten und verwissenschaftlichen Disziplin mit bestimmten methodischen Standards Vorbild; für Kulturen wie die koreanische, die indische und andere mehr wurde ein anti-kolonialistischer oder anti-imperialistischer Impetus begründend, der mitunter vom Streben nach einer „Nationswerdung" nach westlichem Vorbild geprägt war; für die südamerikanische, in gewissem Sinne auch die indische und für die hier nicht behandelte afrikanische Historiografie ergibt sich ein Bild, nach dem Modelle geschichtsschreiberischer Tätigkeit und überhaupt ein hierfür erforderliches historisches Bewusstsein erst in der Kolonialzeit und von den westlichen „Besatzern" eingeführt wurden.

Geschichtsschreibung und kulturelle (Inter-)Dependenzen

Gleichwohl räumt dies nicht die Kritik aus, dass die vorliegende Historiografiegeschichte, wie Historiografiegeschichten generell, ihren Gegenstand im Sinne von *The West and the Rest* behandelt. Doch genau in dieser Kritik liegt für eine diskursoffene Darstellung, die anzustoßen sich dieser Band wünscht, ein besonderes Potenzial: Wenn historische Erkenntnisse und entworfene Geschichtsbilder ihre Geltung und ihren Tatsächlichkeitsanspruch dadurch erhalten, dass sie in einer fachwissenschaftlich wie öffentlich geführten Diskussion verifiziert, modifiziert oder falsifiziert werden, dann muss immer der Bildnischarakter der Erkenntnis berücksichtigt werden. Nun gibt es keine Bildnisse ohne jemanden, der sie erschaffen, der bestimmte Fähigkeiten und Perspektiven mitgebracht und der bestimmte ausgesprochene oder unausgesprochene Absichten damit verfolgt hat. Das gilt für die Geschichte der Historiografie wie für jede Geschichtsschreibung.

Historiografiegeschichte als Diskussionsgegenstand

Deutet man die Bilder aber als Entwürfe des Eigenen wie des Anderen aus einer spezifischen Sichtweise heraus, dann sagen sie nicht nur Einiges über die Historikerin oder den Historiker, deren wissenschaftliche Sozialisation und deren Arbeitskontext aus, sondern sie helfen im Hinterfragen dieser Position, die eigene Position näher zu bestimmen. Die Auseinandersetzung mit einer universalen, globalen Historiografiegeschichte trägt so zur Reflexion eigener Geschichtsbilder bei. Historiografiegeschichte in diesem Sinne ist also immer auch geschichtswissenschaftliche Theoriebildung. Einen bescheidenen Beitrag hierzu zu leisten, ist das Anliegen des Verfassers dieses Bandes.

III Quellen und Literatur

1 Allgemeines

1.1 Gedruckte Quellen

Anonym, Etwas von der Geschichte [1804], in: St. Jordan (Hrsg.), Schwellenzeittexte. Quellen zur deutschsprachigen Geschichtstheorie in der ersten Hälfte des 19. Jahrhundert. Waltrop 1999, 30–32.
Aristoteles, Poetik. Griechisch/Deutsch, hrsg. v. M. Fuhrmann. Stuttgart 1982.
C. D. Beck, Ueber die Fortschritte der Wissenschaften [1829], in: St. Jordan (Hrsg.), Schwellenzeittexte. Quellen zur deutschsprachigen Geschichtstheorie in der ersten Hälfte des 19. Jahrhundert. Waltrop 1999, 123–128.
E. Bernheim, Lehrbuch der Historischen Methode und der Geschichtsphilosophie. 5. und 6. Aufl. Leipzig 1908.
J. Burckhardt, Über das Studium der Geschichte. Der Text der „Weltgeschichtlichen Betrachtungen" auf Grund der Vorarbeiten von E. Ziegler nach den Handschriften hrsg. v. P. Ganz. München 1982.
F. Braudel, La longue durée, in: Annales. Économies, Sociétés, Civilisations 13,4 (1958), 725–753.
M. T. Cicero, De oratore/Über den Redner, hrsg. v. H. Merklin. 2. Aufl. Stuttgart 1991.
M. T. Cicero, De legibus/Paradoxa stoicorum. Über die Gesetze/Stoische Paradoxien, hrsg, übersetzt und erläutert von R. Nickel. 3. Aufl. München/Zürich 2004.
J. G. Droysen, Historik. Rekonstruktion der ersten vollständigen Fassung der Vorlesungen (1857), Grundriß der Historik in der ersten handschriftlichen (1857/58) und in der letzten gedruckten Fassung (1882), hrsg. v. P. Leyh. Stuttgart-Bad Cannstatt 1977.
J. W. Goethe, Faust. Der Tragödie erster Teil. Tübingen 1808.
G. W. F. Hegel, Vorlesungen über die Philosophie der Weltgeschichte. Bd. 1: Die Vernunft in der Geschichte, hrsg. v. J. Hoffmeister. Hamburg 1955.
Herodot, Historien. 1. Buch, hrsg. v. K. Brodersen. Stuttgart 2002.
W. v. Humboldt, Betrachtungen über die bewegenden Ursachen in der Weltgeschichte, in: ders., Studienausgabe. Bd. 2, hrsg. v. K. Müller-Vollmer. Frankfurt am Main 1971, 284–289.
W. v. Humboldt, Über die Aufgabe des Geschichtschreibers, in: ders., Studienausgabe. Bd. 2, hrsg. v. K. Müller-Vollmer. Frankfurt am Main 1971, 289–304.
I. Kant, Idee zu einer allgemeinen Geschichte in weltbürgerlicher Absicht, in: ders., Schriften zur Anthropologie, Geschichtsphilosophie, Politik und Pädagogik 1, hrsg. v. W. Weischedel. Frankfurt am Main 1977, 31–50.
N. Machiavelli, Discorsi. Gedanken über Politik und Staatsführung, übersetzt, erläutert und eingeleitet von R. Zorn. Stuttgart 1977.
N. Machiavelli, Der Fürst, übersetzt von F. von Oppeln-Bronikowski. Frankfurt am Main 1990.
K. Marx, Das Kapital. Kritik der politischen Ökonomie. Erster Band, 1872. MEGA II/6.

K. Marx, Vorwort zur Kritik der politischen Ökonomie, in: ders./F. Engels, Werke (MEW). Bd. 13. Berlin 1961, 7–11.
B. G. Niebuhr, Einleitung zu den Vorlesungen über die Römische Geschichte [1810], in: St. Jordan (Hrsg.), Schwellenzeittexte. Quellen zur deutschsprachigen Geschichtstheorie in der ersten Hälfte des 19. Jahrhundert. Waltrop 1999, 62–64.
L. Ranke, Vorrede zu den Geschichten der romanischen und germanischen Völker. Berlin 1824.
L. Ranke, Englische Geschichte vornehmlich im siebzehnten Jahrhundert. Bd. 2 (Sämmtliche Werke, Bd. XV). 3. Aufl. Leipzig 1870.
F. Rehm, Lehrbuch der historischen Propädeutik und Grundriss der allgemeinen Geschichte. Marburg 1830, neu hrsg. und eingeleitet von H. Schleier und D. Fleischer. Waltrop 1994.
F. Rühs, Entwurf einer Propädeutik des historischen Studiums. Berlin 1811, neu hrsg. und eingeleitet von H. Schleier und D. Fleischer. Waltrop 1997.
F. Schiller, Was heißt und zu welchem Ende studiert man Universalgeschichte?, in: Der Teutsche Merkur 4 (1789), 105–135.
A. L. Schlözer, Vorstellung seiner Universal-Historie (1772/73), neu hrsg., eingeleitet und kommentiert von H. W. Blanke. Waltrop 1997.
Thukydides, Der Peloponnesische Krieg, übersetzt und hrsg. v. H. Vretska und W. Rinner. Stuttgart 2000.
F. W. Tittmann, Ueber Erkenntniß und Kunst in der Geschichte, neu hrsg. und eingeleitet von H. Schleier und D. Fleischer. Waltrop 1999.
F. J. Turner, The Significance of the Frontier in American History. Washington 1894.
W. Wachsmuth, Entwurf einer Theorie der Geschichte. Halle 1820, neu hrsg. und eingeleitet von H. Schleier und D. Fleischer. Waltrop 1992.
G. Waitz, Falsche Richtungen, in: Historische Zeitschrift 1 (1859), 17–28.
St. Zweig, Marie Antoinette. Bildnis eines mittleren Charakters. Leipzig 1932.

1.2 Quellensammlungen

M. Asendorf (Hrsg.), Aus der Aufklärung in die permanente Restauration. Geschichtswissenschaft in Deutschland. Hamburg 1974.
H. W. Blanke/D. Fleischer (Hrsg.), Theoretiker der deutschen Aufklärungshistorie. 2 Bde. Stuttgart-Bad Cannstatt 1990.
M. Brenner u. a. (Hrsg.), Jüdische Geschichte lesen. Texte der jüdischen Geschichtsschreibung im 19. und 20. Jahrhundert. München 2003.
L. Breyer u. a. (Hrsg.), Byzantinische Geschichtsschreiber. 19 Bde. Graz/Wien/Köln 1954–1995.
R. M. Burns/H. Rayment-Pickard (Hrsg.), Philosophies of History. From Enlightenment to Post-Modernity. Oxford 2000.
T. J. Cornell (Hrsg.), The Fragments of the Roman Historians. 3 Bde. Oxford/New York 2013.
W. Hardtwig (Hrsg.), Über das Studium der Geschichte. München 1990.
C. Hoefferle (Hrsg.), The Essential Historiography Reader. Saddle River 2011.

Fragmente der griechischen Historiker, begründet von Felix Jacoby. Bislang 4 Teile in 19 Bdn. und einem Registerband. Berlin seit 1923.
St. Jordan (Hrsg.), Schwellenzeittexte. Quellen zur deutschsprachigen Geschichtstheorie in der ersten Hälfte des 19. Jahrhundert. Waltrop 1999.
E. Kessler (Hrsg.), Theoretiker humanistischer Geschichtsschreibung. Nachdruck exemplarischer Texte aus dem 16. Jahrhundert. München 1971.
K.-H. Lembeck (Hrsg.), Geschichtsphilosophie. Freiburg im Breisgau/München 2000.
S.-A. Leterrier, Le XIXe siècle historien. Anthologie raisonnée. Paris 1997.
M. Middell/St. Sammler (Hrsg.), Alles Gewordene hat Geschichte. Die Schule der „Annales" in ihren Texten. Leipzig 1994.
V. Reinhardt (Hrsg.), Hauptwerke der Geschichtsschreibung. Stuttgart 1997.
K. Rossmann, Deutsche Geschichtsphilosophie. Ausgewählte Texte von Lessing bis Jaspers. München 1969.
F. Stern (Hrsg.), The Varieties of History. From Voltaire to the Present. Cleveland 1956.
K. R. Stunkel (Hrsg.), Fifty Key Works of History and Historiography. Abingdon/New York 2011.

1.3 Überblickswerke und Lehrbücher

H. E. Barnes, A History of Historical Writing. 2. Aufl. New York 1963.
M. Barricelli u. a. (Hrsg.), Handbuch der Historik. Wiesbaden 2024.
M. Bentley (Hrsg.), Companion to Historiography. London/New York 1997.
M. Bentley, Modern Historiography. An Introduction. London/New York 1999.
H. W. Blanke, Historiographiegeschichte als Historik. Stuttgart-Bad Cannstatt 1991.
M. Bloch, Histoire et Historiens. Paris 1995.
K. Boyd (Hrsg.), Encyclopedia of Historians and Historical Writing. 2 Bde. London 1999.
F. Braudel u. a., Der Historiker als Menschenfresser. Über den Beruf des Geschichtsschreibers. Berlin 1990.
F. Braudel u. a., Wie Geschichte geschrieben wird. Berlin 1990.
E. Breisach, Historiography. Ancient, Medieval & Modern. 3. Aufl. Chicago/London 2007.
J. W. Burrow, A History of Histories. Epics, Chronicles, Romances and Inquiries from Herodotus and Thucydides to the Twentieth Century. London 2007.
H. Butterfield, Man on his Past. The Study of the History of Historical Scholarship. Cambridge 1955.
J. Cannon (Hrsg.), The Blackwell Dictionary of Historians. Oxford 1988.
E. H. Carr, What is History? London 1962.
M. de Certeau, L'Ecriture de l'Histoire. Paris 1975.
E. K.-M. Cheng, Historiography. An Introductory Guide. London/New York 2012.
B. Croce, Theorie und Geschichte der Historiographie. Tübingen 1930.
R. H. C. Davis u. a. (Hrsg.), The Blackwell Dictionary of Historians. Oxford 1988.
Ch. Delacroix u. a. (Hrsg.), Historiographies. Concepts et débats. 2 Bde. Paris 2010.
P. Duara u. a. (Hrsg.), A Companion to Global Historical Thought. Chichester 2014.

M. A. Fitzsimons u. a. (Hrsg.), The Development of Historiography. Harrisburg 1954.
E. Fueter, Geschichte der neueren Historiographie. München/Berlin 1911.
P. Gardiner (Hrsg.), Theories of History. Readings from Classical and Contemporary Sources. Glencoe/London 1959.
G. Harlaftis u. a. (Hrsg.), The New Ways of History. Developments in Historiography. London/New York 2010.
G. G. Iggers u. a., A Global History of Modern Historiography. Harlow 2008.
St. Jordan (Hrsg.), Grundbegriffe der Geschichtswissenschaft. Stuttgart 2019.
St. Jordan, Theorien und Methoden der Geschichtswissenschaft. 5. Aufl. Paderborn 2021.
R. Koselleck u. a., Geschichte, in: O. Brunner u. a. (Hrsg.), Geschichtliche Grundbegriffe. Historisches Lexikon zur politisch-sozialen Sprache in Deutschland. Bd. 2. Stuttgart 1975, 593–717.
R. Koselleck u. a. (Hrsg.), Formen der Geschichtsschreibung (Theorie der Geschichte. Beiträge zur Historik, Bd. 4). München 1982.
L. Kramer/S. Maza (Hrsg.), A Companion to Western Historical Thought. Oxford 2002.
A. Munslow (Hrsg.), The Routledge Companion to Historical Studies. London/New York 2000.
H. Paul, Key Issues in Historical Theory. New York/London 2015.
J. D. Popkin, From Herodotus to H-Net. The Story of Historiography. 2. Aufl. New York/Oxford 2021.
I. Porciani/L. Raphael (Hrsg.), Atlas of European Historiography. London/New York 2010.
M. M. Rahman, Encyclopaedia of Historiography. 5 Bde. New Delhi 2005.
L. Raphael (Hrsg.), Klassiker der Geschichtswissenschaft. 2 Bde. München 2006.
L. Raphael (Head of Project), Digital Atlas of European Historiography. https://daeh.uni-trier.de/ (16.02.2024)
M. Ritter, Die Entwicklung der Geschichtswissenschaft an den führenden Werken betrachtet. München/Berlin 1919.
C. Sanchez-Albornoz, Historia de la historiografia española. 3 Bde. 2. Aufl. Madrid 1947–1950.
T. R. Sharma, Historiography. A History of Historical Writing. New Delhi 2005.
Ch. Simon, Historiographie. Eine Einführung. Stuttgart 1996.
R. Spalding/Ch. Parker, Historiography. An Introduction. Manchester/New York 2007.
M. Spongberg u. a. (Hrsg.), Companion to Women's Historical Writing. Basingstoke 2005.
Theorie der Geschichte. Beiträge zur Historik. 6 Bde. München 1977–1990.
P. Veyne, Comment on écrit l'histoire, essai d'épistémologie. Paris 1971.
M. Völkel, Geschichtsschreibung. Eine Einführung in globaler Perspektive. Köln 2006.
F. X. v. Wegele, Geschichte der Deutschen Historiographie seit dem Auftreten des Humanismus. München/Leipzig 1885.
J. Westfall Thompson, A History of Historical Writing. 2 Bde. New York 1942.
D. R. Woolf (Hrsg.), A Global Encyclopedia of Historical Writing. 2 Bde. New York/London 1998.
D. Woolf, Historiography, in: M. C. Horowitz (Hrsg.), New Dictionary of the History of Ideas. Bd. 1. Farmington Hills 2005, XXXV–LXXXVIII.

D. Woolf, A Global History of History. Cambridge 2011.
D. Woolf (Hrsg.), The Oxford History of Historical Writing. 5 Bde. Oxford 2011/12.
D. Woolf, A Concise History of History. Global Historiography from Antiquity to the Present. Cambridge 2019.

2 Anfänge der Geschichtsschreibung

J. Assmann, Die Erzählbarkeit der Welt. Bedingungen für die Entstehung von Geschichte im alten Orient, in: J. Rüsen u. a. (Hrsg.), Die Vielfalt der Kulturen. Erinnerung, Geschichte, Identität 4. Frankfurt am Main 1998, 379–398.
H. Butterfield, The Origins of History. London 1981.
A. Feldherr/G. Hardy (Hrsg.), The Oxford History of Historical Writing. Bd. 1: Beginnings to AD 600. Oxford 2011, Kap. 1–4, 5–96.
A. K. Grayson, Assyrian and Babylonian Chronicles. Locust Valley 1975.
M. Grant, The Ancient Historians. London 1970, 3–14.
A. El Hawary, Das beständig Herausragende. Altägyptisches „historisches Denken" zur Zeit des König Thutmoses III. (gest. 1425 v. Chr.) am Beispiel der ‚Annalen' und der ‚Ahnentafel' vom Karnaktempel, in: St. Conermann (Hrsg.), Wozu Geschichte? Historisches Denken in vormodernen historiographischen Texten. Berlin 2017, 17–35.
H. A. Hoffner Jr., Histories and Historians of the Ancient Near East. The Hittites, in: Orientalia Nova Series 49,4 (1980), 283–332.
M. Liverani, Myth and Politics in Ancient Near Eastern Historiography. London 2004.
H. J. Nissen, Geschichte Altvorderasiens. 2. Aufl. München 2012.
J. M. Sasson (Hrsg.), Civilizations of the Ancient Near East. Bd. IV. New York 1995.
H. Tadmor/M. Weinfeld (Hrsg.), History, Historiography, and Interpretation. Studies in Biblical and Cuneiform Literatures. Jerusalem/Leiden 1983.

3 Geschichtsschreibung in der Antike

E. J. Bakker u. a. (Hrsg.), Brill's Companion to Herodotus. Leiden/Boston/Köln 2002.
R. Bichler, Herodots Welt. Der Aufbau der Historie am Bild der fremden Länder und Völker, ihrer Zivilisation und ihrer Geschichte. 2. Aufl. Berlin 2001.
R. Bichler/R. Rollinger, Herodot. 3. Aufl. Hildesheim/Zürich/New York 2011.
Bruno Bleckmann, Der Peloponnesische Krieg. München 2007.
J. Deininger, Antike: Der Beginn einer methodisch begründeten Geschichtsschreibung, in: H.-J. Goertz (Hrsg.), Geschichte. Ein Grundkurs. 3. Aufl. Reinbek 2007, 264–282.
C. Dewald/J. Marincola (Hrsg.), The Cambridge Companion to Herodotus. Cambridge 2006.
B. Dunsch/K. Ruffing unter Mitarbeit von Kerstin Droß-Krüpe (Hrsg.), Herodots Quellen – Die Quellen Herodots. Wiesbaden 2013.
H. Erbse, Studien zum Verständnis Herodots. Berlin/New York 1992.

D. Fehling, Die Quellenangaben bei Herodot. Berlin/New York 1971.
A. Feldherr/G. Hardy (Hrsg.), The Oxford History of Historical Writing. Bd. 1: Beginnings to AD 600. Oxford 2011, Kap. 5–14, 97–370.
M. Grant, The Ancient Historians. London 1970.
L.-M. Günther, Herodot. Tübingen/Basel 2012.
R. Koselleck, Erfahrungswandel und Methodenwechsel. Eine historisch-anthropologische Skizze, in: Ch. Meier/J. Rüsen (Hrsg.), Historische Methode (Theorie der Geschichte. Beiträge zur Historik, Bd. 5). München 1988, 13–61.
D. Lateiner, The Historical Method of Herodotus. Toronto/Buffalo/London 1989.
N. Luraghi, The Historian's Craft in the Age of Herodotus. Oxford 2001.
J. Marincola (Hrsg.), A Companion to Greek and Roman Historiography. Malden/Oxford 2007.
W. Marg (Hrsg.), Herodot. Eine Auswahl aus der neueren Forschung. 3. Aufl. Darmstadt 1982.
A. Mehl, Antike Geschichtsschreibung, in: M. Maurer (Hrsg.), Aufriß der Historischen Wissenschaften. Bd. 5: Mündliche Überlieferung und Geschichtsschreibung. Stuttgart 2003, 42–147.
Ch. Meier, Die Entstehung der Historie, in: R. Koselleck/W.-D. Stempel (Hrsg.), Geschichte – Ereignis und Erzählung (Poetik und Hermeneutik, Bd. 5). München 1973, 251–305.
A. Momigliano, The Classical Foundations of Modern Historiography. Berkeley/Los Angeles/Oxford 1990.
Ch. Pelling, Herodotus and the Question Why. Austin 2019.
J. Priestley/V. Zali (Hrsg.), Brill's Companion to the Reception of Herodotus in Antiquity and Beyond. Leiden/Boston 2016.
J. T. Roberts, Herodotus. A Very Short Introduction. Oxford 2011.
S. Sorek, Ancient Historians. A Student Handbook, London/New York 2012.
Wolfgang Will, Herodot und Thukydides. Die Geburt der Geschichte. München 2015.

4 Geschichtsschreibung im lateinischen Mittelalter

A.-D. von den Brincken, Mittelalterliche Geschichtsschreibung, in: M. Maurer (Hrsg.), Aufriß der Historischen Wissenschaften. Bd. 5: Mündliche Überlieferung und Geschichtsschreibung. Stuttgart 2003, 188–280.
St. Conermann/J. Rheingans (Hrsg.), Narrative Pattern and Genre in Hagiographic Life Writing. Comparative Perspectives from Asia to Europe. Berlin 2014.
D. M. Deliyannis, Historiography in the Middle Ages. Leiden/Boston 2003.
S. Foot/Ch. Robinson (Hrsg.), The Oxford History of Historical Writing. Bd. 2: 400–1400. Oxford 2012.
H.-W. Goetz, Geschichtsschreibung und Geschichtsbewusstsein im hohen Mittelalter. 2. Aufl. Berlin 2008.
A. Gransden, Historical Writing in England. 2 Bde. Ithaca/New York 1974/82.
B. Guenée, Histoire et culture historique dans l'Occident médiéval. 2. Aufl. Paris 1991.
M. Kempshall, Rhetoric and the Writing of History. 400–1500. Manchester/New York 2011.

A. C. Murray (Hrsg.), After Rome's Fall. Narrators and Sources of Early Medieval History. Toronto 1998.
H. Patze (Hrsg.), Geschichtsschreibung und Geschichtsbewußtsein im späten Mittelalter. Sigmaringen 1987.
U. Schaefer, Mündlichkeit und Schriftlichkeit im Mittelalter, in: M. Maurer (Hrsg.), Aufriß der Historischen Wissenschaften. Bd. 5: Mündliche Überlieferung und Geschichtsschreibung. Stuttgart 2003, 148-187.
F. J. Schmale, Funktion und Formen mittelalterlicher Geschichtsschreibung. Eine Einführung. 2. Aufl. Darmstadt 1993.
G. Spiegel, The Past as Text. The Theory and Practice of Medieval Historiography. Baltimore 1997.

5 Geschichtsschreibung in Byzanz

J. W. Barker, Byzantine Historiography, in: D. R. Woolf (Hrsg.), A Global Encyclopedia of Historical Writing. New York/London 1998, 127-129.
A. Kaldellis, Byzantine Historical Writing, 500-920, in: S. Foot/Ch. F. Robinson (Hrsg.), The Oxford History of Historical Writing. Bd. 2: 400-1400. Oxford 2012, 201-217.
J. Karayannopulos/G. Weiss, Quellenkunde zur Geschichte von Byzanz (324-1453). 2 Teilbde. Wiesbaden 1982.
J. N. Ljubarskij, Quellenforschung and/or Literary Criticism. Narrative Structures in Byzantine Historical Writings, in: Symbolae Osloenses. Norwegian Journal of Greek and Latin Studies 73 (1998), 5-22.
P. Magdalino, Byzantine Historical Writing, 900-1400, in: S. Foot/Ch. F. Robinson (Hrsg.), The Oxford History of Historical Writing. Bd. 2: 400-1400. Oxford 2012, 218-237.
L. Neville, Guide to Byzantine Historical Writing. Cambridge 2018.
W. Treadgold, The Early Byzantine Historians. Basingstoke 2007.
W. Treadgold, The Middle Byzantine Historians. Basingstoke 2013.

6 Geschichtsschreibung in der arabischen Welt und im Islam

L. Ammann, Geschichtsdenken und Geschichtsschreibung von Muslimen im Mittelalter, in: J. Rüsen u. a. (Hrsg.), Die Vielfalt der Kulturen. Erinnerung, Geschichte, Identität 4. Frankfurt am Main 1998, 191-216.
Y. M. Choueiri, Arabic Historiography, in: D. R. Woolf (Hrsg.), A Global Encyclopedia of Historical Writing. New York/London 1998, 40-42.
St. Conermann (Hrsg.), Die muslimische Sicht (13.-18. Jahrhundert) (Geschichtsdenken der Kulturen. Eine kommentierte Dokumentation. Südasien – Von den Anfängen bis zur Gegenwart, hrsg. v. J. Rüsen/S. Manhart, Bd. 2). Frankfurt am Main 2002.

A. A. Duri, The Rise of Historical Writing among the Arabs. Princeton 1983.
K. Hirschler, Islam: The Arabic and Persian Traditions. Eleventh–Fifteenth Centuries, in: S. Foot/Ch. F. Robinson (Hrsg.), The Oxford History of Historical Writing. Bd. 2: 400–1400. Oxford 2012, 267–286.
R. St. Humphreys, Turning Points in Islamic Historical Practice, in: Q. E. Wang/G. G. Iggers (Hrsg.), Turning Points in Historiography. A Cross-cultural Perspective. Rochester 2002, 89–100.
T. Khalidi, Arabic Historical Thought in the Classical Period. Cambridge/New York 1994.
A. Noth, The Early Arabic Historical Traditions. Princeton 1994.
J. Rabasa u. a. (Hrsg.), The Oxford History of Historical Writing. Bd. 3: 1400–1800. Oxford 2012, Kap. 7–9, 148–211.
B. Radke, Weltgeschichte und Weltbeschreibung im mittelalterlichen Islam. Beirut/Stuttgart 1992.
Ch. F. Robinson, Islamic Historiography. Cambridge 2003.
Ch. F. Robinson, Islamic Historical Writing. Eighth through the Tenth Centuries, in: S. Foot/Ch. F. Robinson (Hrsg.), The Oxford History of Historical Writing. Bd. 2: 400–1400. Oxford 2012, 238–266.
F. Rosenthal, A History of Muslim Historiography. 2. Aufl. Leiden 1968.
M. Völkel, Geschichtsschreibung. Eine Einführung in globaler Perspektive. Köln 2006, Kap. 5, 97–114.
O. Weintritt, Arabische Geschichtsschreibung in den arabischen Provinzen des Osmanischen Reiches (16.-18. Jahrhundert). Hamburg 2008.

7 Geschichtsschreibung in Asien und Indien

7.1 Geschichtsschreibung in China

W. G. Beasley/E. G. Pulleyblank (Hrsg.), Historians of China and Japan. London/New York/Toronto 1961.
A. Feldherr/G. Hardy (Hrsg.), The Oxford History of Historical Writing. Bd. 1: Beginnings to AD 600. Oxford 2011, Kap. 15–21, 371–534.
Ch. S. Gardner, Chinese Traditional Historiography. 2. Aufl. Cambridge (Massachusetts) 1961.
G. Hardy u. a., Chinese Historiography, in: D. R. Woolf (Hrsg.), A Global Encyclopedia of Historical Writing. New York/London 1998, 161–172.
Ch. Hartman/A. DeBlasi, The Growth of Historical Method in Tang China, in: S. Foot/Ch. F. Robinson (Hrsg.), The Oxford History of Historical Writing. Bd. 2: 400–1400. Oxford 2012, 17–36.
Ch. Hartman, Chinese Historiography in the Age of Maturity, 960–1368, in: S. Foot/Ch. F. Robinson (Hrsg.), The Oxford History of Historical Writing. Bd. 2: 400–1400. Oxford 2012, 37–57.
History and Theory 35,4 (1996), Theme Issue: Chinese Historiography in Comparative Perspective.

Th. H. C. Lee (Hrsg.), The New and the Multiple. Sung Senses of the Past. Hong Kong 2004.
O. Ng/Q. E. Wang, Mirroring the Past. The Writing and Use of History in Imperial China. Honolulu 2005.
J. Rabasa u. a. (Hrsg.), The Oxford History of Historical Writing. Bd. 3: 1400–1800. Oxford 2012, Kap. 1–3, 24–79.
H. Schmidt-Glintzer, Chinesisches Geschichtsdenken, in: J. Rüsen u. a. (Hrsg.), Die Vielfalt der Kulturen. Erinnerung, Geschichte, Identität 4. Frankfurt am Main 1998, 115–144.
H. Schmidt-Glintzer u. a. (Hrsg.), Historical Truth, Historical Criticism and Ideology. Chinese Historiography and Historical Culture from a New Comparative Perspective. Leiden/Boston 2005.
D. C. Twitchett, The Writing of Official History under the Tang. Cambridge 1993.
J.-F. Vergnaud, La vie publique de Sima Guang. Homme d'État et historien chinois du XIe siècle. Montpellier 2014.
K. Vogelsang, Geschichte als Problem. Entstehung, Formen und Funktionen von Geschichtsschreibung im Alten China. Wiesbaden 2007.
Q. E. Wang, Historical Writings in the Twentieth-Century China: Methodological Innovation and Ideological Influence, in: R. Torstendahl (Hrsg.), An Assessment of Twentieth-Century Historiography. Professionalism, Methodologies, Writings. Stockholm 2000, 43–69.
Q. E. Wang, China's Search for National History, in: ders./G. G. Iggers (Hrsg.), Turning Points in Historiography. A Cross-cultural Perspective. Rochester 2002, 185–207.
E. Wilkinson, Chinese History. A New Manual. Cambridge (Massachusetts)/London 2012.

7.2 Geschichtsschreibung in Japan

W. G. Beasley/E. G. Pulleyblank (Hrsg.), Historians of China and Japan, London/New York/Toronto 1961.
J. R. Bentley, Historiographical Trends in Early Japan. Lewiston/New York 2002.
J. R. Bentley, The Birth and Flowering of Japanese Historiography. From Chronicles to Tales to Historical Interpretation, in: S. Foot/Ch. F. Robinson (Hrsg.), The Oxford History of Historical Writing. Bd. 2: 400–1400. Oxford 2012, 58–79.
J. R. Bentley, The Birth of Japanese Historiography. London 2020.
J. S. Brownlee, Political Thought in Japanese Historical Writing. From Kojiki (712) to Tokushi Yoron (1712). Waterloo (Ontario) 1991.
S. Conrad, Auf der Suche nach der verlorenen Nation. Geschichtsschreibung in Westdeutschland und Japan 1945–1960. Göttingen 1999.
U. Goch, Abriß der japanischen Geschichtsschreibung. München 1992.
J. E. Ketelaar/A. E. Barshay, Japanese Historiography, in: D. R. Woolf (Hrsg.), A Global Encyclopedia of Historical Writing. New York/London 1998, 481–488.
M. Mehl, History and the State in Nineteenth-Century Japan. Basingstoke 1998.

M. Sato, Die Einführung der „Geschichte" im Japan des 19. Jahrhunderts, in: J. Rüsen u. a. (Hrsg.), Die Vielfalt der Kulturen. Erinnerung, Geschichte, Identität 4. Frankfurt am Main 1998, 441–458.

M. Sato, The Two Historiographical Cultures in Twentieth-Century Japan, in: R. Torstendahl (Hrsg.), An Assessment of Twentieth-Century Historiography. Professionalism, Methodologies, Writings. Stockholm 2000, 33–42.

7.3 Geschichtsschreibung in Korea

D. Baker, Writing History in Pre-Modern Korea, in: J. Rabasa u. a. (Hrsg.), The Oxford History of Historical Writing. Bd. 3: 1400–1800. Oxford 2012, 103–118.

J. W. Best, A History of the Early Korean Kingdom of Paekche. Together with an Annotated Translation of the Paekche Annals of the Samguk sagi. Cambridge (Massachusetts) 2006.

R. E. Breuker, Establishing a Pluralist Society in Medieval Korea, 918–1170. Leiden 2010.

R. Breuker u. a., The Tradition of Historical Writing in Korea, in: S. Foot/Ch. F. Robinson (Hrsg.), The Oxford History of Historical Writing. Bd. 2: 400–1400. Oxford 2012, 119–137.

H. Em, Historians and Historical Writing in Modern Korea, in: A. Schneider/D. Woolf (Hrsg.), The Oxford History of Historical Writing, Bd. 5: Historical Writing since 1945. Oxford 2011. 659–677.

H. Em, The Great Enterprise. Sovereignty and Historiography in Modern Korea. Durham/London 2013.

F. Kawashima, Korean Historiography, in: D. R. Woolf (Hrsg.), A Global Encyclopedia of Historical Writing. New York/London 1998, 511–514.

D. McCann, Early Korean Literature. New York 2000.

H. I. Pai, Constructing „Korean Origins". A Critical Review of Archaeology, Historiography, and Racial Myth in Korean State-Formation Theories. Cambridge (Massachusetts) 2000.

H. A. Roh, Christianity, the Sovereign Subject, and Ethnic Nationalism in Colonial Korea. Specters of Western Metaphysics. New York/London 2023, Kap. 4: Paek Nam-un, Korean Marxism, and the Claim to History as Science, 79–97.

E. J. Shultz, An Introduction to the Samguk Sagi, in: Korean Studies 28 (2005), 1–13.

7.4 Geschichtsschreibung in Indien

D. Ali, Indian Historical Writing, c. 600–c. 1400, in: S. Foot/Ch. F. Robinson (Hrsg.), The Oxford History of Historical Writing. Bd. 2: 400–1400. Oxford 2012, 80–101.

H. Bechert, Zum Ursprung der Geschichtsschreibung im indischen Kulturbereich. Göttingen 1969.

G. Berkemer, Literatur und Geschichte im vormodernen hinduistischen Südasien, in: J. Rüsen u. a. (Hrsg.), Die Vielfalt der Kulturen. Erinnerung, Geschichte, Identität 4. Frankfurt am Main 1998, 145–190.
S. Conrad, Globalgeschichte. Eine Einführung. München 2013.
A. Feldherr/G. Hardy (Hrsg.), The Oxford History of Historical Writing: Volume 1: Beginnings to AD 600. Oxford 2011, Kap. 23–24, 553–600.
D. K. Ganguly, History and Historians in Ancient India. New Delhi 1984.
M. Gottlob (Hrsg.), Historisches Denken im modernen Südasien (1786 bis heute). Frankfurt am Main 2002.
W. Jones, On the Hindus, in: P. J. Marshall (Hrsg.), The British Discovery of Hinduism in the Eighteenth Century. Cambridge 1970, 246–259.
B. Kölver, Ritual und historischer Raum. Zum indischen Geschichtsverständnis. München 1993.
H. Kulke, Geschichtsschreibung und Geschichtsbild im hinduistischen Mittelalter, in: Saeculum 30 (1979), 100–112.
V. Lal, The Subaltern School and the Ascendancy of Indian History, in: in: Q. E. Wang/ G. G. Iggers (Hrsg.), Turning Points in Historiography. A Cross-cultural Perspective. Rochester 2002, 237–270.
J. Mill, The History of British India. 3 Bde. London 1817.
C. H. Philips (Hrsg.), Historians of India, Pakistan, and Ceylon. New York/Toronto 1961.
B. N. Puri, Ancient Indian Historiography. A Bi-Centenary Study. Delhi 1994.
V. N. Rao u. a., Textures of Time. Writing History in South India 1600–1800. New Delhi 2001.
G. P. Singh, Ancient Indian Historiography. New Delhi 2003.
D. L. Sheth, Die Politik der historischen Sinnbildung. Der Fall Indien, in: J. Rüsen u. a. (Hrsg.), Die Vielfalt der Kulturen. Erinnerung, Geschichte, Identität 4. Frankfurt am Main 1998, 364–378.
R. Thapar, Auf der Suche nach einer historischen Tradition: Das frühe Indien, in: J. Rüsen u. a. (Hrsg.), Die Vielfalt der Kulturen. Erinnerung, Geschichte, Identität 4. Frankfurt am Main 1998, 399–421.
R. Thapar u. a., Indian Historiography, in: D. R. Woolf (Hrsg.), A Global Encyclopedia of Historical Writing. New York/London 1998, 455–463.

8 Geschichtsschreibung in Mittel- und Südamerika

G. Baudot, Utopia and History in Mexico. The First Chroniclers of Mexican Civilization (1520–1569). Niwot (Colorado) 1995.
R. Folger/W. Oesterreicher (Hrsg.), Talleres de la Memoria. Reivindicaciones y autoridad en la historiografia indiana de los siglos XVI y XVII. Münster 2006.
C. Julien, Reading Inca History. Iowa City 2000.
J. Lockhart (Hrsg.), We People Here. Nahuatl Accounts of the Conquest of Mexico. Eugene 1993.

M. Riekenberg, Große Transformationen des Geschichtsdenkens in Lateinamerika seit 1500, in: J. Rüsen u. a. (Hrsg.), Die Vielfalt der Kulturen. Erinnerung, Geschichte, Identität 4. Frankfurt am Main 1998, 247–268.

F. Salomon, The Making and Reading of Native South American Historical Sources, in: ders./St. B. Schwartz (Hrsg.), The Cambridge History of the Native Peoples of the Americas. Bd. I,1. Cambridge 2001, 19–95.

I. Sandoval Rodriguez, Historia e historiografia an América Latina. Santa Cruz 1999.

G. L. Vásquez/J. Maiguashca, Latin American Historiography, in: D. R. Woolf (Hrsg.), A Global Encyclopedia of Historical Writing. New York/London 1998, 534–545.

A. C. Wilgus, The Historiography of Latin America. A Guide to Historical Writing. 1500–1800. Metuchen/New Jersey 1975.

9 Geschichtsschreibung der Frühen Neuzeit

A. Buck (Hrsg.), Geschichtsbewußtsein und Geschichtsschreibung in der Renaissance. Leiden 1989.

St. Fisch, Auf dem Weg zur Aufklärungshistorie. Prozesse des Wandels in der protestantischen Historiographie nach 1600, in: Geschichte und Gesellschaft. Zeitschrift für Historische Sozialwissenschaft 23 (1997), 115–133.

E. Fueter, Geschichte der Neueren Historiographie. München/Berlin 1911.

W. Goez, Die Anfänge der historischen Methoden-Reflexion im italienischen Humanismus, in: E. Heinen/H.-J. Schoeps (Hrsg.), Geschichte in der Gegenwart. Festschrift für Kurt Kluxen. Paderborn 1972, 3–22.

A. Grafton, What was History? The Art of History in Early Modern Europe. Cambridge 2007.

Ch. Grell/J.-M. Dufays (Hrsg.), Pratiques et concepts de l'histoire en Europe 16e–18e siècles. Paris 1990.

J. Helmrath u. a. (Hrsg.), Diffusion des Humanismus. Studien zur nationalen Geschichtsschreibung europäischer Humanisten. Göttingen 2002.

J. Helmrath u. a. (Hrsg.). Historiographie des Humanismus. Literarische Verfahren, soziale Praxis, geschichtliche Räume. Berlin/Boston 2013.

J. Kenyon, The History Men. The Historical Profession since the Renaissance. 2. Aufl. London 1993.

M. Maurer, Neuzeitliche Geschichtsschreibung, in: ders. (Hrsg.), Aufriß der Historischen Wissenschaften. Bd. 5: Mündliche Überlieferung und Geschichtsschreibung. Stuttgart 2003, 281–499.

U. Muhlack, Die humanistische Historiographie. Umfang, Bedeutung, Probleme, in: ders., Staatensystem und Geschichtsschreibung. Ausgewählte Aufsätze zu Humanismus und Historismus, Absolutismus und Aufklärung. Berlin 2006, 124–141.

J. Rabasa u. a. (Hrsg.), The Oxford History of Historical Writing. Bd. 3: 1400–1800. Oxford 2012.

K. Ridder/St. Patzold (Hrsg.), Die Aktualität der Vormoderne. Epochenentwürfe zwischen Alterität und Kontinuität. Berlin 2013.

E. Schulin, Traditionskritik und Rekonstruktionsversuch. Studien zur Entwicklung von Geschichtswissenschaft und historischem Denken. Göttingen 1979.
J. H. M. Salmon, French Historiography, in: D. R. Woolf (Hrsg.), A Global Encyclopedia of Historical Writing. New York/London 1998, 328–334.
H. Ritter von Srbik, Geist und Geschichte vom Deutschen Humanismus bis zur Gegenwart. 2 Bde. München/Salzburg 1951.
B. Stuchtey/P. Wende (Hrsg.), British and German Historiography 1750–1950. Traditions, Perceptions, and Transfers. Oxford 2000.
M. Völkel/A. Strohmeyer (Hrsg.), Historiographie an europäischen Höfen (16.–18. Jahrhundert). Studien zum Hof als Produktionsort von Geschichtsschreibung und historischer Repräsentation. Berlin 2009.
Th. Wallnig, Critical Monks. The German Benedictines, 1680–1740. Leiden/Boston 2019.
Ch. Zwink, Imagination und Repräsentation. Die theoretische Formierung der Historiographie im späten 17. und frühen 18. Jahrhundert in Frankreich. Tübingen 2006.

10 Exkurs: Geschichtsphilosophie

E. Angehrn, Geschichtsphilosophie. Stuttgart/Berlin/Köln 1991.
B. Binoche, Les trois sources des philosophies de l'histoire (1764–1798). Paris 1994.
P. Bollhagen unter Mitarbeit von G. Brendler, Grundlagen, Gegenstand und Aufgaben der marxistischen Geschichtswissenschaft, in: W. Eckermann/H. Mohr (Hrsg.), Einführung in das Studium der Geschichte. Berlin 1966, 29–100.
D. Dworkin, Marxism and Historiography, in: D. R. Woolf (Hrsg.), A Global Encyclopedia of Historical Writing. New York/London 1998, 40–42.
E. Engelberg/W. Küttler (Hrsg.), Formationstheorie und Geschichte. Studien zur historischen Untersuchung von Gesellschaftsformationen im Werk von Marx, Engels und Lenin. Berlin 1978.
P. Q. Hirst, Marxism and Historical Writing. London 1985.
D. Hübner, Die Geschichtsphilosophie des deutschen Idealismus. Kant – Fichte – Schelling – Hegel. Stuttgart 2011.
St. Jordan, Francis Fukuyama und das „Ende der Geschichte", in: Zeithistorische Forschungen/Studies in Contemporary History 6 (2009), H. 1, 159–163.
D. Little, Philosophy of History, in: E. N. Zalta (Hrsg.), The Stanford Encyclopedia of Philosophy (Winter 2020 Edition). https://plato.stanford.edu/archives/win2020/entries/history/ (16.02.2024).
K. Löwith, Meaning in History. The Theological Implications of the Philosophy of History. Chicago/London 1949.
M. Lutz-Bachmann, Geschichte und Subjekt. Zum Begriff der Geschichtsphilosophie bei Immanuel Kant und Karl Marx. Freiburg im Breisgau/München 1988.
M. Mandelbaum, History, Man, & Reason. A Study in Nineteenth-century Thought. Baltimore 1971.
K. R. Popper, The Open Society and Its Enemies. Bd. 2: The High Tide of Prophecy. Hegel, Marx and the Aftermath. London 1945.

J. Rohbeck, Die Fortschrittstheorie der Aufklärung. Französische und englische Geschichtsphilosophie in der zweiten Hälfte des 18. Jahrhunderts. Frankfurt am Main/New York 1987.
T. Rojek, Hegels Begriff der Weltgeschichte. Eine wissenschaftstheoretische Studie. Berlin/Boston 2017.
R. Schaeffler, Einführung in die Geschichtsphilosophie. Darmstadt 1973.
M. Schloßberger, Geschichtsphilosophie. Berlin 2013.
H. Schnädelbach, Philosophie in Deutschland 1831–1933. Frankfurt am Main 1983.
A. U. Sommer, Sinnstiftung durch Geschichte. Zur Entstehung spekulativ-universalistischer Geschichtsphilosophie zwischen Bayle und Kant. Basel 2006.
Ch. Thies, Geschichte. Berlin/Boston 2021.
A. Tucker (Hrsg.), A Companion to the Philosophy of History and Historiography. Chichester/Malden 2009.
M. Winter, Hegels formale Geschichtsphilosophie. Tübingen 2015.

11 Geschichtsschreibung der Aufklärungszeit

H. W. Blanke/J. Rüsen (Hrsg.), Von der Aufklärung zum Historismus. Zum Strukturwandel des historischen Denkens. Paderborn/München/Wien/Zürich 1984.
H. W. Blanke/D. Fleischer, Artikulation bürgerlichen Emanzipationsstrebens und der Verwissenschaftlichungsprozeß der Historie. Grundzüge der deutschen Aufklärungshistorie und die Aufklärungshistorik, in: dies. (Hrsg.), Theoretiker der deutschen Aufklärungshistorie. Bd. 1: Die theoretische Begründung der Geschichte als Fachwissenschaft. Stuttgart-Bad Cannstatt 1990, 19–132.
H. W. Blanke/D. Fleischer, Aufklärung und Historik. Aufsätze zur Entwicklung der Geschichtswissenschaft, Kirchengeschichte und Geschichtstheorie in der deutschen Aufklärung. Waltrop 1991.
H.-E. Bödecker u. a. (Hrsg.), Aufklärung und Geschichte. Studien zur deutschen Geschichtswissenschaft im 18. Jahrhundert. 2. Aufl. Göttingen 1992.
S. Bourgault/R. Sparling (Hrsg.), A Companion to Enlightenment Historiography. Leiden/Boston 2013.
B. Dooley, Einlightenment Historiography, in: D. R. Woolf (Hrsg.), A Global Encyclopedia of Historical Writing. New York/London 1998, 284–286.
D. Fulda, Die Entstehung der modernen deutschen Geschichtsschreibung 1760–1860. Berlin/New York 1996.
Ch. Grell, L'histoire entre érudition et philosophie. Étude sur la connaissance historique à l'âge des Lumières. Paris 1993.
K. Hammer/J. Voss (Hrsg.), Historische Forschung im 18. Jahrhundert. Organisation – Zielsetzung – Ergebnisse. Bonn 1976.
St. Jordan, Geschichtstheorie in der ersten Hälfte des 19. Jahrhunderts. Die Schwellenzeit zwischen Pragmatismus und Klassischem Historismus. Frankfurt am Main/New York 1999.
U. Muhlack, Geschichtswissenschaft im Humanismus und in der Aufklärung. Die Vorgeschichte des Historismus. München 1991.

J. Rabasa u. a. (Hrsg.), The Oxford History of Historical Writing. Bd. 3: 1400–1800. Oxford 2012, Kap. 1–3, 24–79.
P. H. Reill, The German Enlightenment and the Rise of Historicism. Berkeley 1975.
H. Trevor-Roper, History and the Enlightenment. New Haven/London 2010.
M. Verga, The Dictionary is Dead, Long Live the Dictionary! Biographical Collections in National Contexts, in: I. Porciani/J. Tollebeek (Hrsg.), Setting the Standards. Institutions, Networks and Communities of National Historiography. Basingstoke 2012, 89–104.

12 Geschichtsschreibung im 19. Jahrhundert

12.1 Die Verwissenschaftlichung der Geschichtswissenschaft

J. Baberowski, Der Sinn der Geschichte. Geschichtstheorien von Hegel bis Foucault. München 2005.
F. C. Beiser, The German Historicist Tradition. Oxford 2011.
St. Berger/Ch. Lorenz (Hrsg.), Nationalizing the Past. Historians as Nation Builders in Modern Europe, Basingstoke/New York 2010.
Ch. Delacroix u. a. (Hrsg.), Les courants historiques en France. 19e–20e siècle. Paris 1999.
R. García Cárcel (Hrsg.), La construcción de las historias de España. Madrid 2004.
G. P. Gooch, History and Historians in the Nineteenth Century. 2. Aufl. London 1958.
W. Hardtwig, Die Verwissenschaftlichung der neueren Geschichtsschreibung, in: H.-J. Goertz (Hrsg.), Geschichte. Ein Grundkurs. 3. Aufl. Reinbek 2007, 296–313.
G. G. Iggers, The German Conception of History. The National Tradition of Historical Thought from Herder to the Present. Middletown 1968.
G. G. Iggers, Geschichtswissenschaft im 20. Jahrhundert. Ein kritischer Überblick im internationalen Zusammenhang. Neuausg. Göttingen 2007.
F. Jaeger/J. Rüsen, Geschichte des Historismus. München 1992.
St. Jordan, Geschichtstheorie in der ersten Hälfte des 19. Jahrhunderts. Die Schwellenzeit zwischen Pragmatismus und Klassischem Historismus. Frankfurt am Main/New York 1999.
St. Jordan, Geschichtswissenschaft, in: Staatslexikon. 8. Aufl., Freiburg/Basel/Wien 2018, 1207–1217, https://www.staatslexikon-online.de/Lexikon/Geschichtswissenschaft (16.02.2024).
M. Krzoska/H.-Ch. Maner (Hrsg.), Beruf und Berufung. Geschichtswissenschaft in Ostmittel- und Südosteuropa im 19. und 20. Jahrhundert. Münster 2005.
W. Küttler u. a. (Hrsg.), Anfänge modernen historischen Denkens (Geschichtsdiskurs, Bd. 2). Frankfurt am Main 1994.
W. Küttler u. a. (Hrsg.), Die Epoche der Historisierung (Geschichtsdiskurs, Bd. 3). Frankfurt am Main 1997.
St. Macintyre u. a. (Hrsg.), The Oxford History of Historical Writing. Bd. 4: 1800–1945. Oxford 2012.
M. Mandelbaum, History, Man, and Reason. A Study in Nineteenth-Century Thought. Baltimore 1971.

Ch. Meier/J. Rüsen (Hrsg.), Historische Methode (Theorie der Geschichte. Beiträge zur Historik, Bd. 5). München 1988.

F. Meinecke, Die Entstehung des Historismus. 2 Bde. München/Berlin 1936.

Th. Mergel/Th. Welskopp (Hrsg.), Geschichte zwischen Kultur und Gesellschaft. Beiträge zur Theoriedebatte. München 1997.

D. W. Noble, Historians against History. The Frontier Thesis and the National Convenant in American Historical Writing since 1830. Minneapolis 1965.

H. Schnädelbach, Geschichtsphilosophie nach Hegel. Die Probleme des Historismus. Freiburg im Breisgau/München 1974.

M. Wächter, Die Erfindung des amerikanischen Westens. Die Geschichte der Frontierdebatte. Freiburg im Breisgau 1995.

12.2 Die Verfachlichung der Geschichtsschreibung

M. Baumgarten, Professoren und Universitäten im 19. Jahrhundert. Zur Sozialgeschichte deutscher Geistes- und Naturwissenschaftler. Göttingen 1997.

M. Berg u. a., Die versammelte Zunft. Historikerverband und Historikertage in Deutschland 1893–2000. 2 Bde. Göttingen 2018.

K. D. Bock, Strukturgeschichte der Assistentur. Personalgefüge, Wert- und Zielvorstellungen in der deutschen Universität des 19. und 20. Jahrhunderts. Düsseldorf 1972.

P. den Boer, History as a Profession. The Study of History in France 1818–1914. Princeton 1988.

B. Vom Brocke, Wege aus der Krise: Universitätsseminar, Akademiekommission oder Forschungsinstitut. Formen der Institutionalisierung in den Geistes- und Naturwissenschaften 1810 – 1900 – 1995, in: Ch. König/E. Lämmert (Hrsg.), Konkurrenten in der Fakultät. Kultur, Wissen und Universität um 1900. Frankfurt am Main 1999, 191–218.

J.-P. Chaline, Sociabilité et érudition. Les sociétés savantes en France XIXe–XXe siècles. Paris 1995.

J.-P. Chaline, In the Provinces. Local and Regional Learned Societies, in: I. Porciani/J. Tollebeek (Hrsg.), Setting the Standards. Institutions, Networks and Communities of National Historiography. Basingstoke 2012, 153–164.

G. Diesener/M. Middell (Hrsg.), Historikertage im Vergleich. Leipzig 1996.

K. D. Erdmann, Die Ökumene der Historiker. Geschichte der Internationalen Historikerkongresse und des Comité International des Sciences Historiques. Göttingen 1987.

E. Gazi, Scientific National History. The Greek Case in Comparative Perspective (1850–1920). Frankfurt am Main 2000.

J. Higham, History. Professional Scholarship in America. Baltimore 1983.

K.-E. Jeismann/P. Lundgreen (Hrsg.), Handbuch der deutschen Bildungsgeschichte. Bd. III: 1800–1870. Von der Neuordnung Deutschlands bis zur Gründung des Deutschen Reiches. München 1987.

St. Jordan, Die Entwicklung einer problematischen Disziplin. Zur Geschichte der Geschichtsdidaktik, in: Zeithistorische Forschungen / Studies in Contemporary

History 2,2 (2005), 274–279, www.zeithistorische-forschungen.de/16126041-Jordan-2-2005 (16.02.2024).

St. Jordan, Die Entstehung moderner Geschichtswissenschaft im 19. Jahrhundert und ihr Verhältnis zu Land und Region, in: Sönke Lorenz u. a. (Hrsg.), Historiographie: Traditionsbildung, Identitätsstiftung und Raum. Südwestdeutschland als europäische Region. Ostfildern 2011, 111–122.

St. Jordan, Theorien und Methoden der Geschichtswissenschaft. 5. Aufl. Paderborn 2021.

St. Jordan, Geschichtswissenschaft, in: Staatslexikon. 8. Aufl., Freiburg/Basel/Wien 2018, 1207–1217, https://www.staatslexikon-online.de/Lexikon/Geschichtswissenschaft (16.02.2024).

J. Kenyon, The History Men. The Historical Profession in England since the Renaissance. 2. Aufl. London 1993.

G. Kunz, Verortete Geschichte. Regionales Geschichtsbewußtsein in den deutschen Historischen Vereinen des 19. Jahrhunderts. Göttingen 2000.

G. Lingelbach, Klio macht Karriere. Die Institutionalisierung der Geschichtswissenschaft in Frankreich und den USA in der zweiten Hälfte des 19. Jahrhunderts. Göttingen 2003.

G. Lingelbach (Hrsg.), Vorlesung, Seminar, Repetitorium. Universitäre geschichtswissenschaftliche Lehre im historischen Vergleich. München 2006.

M. Maurer (Hrsg.), Aufriß der Historischen Wissenschaften. Bd. 6: Institutionen. Stuttgart 2002.

M. Middell (Hrsg.), Historische Zeitschriften im internationalen Vergleich. Leipzig 1999.

M. Middell u. a. (Hrsg.), Historische Institute im internationalen Vergleich. Leipzig 2001.

C. Møller Jørgensen, Scholarly Communication with a Political Impetus. National Historical Journals, in: I. Porciani/J. Tollebeek (Hrsg.), Setting the Standards. Institutions, Networks and Communities of National Historiography. Basingstoke 2012, 70–88.

H.-J. Pandel, Von der Teegesellschaft zum Forschungsinstitut. Die historischen Seminare vom Beginn des 19. Jahrhunderts bis zum Ende des Kaiserreichs, in: H. W. Blanke (Hrsg.), Transformationen des Historismus. Wissenschaftsorganisation und Bildungspolitik vor dem Ersten Weltkrieg. Waltrop 1994, 1–31.

U. Pfeil (Hrsg.), Die Rückkehr der deutschen Geschichtswissenschaft in die „Ökumene der Historiker". Ein wissenschaftsgeschichtlicher Ansatz. München 2008.

I. Porciani/L. Raphael (Hrsg.), Atlas of European Historiography. The Making of a Profession. 1800–2005. London 2010.

I. Porciani/J. Tollebeek (Hrsg.), Setting the Standards. Institutions, Networks and Communities of National Historiography. Basingstoke 2012.

L. Raphael (Head of Project), Digital Atlas of European Historiography. https://daeh.uni-trier.de/ (16.02.2024).

M. Schmeiser, Akademischer Hasard. Das Berufsschicksal des Professors und das Schicksal der deutschen Universität 1870–1920. Eine verstehend soziologische Untersuchung. Stuttgart 1994.

M. F. Stieg, Origin and Development of Scholarly Historical Periodicals. Alabama 1984.
H. Titze, Das Hochschulstudium in Preußen und Deutschland. 1820–1944 (Datenhandbuch zur deutschen Bildungsgeschichte I,1). Göttingen 1987.
H. Titze, Wachstum und Differenzierung der deutschen Universitäten. 1830–1945 (Datenhandbuch zur deutschen Bildungsgeschichte I,2). Göttingen 1995.
R. Torstendahl, The Rise and Propagation of Historical Professionalism. London/New York 2014.
W. J. Weber, Priester der Klio. Historisch-sozialwissenschaftliche Studien zur Herkunft und Karriere deutscher Historiker und zur Geschichte der deutschen Geschichtswissenschaft 1800–1970. Frankfurt am Main/New York 1984.

13 Geschichtsschreibung seit dem 20. Jahrhundert

13.1 Methodische Vorüberlegungen zur Periodisierung

R. Herzog/R. Koselleck (Hrsg.), Eposchenschwelle und Epochenbewußtsein (Poetik und Hermeneutik, Bd. 12). München 1987, Kap. II.1: Zur Theorie der Epochenschwelle und des Epochenbewußtseins, 515–560.
W. Küttler u. a. (Hrsg.), Grundlagen und Methoden der Historiographiegeschichte (Geschichtsdiskurs, Bd. 1). Frankfurt am Main 1993, Kap. II: Epochen der Geschichtsschreibung, 97–188.
A. Mahler/C. Zwierlein (Hrsg.), Zeiten bezeichnen. Frühneuzeitliche Epochenbegriffe: europäische Geschichte und globale Gegenwart. Göttingen 2023.
K. E. Müller (Hrsg.), Historische Wendeprozesse. Ideen, die Geschichte machten. Freiburg im Breisgau/Basel/Wien 2003.
G. Vogler, Probleme einer Periodisierung der Geschichte, in: H.-J. Goertz (Hrsg.), Geschichte. Ein Grundkurs. 3. Aufl. Reinbek 2007, 253–263.

13.2 Die Pluralisierung der Historiografie im 20. Jahrhundert

D. Bachmann-Medick, Cultural Turns. Neuorientierungen in den Kulturwissenschaften. Reinbek 2006.
A. Burguière, The Annales School. An Intellectual History. Ithaca 2009.
P. Burke, The French Historical Revolution. The „Annales" School 1929–1989. Cambridge 1990.
U. Daniel, Kompendium Kulturgeschichte. Theorien, Praxis, Schlüsselwörter. 4. Aufl. Frankfurt am Main 2004.
K. Große Kracht, Die zankende Zunft. Historische Kontroversen in Deutschland nach 1945. Göttingen 2005.
E. J. Hobsbawm, Age of Extremes. The Short Twentieth Century 1914–1991. London 1994.

G. G. Iggers, The German Conception of History. The National Tradition of Historical Thought from Herder to the Present. Middletown 1968.
H. Lehmann (Hrsg.), Historikerkontroversen. Göttingen 2000.
L. Raphael, Die Erben von Bloch und Febvre. „Annales"-Geschichtsschreibung und „Nouvelle histoire" in Frankreich 1945–1980. Stuttgart 1994.
L. Raphael, Geschichtswissenschaft im Zeitalter der Extreme. Theorien, Methoden, Tendenzen von 1900 bis zur Gegenwart. München 2003.
M. Sabrow u. a. (Hrsg.), Zeitgeschichte als Streitgeschichte. Große Kontroversen seit 1945. München 2003.
A. Schneider/D. Woolf (Hrsg.), The Oxford History of Historical Writing. Bd. 5: Historical Writing since 1945. Oxford 2011.
W. Schulze, Deutsche Geschichtswissenschaft nach 1945. München 1989.
Q. E. Wang/G. G. Iggers (Hrsg.), Marxist Historiographies. A Global Perspective. Abingdon/New York 2016.
K. F. Werner, Das NS-Geschichtsbild und die deutsche Geschichtswissenschaft. Stuttgart/Berlin/Köln/Mainz 1967.

14 Formen von Geschichtsschreibung

14.1 Geschichtsschreibung als Mischung aus Fakten und Fiktionen

14.1.1 Allgemeine Werke
A. Epple, Empfindsame Geschichtsschreibung. Eine Geschlechtergeschichte der Historiographie zwischen Aufklärung und Historismus. Köln/Weimar/Wien 2003.
A. Epple/A. Schaser (Hrsg.), Gendering Historiography. Beyond National Canons. Frankfurt am Main/New York 2009.
W. Hardtwig/E. Schütz (Hrsg.), Geschichte für Leser. Populäre Geschichtsschreibung in Deutschland im 20. Jahrhundert. Stuttgart 2005.
Ch. Klein (Hrsg.), Handbuch Biographie. Methoden, Traditionen, Theorien. Stuttgart/Weimar 2009.
R. Koselleck u. a. (Hrsg.), Formen der Geschichtsschreibung (Theorie der Geschichte. Beiträge zur Historik, Bd. 4). München 1982.
W. Schulze (Hrsg.), Ego-Dokumente. Annäherung an den Menschen in der Geschichte. Berlin 1996.

14.1.2 Historisches Epos und Historischer Roman
H. Aust, Der historische Roman. Stuttgart/Weimar 1994.
F. Borkenau, Toynbee und die Kulturzyklen, in: ders., Ende und Anfang. Von den Generationen der Hochkulturen und von der Entstehung des Abenslandes. Hrsg. und eingeführt von R. Löwenthal. Stuttgart 1984, 64–82.
N. Busch u. a. (Hrsg.), Texte zur Theorie des Epos. Stuttgart 2015.
H. Butterfield, The Historical Novel. An Essay. Cambridge 1924.

H.-E. Friedrich, Der historische Roman. Erkundung einer populären Gattung. Frankfurt am Main 2013.
H. V. Geppert, Der historische Roman. Geschichte umerzählt – von Walter Scott bis zur Gegenwart. Tübingen 2009.
J. Goody, The Interface between the Written and the Oral. Cambridge u. a. 1987.
W. Hinck, Geschichtsdichtung. Göttingen 1995.
Ch. Klein (Hrsg.), Handbuch Biographie. Methoden, Traditionen, Theorien. Stuttgart/Weimar 2009.
Ch. Klein/M. Martínez, Wirklichkeiterzählungen. Felder, Formen und Funktionen nicht-literarischen Erzählens, in: dies. (Hrsg.), Wirklichkeitserzählungen. Felder, Formen und Funktionen nicht-literarischen Erzählens. Stuttgart/Weimar 2009, 1–13.
G. Lukács, Der historische Roman. 3. Aufl. Neuwied/Berlin 1965.
H.-J. Müllenbrock, Der historische Roman des 19. Jahrhunderts. Heidelberg 1980.
I. U. Paul/R. Faber (Hrsg.), Der historische Roman zwischen Kunst, Ideologie und Wissenschaft. Würzburg 2013.
F. Reitemeier, Deutsch-englische Literaturbeziehungen: Der historische Roman Sir Walter Scotts und seine deutschen Vorläufer. Paderborn/München/Wien/Zürich 2001.
J. Holzner (Projektleitung), Projekt Historischer Roman, https://webapp.uibk.ac.at/germanistik/histrom/datenbank.html (16.02.2024).

14.1.3 Ungeschehene Geschichte, Utopie, Dystopie
A. Demandt, Ungeschehene Geschichte. Ein Traktat über die Frage: Was wäre geschehen, wenn ...? 2. Aufl. Göttingen 1986.
R. W. Evans, Altered Pasts. Counterfactuals in History. Waltham 2014.
N. Ferguson (Hrsg.), Virtual History. Alternatives und Counterfactuals. Cambridge 1997.
H. Freyer, Die politische Insel. Eine Geschichte der Utopien von Platon bis zur Gegenwart. Leipzig 1936.
M. D. Gordin u. a. (Hrsg.), Utopia / Dystopia. Conditions of Historical Possibility. Princeton/Oxford 2010.
L. Hölscher, Utopie, in: O. Brunner u. a. (Hrsg.), Geschichtliche Grundbegriffe. Historisches Lexikon zur politisch-sozialen Sprache in Deutschland. Bd. 6. Stuttgart 1990, S. 733–790.
St. Jordan, Virtuelle Geschichte, in: D. Kasprowicz/St. Rieger (Hrsg.), Handbuch Virtualität. Wiesbaden 2020, 455–471.
R. Koselleck, Verzeitlichung der Utopie, in: W. Voßkamp (Hrsg.), Utopieforschung. Bd. 3. Frankfurt am Main 1985, S. 1–14.
W. Rathenau, Die neue Wirtschaft. Berlin 1918.
R. Saage, Utopische Profile. 4 Bde. Münster 2001–2004.
E. Schütz, Kontrafaktische Geschichtsschreibung zum NS in Romanen nach 1945, in: I. U. Paul/R. Faber (Hrsg.), Der historische Roman zwischen Kunst, Ideologie und Wissenschaft. Würzburg 2013, 467–485.

14.2 Nicht-narrative Formen von Geschichtsschreibung

14.2.1 Annalen, Chronologien
M. Brauer, Quellen des Mittelalters. Paderborn 2013.
A. Brendecke, Chronologie, in: St. Jordan (Hrsg.), Grundbegriffe der Geschichtswissenschaft. Stuttgart 2019, 52–54.
S. Foot, Annals and Chronicles in Western Europe, in: dies./Ch. F. Robinson (Hrsg.), The Oxford History of Historical Writing. Bd. 2: 400–1400. Oxford 2012, 346–367.
H. Grundmann, Geschichtsschreibung im Mittelalter. Gattungen – Epochen – Eigenart. Göttingen 1965.
N. H. Ott, Annalen, in: St. Jordan (Hrsg.), Grundbegriffe der Geschichtswissenschaft. Stuttgart 2019, 24–27.
N. H. Ott, Chronik, in: St. Jordan (Hrsg.), Grundbegriffe der Geschichtswissenschaft. Stuttgart 2019, 48–51.
A. E. Samuel, Greek and Roman Chronology. Calendars and Years in Classical Antiquity. München 1972.
G. Serrade, Leere Zeiten, oder Das abstrakte Geschichtsbild. Berlin 1998.
G. P. Verbrugghe, On the Meaning of Annales, on the Meaning of the Word Annalist, in: Philologus 133 (1989), 192–230.
H. Zemanek, Kalender und Chronologie. Bekanntes & Unbekanntes aus der Kalenderwissenschaft. 6. Aufl. München 2008.

14.2.2 Historische Datenbanken
D. J. Cohen/R. Rosenzweig, Digital History. A Guide to Gathering, Preserving, and Presenting the Past on the Web. Philadelphia 2006.
U. Danker/A. Schwabe, Geschichte im Internet. Stuttgart 2017.
F. Geisler, Datenbanken. Grundlagen und Design. 5. Aufl. Heidelberg u. a. 2014.
P. Haber, Digital Past. Geschichtswissenschaften im digitalen Zeitalter. München 2011.
F. Jannidis u. a. (Hrsg.), Digital Humanities. Eine Einführung. Stuttgart 2017, Kap. II,8: Datenbanken, 109–127.
Marcus Schröter, Historische Volltextdatenbanken, in: L. Busse u. a. (Hrsg.), Clio Guide. Ein Handbuch zu digitalen Ressourcen für die Geschichtswissenschaften. Berlin 2016, http://www.clio-online.de/guides/sammlungen/historische-volltextdatenbanken/2016 (16.02.2024).
Ch. Hesse/R. C. Schwinges (Leiter), Repertorium Academicum Germanicum. Die graduierten Gelehrten des Alten Reiches zwischen 1250 und 1550 (RAG), https://rag-online.org/ (16.02.2024).

14.3 Narrative Formen von Geschichtsschreibung

E. Breisach, Narrative in Historical Writing, in: D. R. Woolf (Hrsg.), A Global Encyclopedia of Historical Writing. New York/London 1998, 647–649.

P. Carrard, Poetics of the New History. French Historical Discourse from Braudel to Chartier. Baltimore/London 1992.

R. G. Dunphy (Hrsg.), The Encyclopedia of the Medieval Chronicle. 2 Bde. Leiden/Boston 2010.

S. Foot, Annals and Chronicles in Western Europe, in: dies./Ch. F. Robinson (Hrsg.), The Oxford History of Historical Writing. Bd. 2: 400–1400. Oxford 2012, 346–367.

H. V. Geppert, Der Historische Roman. Geschichte umerzählt – von Walter Scott bis zur Gegenwart. Tübingen 2009, Kap. 5.2: Die produktive Differenz zwischen Fiktion und Historie, 157–167.

B. Herzog, Res gestae / Historia rerum gestarum, in: St. Jordan (Hrsg.), Grundbegriffe der Geschichtswissenschaft. Stuttgart 2019, 257–260.

W. Hug, Erzählende Quellen. Grundformen narrativer Geschichtsschreibung in Antike und Mittelalter, in: S. Quandt/H. Süssmuth (Hrsg.), Historisches Erzählen. Formen und Funktionen. Göttingen 1982, 77–103.

St. Jaeger, Multiperspektivisches Erzählen in der Geschichtsschreibung des ausgehenden 20. Jahrhunderts. Wissenschaftliche Inszenierungen von Geschichte zwischen Roman und Wirklichkeit, in: V. Nünning/A. Nünning (Hrsg.), Multiperspektivisches Erzählen. Zur Theorie und Geschichte der Perspektivenstruktur im englischen Roman des 18. bis 20. Jahrhunderts. Trier 2000, 323–346.

St. Jaeger, Erzählen im historiographischen Diskurs, in: Ch. Klein/M. Martínez (Hrsg.), Wirklichkeitserzählungen. Felder, Formen und Funktionen nicht-literarischen Erzählens. Stuttgart/Weimar 2009, 110–135.

K.-E. Jeismann/S. Quandt (Hrsg.), Geschichtsdarstellung. Determinanten und Prinzipien. Göttingen 1982.

St. Jordan, Theorien und Methoden der Geschichtswissenschaft. 5. Aufl. Paderborn 2021, 15–21.

Ch. Klein, Einleitung: Biographik zwischen Theorie und Praxis. Versuch einer Bestandsaufnahme, in: ders. (Hrsg.), Grundlagen der Biographik. Theorie und Praxis des biographischen Schreibens. Stuttgart/Weimar 2002, 1–22.

Ch. Klein/M. Martínez, Wirklichkeitserzählungen. Felder, Formen und Funktionen nicht-literarischen Erzählens, in: dies. (Hrsg.), Wirklichkeitserzählungen. Felder, Formen und Funktionen nicht-literarischen Erzählens. Stuttgart/Weimar 2009, 1–13.

M. Martínez (Hrsg.), Handbuch Erzählliteratur. Theorie, Analyse, Geschichte. Stuttgart/Weimar 2011, Kap. C: Geschichte der erzählenden Literatur, 167–284.

A. Munslow, Narrative and History. Basingstoke/New York 2007.

S. Quandt/H. Süssmuth (Hrsg.), Historisches Erzählen. Formen und Funktionen. Göttingen 1982.

U. Raulff, Das Leben – buchstäblich. Über neuere Biographik und Geschichtswissenschaft, in: in: Ch. Klein (Hrsg.), Grundlagen der Biographik. Theorie und Praxis des biographischen Schreibens. Stuttgart/Weimar 2002, 55–68.

P. Ricœur, Temps et récit. Bd. III: Le temps raconté. Montrouge 1985.

A. Rüth, Erzählte Geschichte. Narrative Strukturen in der französischen Annales-Geschichtsschreibung. Berlin/New York 2005.

M. M. Sage/C. M. D. Crowder, Chronicles, in: D. R. Woolf (Hrsg.), A Global Encyclopedia of Historical Writing. New York/London 1998, 175–179.

15 Funktionen von Geschichtsschreibung

15.1 Allgemeine Werke

J. Eckel/Th. Etzemüller, Vom Schreiben der Geschichte der Geschichtsschreibung. Einleitende Bemerkungen, in: dies. (Hrsg.), Neue Zugänge zur Geschichte der Geschichtswissenschaft. Göttingen 2007, 7–26.
W. Küttler u. a. (Hrsg.), Grundlagen und Methoden der Historiographiegeschichte (Geschichtsdiskurs, Bd. 1). Frankfurt am Main 1993, Kap. III: Strategien einer Historiographiegeschichte, 191–290.
M. T. Gilderhus, History and Historians. A Historiographical Introduction. 6. Aufl. Upper Saddle River 2006.
J. Kocka, Gesellschaftliche Funktionen der Geschichtswissenschaft, in: W. Oelmüller (Hrsg.), Wozu noch Geschichte? München 1977, 11–33.
L. S. Kramer/S. Maza (Hrsg.), A Companion to Western Historical Thought. Malden/Oxford 2002.
H. Rickert, Die Grenzen der naturwissenschaftlichen Begriffsbildung. Eine Einleitung in die historischen Wissenschaften. 3. und 4. Aufl. Tübingen 1921.
J. Rüsen, Zeit und Sinn. Strategien historischen Denkens. Frankfurt am Main 1990.
J. Rüsen, Historik. Theorie der Geschichtswissenschaft. Köln/Weimar/Wien 2013.
W. Windelband, Geschichte und Naturwissenschaft (Straßburger Rektoratsrede 1894), in: ders., Präludien. Aufsätze und Reden zur Philosophie und ihrer Geschichte. Bd. 2. Tübingen 1919, 136–160.

15.2 Geschichtsschreibung als Erinnerung und Gedächtnis

A. Assmann, Erinnerungsräume. Formen und Wandlungen des kulturellen Gedächtnisses. München 1999.
A. Assmann, Der lange Schatten der Vergangenheit. Erinnerungskultur und Geschichtspolitik. München 2006.
A. Assmann, Einführung in die Kulturwissenschaft. Grundbegriffe, Themen, Fragestellungen. 4. Aufl. Berlin 2017.
J. Assmann, Das kulturelle Gedächtnis. Schrift, Erinnerung und politische Identität in frühen Hochkulturen. München 1992.
J. Assmann, Gedächtnis, in: St. Jordan (Hrsg), Grundbegriffe der Geschichtswissenschaft. Stuttgart 2019, 97–101.
M. Berek, Kollektives Gedächtnis und die gesellschaftliche Konstruktion der Wirklichkeit. Eine Theorie der Erinnerungskulturen. Wiesbaden 2009.
A. Erll/A. Nünning (Hrsg.), A Companion to Cultural Memory Studies. Berlin/New York 2010.
A. Erll, Kollektives Gedächtnis und Erinnerungskulturen. Eine Einführung. 2. Aufl. Stuttgart/Weimar 2011.
A. Escudier (Hrsg.), Gedenken im Zwiespalt. Konfliktlinien europäischen Erinnerns. Göttingen 2001.

Ch. Gudehus u. a. (Hrsg.), Gedächtnis und Erinnerung. Ein interdisziplinäres Handbuch. Stuttgart/Weimar 2010.
M. Halbwachs, La mémoire collective [1939]. Paris 1950.
M. Halbwachs, Les cadres sociaux de la mémoire [1925]. Paris 1952.
P. Nora (Hrsg.), Les lieux de mémoire. 7 Bde. Paris 1984–1992.
P. Nora, Zwischen Geschichte und Gedächntis. Berlin 1990.
H. Welzer (Hrsg.), Das soziale Gedächtnis. Geschichte, Erinnerung, Tradierung. Hamburg 2001.
J. Rüsen, Zerbrechende Zeit. Über den Sinn der Geschichte. 2. Aufl. Münster 2020.
J. Tanner, Erinnern / Vergessen, in: St. Jordan (Hrsg.), Grundbegriffe der Geschichtswissenschaft. Stuttgart 2019, 77–81.
H. Welzer, Wozu erinnern wir uns? Einige Fragen an die Geschichtswissenschaften, in: Österreichische Zeitschrift für Geschichtswissenschaften 16,1 (2005), 12–35.
H. Welzer, Das Kommunikative Gedächtnis. Eine Theorie der Erinnerung. 4. Aufl. München 2017.

15.3 Erkenntnis- und Wissensbildung und ihre Vermittlung durch Historiografie

Th. Etzemüller, „Ich sehe das, was Du nicht siehst". Wie entsteht historische Erkenntnis, in: J. Eckel/Th. Etzemüller (Hrsg.), Neue Zugänge zur Geschichte der Geschichtswissenschaft. Göttingen 2007, 27–68.
J. Eckel, Der Sinn der Erzählung. Die narratologische Diskussion in der Geschichtswissenschaft und das Beispiel der Weimargeschichtsschreibung, in: ders./Th. Etzemüller (Hrsg.), Neue Zugänge zur Geschichte der Geschichtswissenschaft. Göttingen 2007, 201–229.
R. J. Evans, In Defence of History. London 1997.
St. Jordan, Geschichtswissenschaft, in: Staatslexikon. 8. Aufl., Freiburg/Basel/Wien 2018, 1207–1217, https://www.staatslexikon-online.de/Lexikon/Geschichtswissenschaft (16.02.2024).
St. Jordan, Theorien und Methoden der Geschichtswissenschaft. 5. Aufl. Paderborn 2021, 13 f.
R. Koselleck/W.-D. Stempel (Hrsg.), Geschichte – Ereignis und Erzählung (Poetik und Hermeneutik, Bd. 5). München 1973, Kap. B: Narrativität und Geschichte, 519–589.
R. Koselleck, Zeitschichten. Studien zur Historik. Frankfurt am Main 2000, 287–297.
Ch. Kühberger (Hrsg.), Historisches Wissen. Geschichtsdidaktische Erkundung zur Art, Tiefe und Umfang für das historische Lernen. Schwalbach im Taunus 2012.
A. Megill, Historical Knowledge, Historical Error. A Contemporary Guide to Practice. Chicago/London 2007.
H.-J. Pandel, Geschichtsdidaktik. Eine Theorie für die Praxis. 2. Aufl. Schwalbach im Taunus 2017.
J. Rüsen, Historisches Erzählen, in: K. Bergmann u. a. (Hrsg.), Handbuch der Geschichtsdidaktik. 3. Aufl. Düsseldorf 1985, 44–50.

J. Rüsen, Lebendige Geschichte. Grundzüge einer Historik III: Formen und Funktionen des historischen Wissens. Göttingen 1989.
J. Rüsen, Narrativität und Objektivität in der Geschichtswissenschaft, in: J. Stückrath/J. Zbinden (Hrsg.), Metageschichte. Hayden White und Paul Ricœur. Dargestellte Wirklichkeit in der europäischen Kultur im Kontext von Husserl, Weber, Auerbach und Gombrich. Baden-Baden 1997, 303–326.
J. Rüsen, Historik. Theorie der Geschichtswissenschaft. Köln/Weimar/Wien 2013.

15.4 Historia Magistra Vitae – die politisch moralische Lehrfunktion der Geschichte

A. Demandt, Wiederholt sich Geschichte? (2019), in: ders., Magistra Vitae. Essays zum Lehrgehalt der Geschichte. Wien/Köln/Weimar 2020, 283–295.
E. Hobsbawm, On History. New York 1997.
St. Jordan, Die Rede der Historiker von den „Zeichen der Zeit": Zur Ableitung von Aussagen über die Zukunft aus der Geschichte, in: Zeitschrift für Semiotik 29 (2007), Heft 2/3, S. 211–218.
R. Koselleck, Historia Magistra Vitae. Über die Auflösung des Topos im Horizont neuzeitlich bewegter Geschichte, in: ders., Vergangene Zukunft. Zur Semantik geschichtlicher Zeiten. Frankfurt am Main 1989, 38–66.
R. Koselleck, Wiederholungsstrukturen in Sprache und Geschichte, in: ders., Vom Sinn und Unsinn der Geschichte. Aufsätze und Vorträge aus vier Jahrzehnten. Berlin 2010, 96–114.
H. Paul, Key Issues in Historical Theory. New York/London 2015, 124–129.
M. Teich/A. Müller (Hrsg.), Historia Magistra Vitae? (Österreichische Zeitschrift für Geschichtswissenschaften 16,2). Innsbruck/Wien/Bozen 2005.

15.5 Identitäts- und Sinn(neu-)bildung

15.5.1 Historische Identität

E. Angehrn/G. Jüttemann (Hrsg.), Identität und Geschichte. Göttingen 2018.
A. Assmann, Fluchten aus der Geschichte. Die Wiedererfindung von Traditionen vom 18. bis zum 20. Jahrhundert, in: K. E. Müller/J. Rüsen (Hrsg.), Historische Sinnbildung. Problemstellungen, Zeitkonzepte, Wahrnehmungshorizonte, Darstellungsstrategien. Reinbek 1997, 608–625.
E. Hobsbawm/T. Ranger (Hrsg.), The Invention of Tradition. Cambridge 1992.
A. Hoffmann, Zufall, in: St. Jordan (Hrsg.), Grundbegriffe der Geschichtswissenschaft. Stuttgart 2019, 339–342.
G. Mann u. a., Der Sinn der Geschichte. 4. Aufl. München 1970.
O. Marquard/K. Stierle (Hrsg.), Identität (Poetik und Hermeneutik, Bd. 8). München 1979, Kap. II.2: Identität in Geschichten, 655–684.

15.5.2 Historische Sinnbildung

E. Angehrn, Vom Sinn der Geschichte, in: V. Depkat u. a. (Hrsg.), Wozu Geschichte(n)? Geschichtswissenschaft und Geschichtsphilosophie im Widerstreit. Stuttgart 2004, S. 15–30.

J. Baberowski, Der Sinn der Geschichte. Geschichtstheorien von Hegel bis Foucault. München 2005.

K. E. Müller/J. Rüsen (Hrsg.), Historische Sinnbildung. Problemstellungen, Zeitkonzepte, Wahrnehmungshorizonte, Darstellungsstrategien. Reinbek 1997.

J. Rüsen, Wahrheit, Sinn und Konstruktion. Über die *wahre* Geschichte, über Grenzen und Möglichkeiten moderner Historiographie, Globalisierung und Ethnozentrismus, im Gespräch mit Ljiljana Heise und Ivonne Meybohm, in: I. U. Paul/R. Faber (Hrsg.), Der historische Roman zwischen Kunst, Ideologie und Wissenschaft. Würzburg 2013, 43–60.

J. Rüsen, Sinn, historischer, in: St. Jordan (Hrsg.), Grundbegriffe der Geschichtswissenschaft. Stuttgart 2019, 263–265.

J. Rüsen, Zerbrechende Zeit. Über den Sinn der Geschichte. 2. Aufl. Münster 2020.

15.5.3 Exkurs: Meistererzählungen

St. Berger/Ch. Lorenz (Hrsg.), The Contested Nation. Ethnicity, Class, Religion and Gender in National Histories. Basingstoke 2008.

K. H. Jarausch/M. Sabrow (Hrsg.), Die historische Meistererzählung. Deutungslinien der deutschen Nationalgeschichte nach 1945. Göttingen 2002.

G. Motzkin, Das Ende der Meistererzählungen, in: J. Eibach/G. Lottes (Hrsg.), Kompass der Geschichtswissenschaft. Ein Handbuch. Göttingen 2002, 371–387.

F. Rexroth, Meistererzählungen und die Praxis der Geschichtsschreibung. Eine Skizze zur Einführung, in: ders. (Hrsg.), Meistererzählungen vom Mittelalter. Epochenimaginationen und Verlaufsmuster in der Praxis mediävistischer Disziplinen. München 2007, 1–22.

F. Rexroth, Das Mittelalter und die Moderne in den Meistererzählungen der historischen Wissenschaften, in: Zeitschrift für Literaturwissenschaft und Linguistik 38 (2008), S. 12–31.

F. Rexroth, Die scholastische Wissenschaft in den Meistererzählungen von der europäischen Geschichte, in: K. Ridder/St. Patzold (Hrsg.), Die Aktualität der Vormoderne. Epochenentwürfe zwischen Alterität und Kontinuität. Berlin 2013, 111–134.

J. Rüsen, Einleitung: Für eine interkulturelle Kommunikation in der Geschichte, in: ders. u. a. (Hrsg.), Die Vielfalt der Kulturen. Erinnerung, Geschichte, Identität 4. Frankfurt am Main 1998, S. 12–36.

15.6 Wechselverhältnis zwischen Geschichtswissenschaft und Demokratie

T. Bendikowski u. a., Geschichtslügen. Vom Lügen und Fälschen im Umgang mit der Vergangenheit. Münster 2001.

A. DE BAETS, Censorship and Historical Writing, in: D. R. WOOLF (Hrsg.), A Global Encyclopedia of Historical Writing. New York/London 1998, 149 f.
A. DE BAETS, Responsible History. New York/Oxford 2009.
K.-G. FABER, Zur Instrumentalisierung historischen Wissens in der politischen Diskussion, in: R. KOSELLECK u. a. (Hrsg.), Objektivität und Parteilichkeit (Theorie der Geschichte. Beiträge zur Historik, Bd. 1). München 1977, 270–316.
R. F. BERKHOFER JR., Beyond the Great Story. History as Text and Discourse. Cambridge (Massachusetts)/London 1995.
K. GÖTZ-VOTTELER/S. HESPERS, Alternative Wirklichkeiten? Wie Fake News und Verschwörungstheorien funktionieren und warum sie Aktualität haben. Bielefeld 2019.
A. GRAFTON, Forgers and Critics. Creativity and Duplicity in Western Scholarship. Neuausg. Princeton 2019.
ST. JORDAN, Theorien und Methoden der Geschichtswissenschaft. 5. Aufl. Paderborn 2021, 58–61.
ST. JORDAN, Geschichtswissenschaft und Politik, in: M. BARRICELLI u. a. (Hrsg.), Handbuch der Historik. Wiesbaden 2024, 359–365.
H. J. KAYE, The Education of Desire. Marxists and the Writing of History. New York 1992.
R. KOSELLECK, Einleitung, in: O. BRUNNER u. a. (Hrsg.), Geschichtliche Grundbegriffe. Historisches Lexikon zur politisch-sozialen Sprache in Deutschland. Bd. 1. Stuttgart 1972, XIII–XXVII.
K. GROSSE KRACHT, Kritik, Kontroverse, Debatte. Historiografiegeschichte als Streitgeschichte, in: J. ECKEL/TH. ETZEMÜLLER (Hrsg.), Neue Zugänge zur Geschichte der Geschichtswissenschaft. Göttingen 2007, 255–283.
W. NEUGEBAUER, Preußische Geschichte als gesellschaftliche Veranstaltung. Historiographie vom Mittelalter bis zum Jahr 2000. Paderborn 2018.
T. NICHOLS, The Death of Expertise. The Campaign against Established Knowledge and Why It Matters. Oxford 2017.
H. PAUL, Key Issues in Historical Theory. New York/London 2015, Kap. 6: The Political Relation: Making History, 70–82.
K. RÖTTGERS, Geschichtserzählung als kommunikativer Text, in: S. QUANDT/H. SÜSSMUTH (Hrsg.), Historisches Erzählen. Formen und Funktionen. Göttingen 1982, 29–48.
CH. SCHICHA u. a. (Hrsg.), Medien und Wahrheit. Medienethische Perspektiven auf Desinformation, Lügen und „Fake News". Baden-Baden 2021.

15.7 Geschichtsschreibung als Literatur

A. BARBERI, Clio verwunde(r)t. Hayden White, Carlo Ginzburg und das Sprachproblem der Geschichte. Wien 2000.
E. A. CLARK, History, Theory, Text. Historians and the Linguistic Turn. Cambridge (Massachusetts) 2004.
H. V. GEPPERT, Der Historische Roman. Geschichte umerzählt – von Walter Scott bis zur Gegenwart. Tübingen 2009, Kap. 5.3: Erkenntnisformen des Erzählens im historischen Roman, 167–202.
C. GINZBURG, Rapporti di forza. Storia, retorica, prova. Milano 2000.

W. Hardtwig, Die Verwissenschaftlichung der Historie und die Ästhetisierung der Darstellung, in: R. Koselleck u. a. (Hrsg.), Formen der Geschichtsschreibung (Theorie der Geschichte. Beiträge zur Historik. Bd. 4). München 1982, 147–191.

St. Jordan, Der Linguistic Turn und seine Folgen für die Geschichtswissenschaft, in: Ch. Landmesser/R. Zimmermann (Hrsg.), Text und Geschichte. Geschichtswissenschaftliche und literaturwissenschaftliche Beiträge zum Faktizitäts-Fiktionalitäts-Geflecht in antiken Texten. Leipzig 2017, 55–71.

St. Jordan, Theorien und Methoden der Geschichtswissenschaft. 5. Aufl. Paderborn 2021, 14 f.

E. Kessler, Das rhetorische Modell der Historiographie, in: R. Koselleck u. a. (Hrsg.), Formen der Geschichtsschreibung (Theorie der Geschichte. Beiträge zur Historik. Bd. 4). München 1982, 37–85.

D. LaCapra, History & Criticism. Ithaca 1985.

H. Ott, Literatur und Geschichtsschreibung. Aspekte ihrer Wechselbeziehung, in: M. Flothow/F.-L. Kroll (Hrsg.), Vergangenheit vergegenwärtigen. Der historische Roman im 20. Jahrhundert. Leipzig 1998, 17–30.

H. Paul, Key Issues in Historical Theory. New York/London 2015, Kap. 5: The Aesthetic Relation: Historical Narratives, 56–69.

P. Ricœur, Temps et récit. Bd. I: L'intrigue et le récit historique. Montrouge 1983.

G. Roberts (Hrsg.), The History and Narrative Reader. London/New York 2001.

P. Schöttler, Wer hat Angst vor dem „linguistic turn"?, in: Geschichte und Gesellschaft 23 (1997), 134–151.

P. Schöttler, Nach der Angst. Geschichtswissenschaft vor und nach dem „linguistic turn". Münster 2018.

G. M. Spiegel (Hrsg.), Practicing History. New Directions in Historical Writing after the Linguistic Turn. New York 2005.

W. Steinmetz, Das Sagbare und das Machbare. Zum Wandel politischer Handlungsspielräume – England 1789–1867. Stuttgart 1993.

K. Stopka, Fiktionale Zeitgeschichten. Ein Plädoyer für eine historiographische Annäherung an die Literatur, in: I. U. Paul/R. Faber (Hrsg.), Der historische Roman zwischen Kunst, Ideologie und Wissenschaft. Würzburg 2013, 79–92.

J. Stückrath/J. Zbinden, Metageschichte. Ein interdisziplinäres Projekt, in: dies. (Hrsg.), Metageschichte. Hayden White und Paul Ricœur. Dargestellte Wirklichkeit in der europäischen Kultur im Kontext von Husserl, Weber, Auerbach und Gombrich. Baden-Baden 1997, 11–22.

15.7.1 Exkurs: Hayden Whites literaturwissenschaftliche Analyse von Geschichtsschreibung

F. Ankersmit u. a. (Hrsg.), Re-Figuring Hayden White. Stanford 2009.

P. Boden/R. Zill (Hrsg.), Poetik und Hermeneutik im Rückblick. Interviews mit Beteiligten. Paderborn 2017.

R. Doran (Hrsg.), Philosophy of History after Hayden White. London/New Delhi/New York/Sydney 2013.

Ph. Grosskurth, Rezension zu H. White, Metahistory, in: Canadian Historical Review 56 (1975), 193.

R. Jacoby, A New Intellectual History?, in: The American Historical Review Review 97 (1992), 405–424.

K. Jenkins, „Nobody Does it Better": Radcial History and Hayden White, in: F. Ankersmit u. a. (Hrsg.), Re-Figuring Hayden White. Stanford 2009, 105–123.

St. Jordan, Der Linguistic Turn und seine Folgen für die Geschichtswissenschaft, in: Ch. Landmesser/R. Zimmermann (Hrsg.), Text und Geschichte. Geschichtswissenschaftliche und literaturwissenschaftliche Beiträge zum Faktizitäts-Fiktionalitäts-Geflecht in antiken Texten. Leipzig 2017, 55–71.

D. LaCapra, Intellectual History and Its Ways, in: The American Historical Review 97 (1992), 425–439.

H.-J. Lüsebrink, Tropologie, Narrativik, Diskurssemantik. Hayden White aus literaturwissenschaftlicher Sicht, in: W. Küttler u. a. (Hrsg.), Grundlagen und Methoden der Historiographiegeschichte (Geschichtsdiskurs, Bd. 1). Frankfurt am Main 1993, 355–361.

J. Stückrath/J. Zbinden (Hrsg.), Metageschichte. Hayden White und Paul Ricœur. Dargestellte Wirklichkeit in der europäischen Kultur im Kontext von Husserl, Weber, Auerbach und Gombrich. Baden-Baden 1997, 73–165.

I. Wagner, Geschichte als Text. Zur Tropologie Hayden Whites, in: W. Küttler u. a. (Hrsg.), Grundlagen und Methoden der Historiographiegeschichte (Geschichtsdiskurs, Bd. 1). Frankfurt am Main 1993, 212–232.

H. White, Metahistory. The Historical Imagination in Nineteenth-Century Europe. Baltimore/London 1973.

H. White, Tropics of Discourse. Essays in Cultural Criticism. Baltimore/London 1978.

H. White, The Content of the Form. Narrative Discourse and Historical Representation. Baltimore/London 1987.

H. White, Auch Klio dichtet oder Die Fiktion des Faktischen. Studien zur Tropologie des historischen Diskurses. Stuttgart 1991.

16 Geschichtsschreibung, ihre Quellen und die Herstellung von Authentizität

16.1 Geschichtsschreibung und ihre Quellen

K. Arnold, Quellen, in: St. Jordan (Hrsg.), Grundbegriffe der Geschichtswissenschaft. Stuttgart 2019, 251–255.

F. Beck/E. Henning, Die archivalischen Quellen. Eine Einführung in ihre Benutzung. 5. Aufl. Weimar 2012.

M. Brauer, Quellen des Mittelalters. Paderborn 2013.

H.-J. Goertz, Unsichere Geschichte. Zur Theorie historischer Referentialität. Stuttgart 2001.

A. Grafton, The Footnote. A Curious History. Cambridge 1995.

M. C. Howell/W. Prevenier, From Reliable Sources. An Introduction to Historical Methods. Ithaca/London 2001.

St. Jordan, Vetorecht der Quellen. Version: 1.0, in: Docupedia Zeitgeschichte. 11. Februar 2010, https://docupedia.de/zg/Vetorecht_der_Quellen (16.02.2024).

St. Jordan, Einführung in das Geschichtsstudium. Stuttgart 2019, 75–79.

St. Jordan, Quelle, Dokument, Urkunde, in: M. Sabrow/A. Saupe (Hrsg.), Handbuch Historische Authentizität. Göttingen 2022, 375–382.

P. Kirn, Einführung in die Geschichtswissenschaft. 2. Aufl. Berlin 1952.

R. Koselleck, Standortbindung und Zeitlichkeit. Ein Beitrag zur historiographischen Erschließung der geschichtlichen Welt, in: ders. u. a. (Hrsg.), Objektivität und Parteilichkeit (Theorie der Geschichte. Beiträge zur Historik, Bd. 1). München 1977, S. 17–46.

A. Landwehr, Die anwesende Abwesenheit der Vergangenheit. Essays zur Geschichtstheorie. Frankfurt am Main 2016, Kap. Material, 56–78.

M. Maurer (Hrsg.), Aufriß der Historischen Wissenschaften. Bd. 4: Quellen. Ditzingen 2002.

O. G. Oexle, Was ist eine historische Quelle?, in: Rechtsgeschichte. Zeitschrift des Max-Planck-Instituts für europäische Rechtsgeschichte 4 (2004), S. 165–186.

M. Rhode/E. Wawra, Quellen und Quellenkritik im Geschichtsstudium, in: dies. (Hrsg.), Quellenanalyse. Ein epochenübergreifendes Handbuch für das Geschichtsstudium. Paderborn 2020, 15–30.

D. R. Woolf, Paleography and Diplomatic, in: ders. (Hrsg.), A Global Encyclopedia of Historical Writing. New York/London 1998, 688–692.

M. Zimmermann, Quelle als Metapher. Überlegungen zur Historisierung einer historiographischen Selbstverständlichkeit, in: Historische Anthropologie 5 (1997), 268–287.

16.2 Authentizität in der Geschichtsschreibung

F. R. Ankersmit, Meaning, Truth, and Reference in Historical Representation. Leuven 2012.

J. Assmann, Das kulturelle Gedächtnis. Schrift, Erinnerung und politische Identität in frühen Hochkulturen. München 1992.

R. F. Berkhofer Jr., Beyond the Great Story. History as Text and Discourse. Cambridge (Massachusetts)/London 1995.

F. X. Blouin Jr./W. G. Rosenberg, Processing the Past. Contesting Authority in History and the Archives. Oxford 2011.

D. Carr, Die Realität der Geschichte, in: K. E. Müller/J. Rüsen (Hrsg.), Historische Sinnbildung. Problemstellungen, Zeitkonzepte, Wahrnehmungshorizonte, Darstellungsstrategien. Reinbek 1997, 309–327.

B. Croce, Die Geschichte als Gedanke und als Tat. Hamburg 1944.

C. Geertz, Works and Lives. The Anthropologist as Author. Stanford 1988.

K. Große Kracht, Die zankende Zunft. Historische Kontroversen in Deutschland nach 1945. Göttingen 2005.

E. Kessler, Das rhetorische Modell der Historiographie, in: R. Koselleck u. a. (Hrsg.), Formen der Geschichtsschreibung (Theorie der Geschichte. Beiträge zur Historik, Bd. 4). München 1982, 37–85.

S. Knaller, Ein Wort aus der Fremde. Geschichte und Theorie des Begriffs Authentizität. Heidelberg 2007.

Ch. Lorenz, Konstruktion der Vergangenheit. Eine Einführung in die Geschichtstheorie. Köln/Weimar/Wien 1997, Kap. III, 35–64.

Th. F. Mayer, Rhetoric and Historical Writing, in: D. R. Woolf (Hrsg.), A Global Encyclopedia of Historical Writing. New York/London 1998, 775 f.

A. Megill, Historical Knowledge, Historical Error. A Contemporary Guide to Practice. Chicago/London 2007.

H. Paul, Key Issues in Historical Theory. New York/London 2015, Kap. 9: The Epistemic Relation (III): Truth and Plausibility, 111–122.

W. Paravicini, Die Wahrheit der Historiker. München 2010.

M. Sabrow/A. Saupe (Hrsg.), Historische Authentizität. Göttingen 2022.

A. Saupe, Authentizität, Version 3.0, in: Docupedia-Zeitgeschichte, 25. August 2015, https://docupedia.de/zg/Saupe_authentizitaet_v3_de_2015 (16.02.2024).

E. Schilling, Authentizität. Karriere einer Sehnsucht. München 2020.

J. Schröter/A. Eddelbüttel (Hrsg.), Konstruktion von Wirklichkeit. Beiträge aus geschichtstheoretischer, philosophischer und theologischer Perspektive. Berlin/New York 2004, 1–133.

M. Tamm, Truth, Objectivity and Evidence in History Writing, in: Journal of the Philosophy of History 8 (2014), 265–290.

17 Geschichtsschreibung in einer globalisierten Welt

D. Chakrabarty, Provincializing Europe. Postcolonial Thought and Historical Difference. Princeton 2000.

Ch. Conrad/ S. Conrad (Hrsg.), Die Nation schreiben. Geschichtswissenschaft im interntionalen Vergleich. Göttingen 2002.

S. Conrad, Globalgeschichte. Eine Einführung. München 2013.

A. De Baets, Eurocentrism in the Writing and Teaching of History, in: D. R. Woolf (Hrsg.), A Global Encyclopedia of Historical Writing. New York/London 1998, 298–300.

J. Dinkel, Dritte Welt. Geschichte und Semantiken. Version: 1.0, in: Docupedia-Zeitgeschichte, 6. Oktober 2014, https://docupedia.de/zg/Dritte_Welt (16.02.2024).

E. Fuchs/B. Stuchtey (Hrsg.), Across Cultural Borders. Historiography in Global Perspective. Lanham 2002.

Ph. Gassert, Transnationale Geschichte, Version: 2.0, in: Docupedia-Zeitgeschichte, 29. Oktober 2012, https://docupedia.de/zg/Transnationale_Geschichte_Version_2.0_Philipp_Gassert (16.02.2024).

Allan E. Goodman (Chief Executive Officer), Institute of International Education (IIE). Open Doors, https://www.iie.org/research-initiatives/open-doors/ (16.02.2024).

W. Küttler u. a. (Hrsg.), Krisenbewußtsein, Katastrophenerfahrungen und Innovationen 1880–1945 (Geschichtsdiskurs, Bd. 4). Frankfurt am Main 1997, Kap. IV: Nichtwestliche Kulturen: Einheimische Traditionen und europäische Einflüsse, 307–389.

U. Lindner, Neuere Kolonialgeschichte und Postcolonial Studies, Version: 1.0, in: Docupedia-Zeitgeschichte, 15.4.2011, https://docupedia.de/zg/Neuere_Kolonialgeschichte_und_Postcolonial_Studies (16.02.2024).

G. Lingelbach (Hrsg), Narrative und Darstellungsweisen der Globalgeschichte. Berlin/Boston 2022.

P. Manning (Hrsg.), Navigating World History. Historians Create a Global Past. Houndsmill/Basingstoke 2003.

M. Middell (Hrsg.), Die Verwandlung der Weltgeschichtsschreibung (Comparativ. Zeitschrift für Globalgeschichte und Vergleichende Geschichtsforschung 20, H. 6). Leipzig 2010.

D. Olstein, Thinking History Globally. Basingstoke/New York 2015.

H. Perraton, A History of Foreign Students in Britain. Houndsmill/New York 2014.

H. Perraton, International Students 1860–2010. Policy and Practice round the World. Cham 2020.

J. Rüsen, Theoretische Zugänge zum interkulturellen Vergleich historischen Denkens, in: ders. u. a. (Hrsg), Die Vielfalt der Kulturen. Erinnerung, Geschichte, Identität 4. Frankfurt am Main 1998, 37–73.

J. Rüsen (Hrsg.), Westliches Geschichtsdenken. Eine interkulturelle Debatte. Göttingen 1999.

D. Sachsenmaier, Global Perspectives on Global History. Theories and Approaches in a Connected World. Cambridge 2011.

E. Schulz/W. Sonne (Hrsg.), Kontinuität und Wandel. Geschichtsbilder in verschiedenen Fächern und Kulturen. Zürich 1999.

R. Torstendahl, Assessing Professional Developments. Historiography in a Comparative Perspective, in: ders. (Hrsg.), An Assessment of Twentieth-Century Historiography. Professionalism, Methodologies, Writings. Stockholm 2000, 9–30.

R. Wenzlhuemer, Globalgeschichte schreiben. Eine Einführung in 6 Episoden. Konstanz/München 2017.

M. Werner/B. Zimmermann, Vergleich, Transfer, Verflechtung. Der Ansatz der Histoire croisée und die Herausforderung des Transnationalen, in: Geschichte und Gesellschaft 28 (2002), 607–636.

Personenregister

Adams, Charles Kendall 93
Aemilius, Paulus 47
al-Bīrūnī, Abu r-Raihan Muhammad b. Ahmad 38
al-Īğī, 'Aḍud-ad-Dīn Abd-ar-Raḥmān ben-Aḥmad 26
al-Kāfiyağī, Muḥammad ibn Sulaymān 26
Alfons III., König von Asturien 20
Arai Hakuseki 33
Aristoteles 44, 121, 132, 149, 163
as-Sachāwī, Schams ad-Dīn Muhammad ibn 'Abd ar-Rahmān 26
Assmann, Aleida 137, 139
Assmann, Jan 137, 139, 165, 181
at-Tabarī, Abū Dscha'far Muhammad ibn Dscharīr 24

Bacon, Francis 47
Ban Biao 28
Ban Gu 28
Ban Zhao 28
Baronius, Cesare 50
Basu, Ramram 39
Beck, Christian Daniel 83
Beda Venerabilis 18
Berger, Stefan 157
Berkemer, Georg 39
Bernhard von Clairvaux 52
Bernheim, Ernst 84–85
Bhandarkar, Ramkrishna Gopal 39
Bloch, Marc 105–106
Bolland, Jean 51
Borkenau, Franz 118
Bossuet, Jacques Bénigne 50
Braudel, Fernand 106
Bruni, Leonardo 44, 46
Brunner, Otto 108
Bryennios, Nikephoros 22
Buchanan, George 48
Burckhardt, Jacob 149, 168
Burke, Edmund 74

Caesar, Gaius Julius 16
Chambers, Ephraim 75
Chen Yinke 30
Chen Yuan 30
Choniates, Niketas 22
Cicero, Marcus Tullius 12, 44–45, 134, 147
Comte, Auguste 65
Conze, Werner 109

Darwin, Charles 66
de Alva Cortés Ixtlilxóchitl, Fernando 41
de Alvarado Tezozómoc, Hernando 41
de Commynes, Philippe 47
de Góis, Damião 48
de La Mettrie, Julien Offray 64
de Las Casas, Bartolomé 48
de Rouvroy, Louis, Herzog von Saint-Simon 47
de Sahagún, Bernardino 41
de Staël, Germaine 74
de Tocqueville, Alexis 74
de Varnhagen, Francisco Adolfo 191
de Zurita y Castro, Jerónimo 48
Demandt, Alexander 122
Desclot, Bernard 20
Diakonos, Leon 22
Diderot, Denis 65
Droysen, Johann Gustav 78–80, 83–86, 159, 175
Du Guangting 119
Duby, Georges 110
Durkheim, Émile 106
Dutt, Rajani Palme 40
Dutt, Romesh Chunder 40
Dyao, Yoro 191

Eco, Umberto 121
Einhard 19
Engelberg, Ernst 111
Engels, Friedrich 67, 69
Ennius, Quintus 119
Epple, Angelika 39, 117

Eusebius von Caesarea 17–18, 21, 128
Evans, Richard J. 168

Farge, Arlette 112
Febvre, Lucien 105–106
Feuerbach, Ludwig 66–67
Fichte, Johann Gottlieb 58
Fischer, Fritz 163
Flacius, Matthias 49
Foucault, Michel 157
Friedrich, Fritz 100
Froissart, Jean 20
Fujiwara no Yoshifusa 32
Fukuyama, Francis 68

Gatterer, Johann Christoph 72
Gibbon, Edward 73
Ginzburg, Carlo 112
Goethe, Johann Wolfgang 57
Goldhagen, Daniel 163
Goll, Jaroslav 96
Gu Jiegang 30
Guicciardini, Francesco 44–45

Halbwachs, Maurice 137, 139
Heeren, Arnold Hermann Ludwig 72
Hegel, Georg Wilhelm Friedrich 58–60, 62, 66–69, 149
Heidegger, Martin 136
Helvétius, Claude-Adrien 65
Herder, Johann Gottfried 57–58, 80
Herodot 12–14, 21, 23, 115, 133–134, 136
Hesiod 119
Hieda no Are 31
Hobsbawm, Eric J. 102, 110
Humboldt, Wilhelm von 60–63, 79, 84, 90

Ibn 'Asākir 24
Ibn Chaldūn 24
Iggers, Georg G. 102, 188, 190–191
Il-yeon 35

Jacoby, Russell 168
Jarausch, Konrad H. 156

Jayaswal, Kashi Prasad 40
Jones, William 38

Kant, Immanuel 56–57, 83, 148
Kim Bu-Sik 35
Kirn, Paul 174–175
Kocka, Jürgen 109, 111
Kogălniceanu, Mihail 191
Komnena, Anna 22
Konfuzius 27
Koselleck, Reinhart 4, 7, 14, 43, 61, 150, 158–159, 169, 177

Labrousse, Ernest 110
LaCapra, Dominick 168
Lal, Vinay 38
Lamprecht, Karl 107, 109, 160
Le Roy Ladurie, Emmanuel 110
Lévi-Strauss, Claude 157
Liang Qichao 30
Lingelbach, Gabriele 88
Liu Zhiji 28
Livius, Titus 16, 45, 47
Löwith, Karl 55
Lü Simian 30
Lukács, Georg 118
Lukian 44

Mabillon, Jean 52
Machiavelli, Niccolò 44–45, 148
Majumdar, Ramesh Chandra 40
Malthus, Thomas Robert 65
Mann, Golo 111
Marcks, Erich 108
Marx, Karl 67–69, 105
Meinecke, Friedrich 78, 106, 108
Menger, Carl 160
Michelet, Jules 74
Mignet, François-Auguste 74
Mill, James 38
Mommsen, Theodor 78
Montesquieu, Charles de Secondat, Baron de 148
Morus, Thomas 47
Mukherjee, Supriya 8, 188, 190

Mukhopadhyay, Rajiblochan 39
Muller, Pieter Lodewijk 92

Niebuhr, Barthold Georg 83
Nietzsche, Friedrich 149
Nipperdey, Thomas 111
Nolte, Ernst 163
Nora, Pierre 138
Nu'mani, Shibli 40

Ō no Yasumaro 31
Otto von Freising 20
Ouyang Xiu 29

Pachymeres, Geogrios 22
Paek Nam-un 37
Parsons, Talcott 181
Paulus Diaconus 18, 129
Perraton, Hilary 189
Petrarca, Francesco 44
Pirenne, Henri 105–106
Plutarch 15, 130
Polybios 16, 25, 83, 148
Popper, Karl R. 177
Prokopios von Caesarea 21
Psellos, Michael 22

Rai San'yō 33
Raleigh, Sir Walter 48
Ranke, Leopold 79, 92, 140, 167–168, 176, 191
Rao, Velcheru Naranyana 38–39
Raphael, Lutz 102
Rathenau, Walther 123
Rehm, Friedrich 83
Reich-Ranicki, Marcel 164
Renan, Ernest 70
Rexroth, Frank 165
Rickert, Heinrich 141
Riehl, Wilhelm Heinrich 79
Ringer, Fritz K. 183
Ritter, Gerhard 108
Ritter, Gerhard A. 109
Rorty, Richard 166
Rotteck, Karl von 81
Rühlmann, Paul 100

Rühs, Friedrich 83, 92
Rüsen, Jörn 31, 145–146, 156
Russel, William Channing 93

Sabrow, Martin 156

Said, Edward 186
Sallust 15
Schelling, Friedrich Wilhelm Joseph 58
Schieder, Theodor 111
Schiller, Friedrich 56–58
Schilling, Erik 179–180
Schlosser, Friedrich Christoph 81
Schlözer, August Ludwig 70–72
Schmoller, Gustav 160
Schöttler, Peter 170
Schulze, Winfried 102
Schütz, Alfred 181
Scott, Sir Walter 120–121
Shakespeare, William 132
Shigeno Yasutsugu 34
Shulman, David 38–39
Sima Guang 28–29
Sima Qian 27–28, 35
Simmel, Georg 105
Sin Chaeho 36
Sokrates Scholastikos 18
Sombart, Werner 105
Sozomenos, Salamanes Hermeias 18
Spencer, Herbert 66
Sphrantzes, Georgios 22
Spittler, Ludwig Timotheus Freiherr von 72
Stein, Heinrich Friedrich Karl Reichsfreiherr vom und zum 91
Steinmetz, Willibald 166
Stempel, Wolf-Dieter 169
Strada, Famiano 48
Subrahmanyam, Sanjay 38–39
Sueton 15, 19
Sybel, Heinrich von 78–79, 159

Tacitus, Publius Cornelius 16, 28
Taine, Hippolyte 74
Theodoret von Kyrrhos 18
Thiers, Adolphe 74
Thiry d'Holbach, Paul-Henri 64–65

Thompson, Edward P. 110, 175
Thukydides 13–15, 21, 23, 165
Tittmann, Friedrich Wilhelm 72
Toneri-shinnō 31
Treitschke, Heinrich von 78, 160
Tsiang Tingfu 30
Turner, Frederick Jackson 77, 151
Turner, Henry A. 122

Valla, Lorenzo 46–47
Van Dyke, W. S. 122
van Reyd, Everard 48
Vasari, Giorgio 46
Vergil 119
Vidyalankar, Mrityunjay 39
Voigt, Georg 43
Voltaire 55–57

Wachsmuth, Wilhelm 82
Waitz, Georg 99

Walser, Martin 164
Wang, Q. Edward 8, 188, 190
Weber, Max 103, 105, 107, 109, 161
Wehler, Hans-Ulrich 109, 111
Werner, Michael 185
White, Hayden 166–170, 181–182
Widukind von Corvey 129
Wigand, Johannes 49
Windelband, Wilhelm 141

Xenophon 15

Yi Pyong-do 37

Zedler, Johann Heinrich 75
Zhang Wenjie 31
Zimmermann, Bénédicte 185
Zweig, Stefan 122

Ortsregister

Abendland 5, 7–9, 12–13, 17, 27, 29–30, 34, 37, 39, 40, 42–43, 53, 62, 75, 77, 101, 104, 108, 112, 119, 125, 154, 157, 173, 183–185, 187–192, 194–195
Ägypten 11–12, 25–26, 125, 192
Afrika 6, 13, 24, 55, 102, 188–189, 192, 195
Arabische Welt *siehe* Vorderer Orient
Aragon 20, 48
Asien 11, 13, 55, 102, 151, 189
Asturien 20
Athen 13, 15
Australien 189

Bagdad 24
Basel 149
Belgien 48, 99, 105
Berlin 30, 79, 90, 92, 191
Bielefeld 117
Böhmen 96
Bombay 39
Brasilien 191
Byzanz 9, 18, 21–22, 25, 133

China 8–9, 26–32, 34–37, 49, 101, 119, 188–190, 195

Dänemark 95–96
Deutschland 49, 55, 65–66, 69, 73, 75, 77–80, 88–89, 91–92, 94–97, 99, 102, 104–105, 107–109, 111, 119, 151–152, 159, 161, 185, 187–189, 194–195

Edo *siehe* Tokio
England 30, 38–39, 47–48, 65–66, 72–75, 77, 96, 110, 119, 151, 166, 168, 175, 189
Europa 4, 30, 46–47, 49, 51, 58, 64, 71, 73–74, 77–78, 88–89, 94–95, 97, 105–106, 122, 127, 133, 151, 155, 161, 187, 189

Florenz 44–45
Frankfurt am Main 94, 100, 111
Frankreich 47, 50–51, 54, 64, 72–74, 77–78, 88–89, 94–95, 97, 105–107, 110, 112, 121, 137–138, 151, 157, 188–189

Göttingen 72, 99, 148, 165
Griechenland 6, 13–15, 21–22, 59, 99, 118–119, 128, 132–133, 148
Großbritannien *siehe* England

Indien 6, 8, 25, 37–40, 102, 119, 151, 188–189, 195
Iran 24–25, 38, 46, 119
Israel 38
Italien 42, 44–45, 49–50, 96–97, 112, 121

Japan 30–34, 36–37, 49, 119, 185, 195
Jena 56

Kalkutta 39
Kanada 96, 112, 190
Katalonien 20
Konstantinopel 22, 42, 73
Korea 31–32, 34–37, 189, 195
Korinth 16

Leipzig 107

Manchester 157
Marburg an der Lahn 100
Mittel- und Südamerika 40–42, 48, 119, 185, 188, 195
München 79, 96, 100

Niederlande 48, 51, 92, 96

Österreich 121
Osmanisches Reich 22, 25, 46, 119
Ostasien 6, 119, 188, 192
Oströmisches Reich *siehe* Byzanz

https://doi.org/10.1515/9783110610802-005

Paris 30, 92, 106, 191
Persien *siehe* Iran
Polen 96
Portugal 48, 96
Preußen 58, 68, 78–79, 89

Rom/Römisches Reich 6, 15–17, 20–21, 46, 59, 73, 119, 128, 133, 147
Rumänien 96, 191
Russland 96–97, 154–155

Schottland 47–48, 120
Schweiz 96
Skandinavien 119
Sowjetunion 68, 155
Spanien 20, 25, 40–41, 48–49
Südasien 25

Tokio 33–34
Türkei *siehe* Osmanisches Reich

Ukraine 154
Ungarn 96
USA 8, 30, 38, 68, 73, 77–78, 88, 92, 95–96, 104, 112, 122, 151, 166, 168, 185, 187–190

Venedig 49
Vorderer Orient 6, 11, 23, 25, 59, 115, 119, 128, 186, 188, 192

Westliche Welt *siehe* Abendland

Zürich 30

Sachregister

Allgemeine Geschichte 53, 56, 71, 89–90, 92
Annalen/Annalistik 2, 11, 16, 19, 24–25, 27–29, 31–33, 47–48, 53, 115, 123–128, 130, 191, 194
Antike 16–17, 19–23, 25, 42, 44–45, 47, 52, 58, 73, 75, 118–119, 128, 132, 141, 158, 192
Ars historica 4, 81, 85, 120, 135
Aufklärung 54–55, 57–58, 60, 70–73, 75, 81–82, 101, 148
Aufklärungshistorie 5, 54, 58, 70–72
Außenseiter der Geschichtswissenschaft 99, 105, 107, 173, 183
Authentizität 5, 10, 163, 177–181
Autobiografie *siehe* Ego-Dokumente
Autorität 4, 17, 20, 47, 133, 174–184

Belletristik *siehe* Literatur
Bericht 1, 48, 139–140
Biografie/Biografik 15, 18–19, 24–25, 28–29, 31–32, 35–36, 39, 44, 46, 75, 91, 111, 115, 117, 121–122, 127–132, 164

Chronik 2, 19–24, 35, 39, 46–48, 53, 123–128, 132, 191
Chronologie 10–12, 16, 23–25, 36, 38, 41–42, 46, 51–52, 55, 71, 101, 115, 118, 123–130, 194
Cultural Turn 104, 112–113

Dogmen/Dogmatik 4, 43, 54, 56, 194

Editionen 33, 37, 52, 77, 87, 91, 94
Ego-Dokumente 11, 21, 30, 47, 53, 114–115, 117–118, 129–131, 164
Empirie 39, 56, 60, 62, 66–67, 72
Entwicklung 12, 42, 58, 60, 65–68, 71–72, 114–115, 122, 143, 153, 155, 159, 185, 188, 194
Enzyklopädie 75–76
Epoche 3–6, 42–44, 55, 57–59, 67, 79, 92, 101–103, 193

Epos/Epik 4, 11, 32, 38–39, 115, 118–120
Ereignis 1, 11, 13, 16, 19, 23, 28, 41–43, 46, 52–53, 57, 61, 63, 115, 120, 122, 124–125, 128, 131, 138, 144, 148, 150–152, 167
Erinnerung 12–14, 19, 129, 133–134, 136–140
Erkenntnis 1–6, 18, 30, 60, 63, 65, 73, 75–76, 81–84, 100, 113–115, 126, 135–136, 138, 140–150, 153–156, 160–162, 164, 166, 170–171, 176–184, 187, 193, 195
Erster Weltkrieg 101, 103, 105, 107, 131
Erzählung 1, 12–13, 15, 18–19, 27, 39, 86, 115–120, 124–128, 132–134, 139–142, 145–147, 156–158, 167–168, 174, 178, 193
Erziehung 15–16, 56, 70–72, 75, 81, 147–149
Ethik/Moral 3, 12, 15–16, 18, 25, 27, 29, 44, 46, 51, 54, 56, 65, 70–71, 81, 118, 121, 130, 133–134, 136, 142, 148, 160–162
Evolution 64–66, 70

Fakten/Faktizität 4–5, 13, 19, 35, 38, 56, 113, 115–123, 132, 135, 138, 140, 142, 149, 152–153, 162–165, 169–170, 172, 174, 176–182, 185, 195
Fiktion/Fiktionalität 2, 4–5, 10, 13, 19, 38, 45, 115–116, 120–123, 132, 140, 164, 169–170, 178
Fortschritt 54, 58–60, 67, 71, 74, 159
Französische Revolution 57–58, 74, 77, 101, 110, 121, 138, 151
Frontier-These 77, 151
Frühe Neuzeit 22, 29, 49, 53, 63, 110, 158, 176, 187

Gedächtnis *siehe* Erinnerung
Genre (literarisches) *siehe* Literatur
Geschichte der Geschichtsschreibung *siehe* Historiografiegeschichte

Geschichte und Politik/Geschichte und Demokratie 2–4, 7, 44–45, 69, 78, 102, 104–105, 109, 135, 145, 152, 155, 159, 161–162, 177, 194
Geschichtsdenken *siehe* Historisches Bewusstsein
Geschichtsdidaktik 72, 80–81, 85–86, 100, 144–145, 152
Geschichtsforschung 13, 40, 51, 53, 56–57, 61, 72–73, 76, 78, 80–82, 84–86, 90–91, 126, 142, 144–145, 148, 150, 152, 174, 176–177
Geschichtsphilosophie 8, 31, 54–60, 64–65, 68–71, 84, 120, 148, 150, 159
Geschichtstheorie 8, 31, 39, 58, 69, 73, 80–81, 179
Geschichtswissenschaft 8, 10, 13–14, 33, 47, 52–53, 58, 64–65, 68–69, 71–73, 75–76, 79–82, 84–85, 87–89, 93–95, 99–108, 110, 113, 120, 127–128, 132–134, 141–145, 148–149, 154, 158–163, 166, 168–175, 178, 180, 182–184, 187, 191–192, 194, 196
Gesta 19, 128–129
Globalisierung 5, 8–10, 103–104, 113, 184–193

Hagiografie 15, 17, 51, 120, 130–131
Heilsgeschichte 18, 60
Hermeneutik 53, 61–63, 72, 82–84, 102, 154, 176
Historia rerum gestarum *siehe* res gestae
Historia Magistra Vitae 45, 133–134, 148–150
Historie 12–13, 16, 39, 115, 119–120, 128–134, 178
Historik 80–82, 84–85
Historikerkontroversen 103, 160, 163
Historische Datenbanken 115–116, 127
Historische Hilfswissenschaften 52, 72, 77
Historische Kunst *siehe* Ars historica

Historische Sozialwissenschaft *siehe* Sozialgeschichte
Historischer Materialismus *siehe* Materialismus
Historischer Roman 5, 115, 120–121, 170
Historisches Bewusstsein 5, 7, 9, 11, 25, 30, 36, 38, 40, 43, 46, 63, 67, 71, 101, 136–137, 140–141, 146
Historismus 34, 58, 71, 75, 78, 84, 102–108, 111, 170–171
Hofhistoriografie 29–30, 49
Humanität 58, 60, 71, 81, 148, 160

Idealismus 56, 58, 60, 64–66, 69, 78–79, 84, 102, 105, 148
Identität/Identitätsbildung 15, 17, 23, 25, 39, 49, 78, 82, 86, 119, 134–138, 141, 146, 151–153, 155–158, 160, 162
Ideologie/Ideologiekritik 7–8, 20, 54, 68, 102, 108, 111, 152, 155–156, 159, 161–162, 167, 177, 194
Interpretation *siehe* Hermeneutik
Islam 23–25, 40, 46

Kalender 41, 115, 124–126, 179
Katholizismus 48–51, 79–80
Kirchengeschichte 17–18, 50, 90, 133
Kolonialismus 4, 8, 37–38, 41, 48, 112, 151, 157, 186, 191, 195
Kritische Methode *siehe* Quellenkritik
Kulturgeschichte 22, 55, 72, 107, 194

Linguistic Turn 112, 166, 170
Literatur 4–5, 14, 16, 48, 57, 85, 116, 118–121, 129, 134–135, 142, 163–165, 168, 171, 194

Marxismus 7–8, 31, 37, 68, 110–111
Materialismus 37, 56, 64–67, 78, 105
Meistererzählung 156–158, 165
Memoiren *siehe* Ego-Dokumente
Memoria *siehe* Erinnerung
Methodik/Methodologie 3, 14, 26, 29–30, 38–40, 43, 46, 51–53, 63, 72, 76, 79–82, 84, 85, 107–108, 113,

Sachregister — **237**

133, 141–142, 154–155, 164, 171, 174, 175, 178, 180, 182, 187, 191, 195
Mittelalter 6, 8, 15, 17–19, 21–22, 29, 32, 38, 42–43, 46, 49, 52, 55, 110, 129–130, 158
Moderne 3, 7–8, 10, 19, 39–40, 42–43, 46, 61, 72–76, 86, 120–121, 135, 142, 151, 158, 162, 164, 170, 176, 178, 183, 185, 187, 190, 192
Modernisierung(stheorie) 34, 42, 109, 187

Narration/Narrativität *siehe* Erzählung
Nation/Nationsbildung/Nationalstaat 30, 34, 36–37, 39, 58, 73–75, 77–80, 92, 96, 99–103, 106–107, 157–159, 186, 192, 195
Neue Kulturgeschichte 104, 112–114, 171, 185
Neuzeit 3–4, 10, 42–43, 46, 54, 158, 190
Nutzen der Geschichte *siehe* Zweck der Geschichte

Objektivität 14, 39, 47, 50–53, 63, 69, 71, 133–137, 141, 165, 170–171, 173, 177–178, 180, 182

Periodisierung *siehe* Epoche
Philosophie 7, 37, 43–44, 46, 53–55, 58–59, 64–65, 68–73, 76, 79, 82, 88, 121
Post-Kolonialismus/Post Colonial Studies 40, 102, 104, 112–113, 157, 186
Pragmatismus *siehe* Aufklärungshistorie
Protestantismus 17, 48–52, 57–58, 68, 78–79, 89

Quelle 1, 5–12, 14, 17, 24, 27, 29, 32–33, 36, 39–41, 44–46, 50–53, 61, 63, 82–83, 108, 113, 121, 128, 131, 137, 140, 142–144, 155, 171, 174–182, 188, 193–194
Quellenkritik 14, 27, 44, 47, 50–55, 72, 82, 85, 176

Rationalität *siehe* Vernunft
Renaissance-Humanismus 23, 43–49, 51, 101, 158
Res gestae/Historia rerum gestarum 132, 139, 142, 150, 170, 172, 175–176
Revolution 1, 36, 58, 71, 74
Rhetorik 5, 22, 44, 136, 147, 164, 167–168, 170–171, 181

Sattelzeit 3–4, 7–8, 158, 179, 194
Schule der Annales 37, 103, 105–107, 109–110, 156
Sinn/Sinnbildung 3, 19, 82, 86, 116, 124–125, 134–138, 141, 146, 151, 153–156, 160, 162
Sozialgeschichte 42, 85, 103–114, 117, 156, 171, 186
Städtechroniken 24, 45, 49
Struktur/Strukturgeschichte 1, 106, 108–110, 156, 171

Tatsachen *siehe* Fakten
Theologie 7, 18, 43–44, 46, 50–51, 53, 60, 66, 69, 72–73, 76, 82, 88–89
Tradition 3–5, 10, 13, 21–22, 24–25, 27, 29–30, 35–36, 38–39, 50, 63–64, 74–75, 78, 92, 100, 102, 106, 110, 112, 119, 125, 136, 138, 140, 145, 153, 165–166, 168, 181, 186, 192–194,

Überrest/Überbleibsel *siehe* Quelle
Ungeschehene Geschichte 115, 122–123
Universalgeschichte 5–6, 16, 25, 28, 45, 48–49, 53, 55–60, 70–73, 81, 89, 92, 103, 158, 184, 190, 193
Universität 18, 30, 37, 72, 76, 79, 87–94, 97, 99–100, 127, 172, 183–184, 191, 194
Utopie 120, 123, 177

Verfachlichung 33, 72, 76–77, 86–96, 99–100

Vergangenes/Vergangenheit 1, 19, 61, 76, 82, 117–118, 136–137, 140, 143, 175, 179
Vernunft 4, 7, 53–56, 59–66, 82–84, 133, 153, 155–156, 178
Verstehen *siehe* Hermeneutik
Verwissenschaftlichung 4–5, 7, 33–34, 51, 53, 72, 76–77, 80, 86, 94–95, 120, 133, 148, 192, 195
Vita *siehe* Biografie

Wahrheit *siehe* Objektivität
Weltgeschichte *siehe* Universalgeschichte
Werte 2–3, 25, 29, 61, 77, 130, 132, 142, 145, 148, 155, 185

Wirklichkeit 67, 113–114, 120–123, 140, 162–163, 166, 168–172, 174, 166–181, 194
Wissen *siehe* Erkenntnis

Zeit 1–2, 11–12, 23, 38, 43, 63, 106, 123–128, 143–144, 146, 159, 175–176, 187, 192
Zeugnis *siehe* Quelle
Zufall 61–62, 154
Zukunft 14, 43, 45–46, 54, 65, 135, 147–148, 150, 155, 159
Zweck der Geschichte 3, 56, 58, 71–73, 81, 84, 148–150
Zweiter Weltkrieg 101–105, 107, 115, 151, 183

Oldenbourg Grundriss der Geschichte

Herausgegeben von Hans Beck, Karl-Joachim Hölkeskamp, Achim Landwehr, Benedikt Stuchtey und Steffen Patzold

Band 1a
Wolfgang Schuller
Griechische Geschichte
6., akt. Aufl. 2008. 275 S., 4 Karten
ISBN 978-3-486-58715-9

Band 1b
Hans-Joachim Gehrke
Geschichte des Hellenismus
4. durchges. Aufl. 2008. 328 S.
ISBN 978-3-486-58785-2

Band 2
Jochen Bleicken
Geschichte der Römischen Republik
6. Aufl. 2004. 342 S.
ISBN 978-3-486-49666-6

Band 3
Werner Dahlheim
Geschichte der Römischen Kaiserzeit
3., überarb. und erw. Aufl. 2003. 452 S., 3 Karten
ISBN 978-3-486-49673-4

Band 4
Jochen Martin
Spätantike und Völkerwanderung
4. Aufl. 2001. 336 S.
ISBN 978-3-486-49684-0

Band 5
Reinhard Schneider
Das Frankenreich
4., überarb. und erw. Aufl. 2001. 224 S., 2 Karten
ISBN 978-3-486-49694-9

Band 6
Johannes Fried
Die Formierung Europas 840–1046
3., überarb. Aufl. 2008. 359 S.
ISBN 978-3-486-49703-8

Band 7
Hermann Jakobs
Kirchenreform und Hochmittelalter 1046–1215
4. Aufl. 1999. 380 S.
ISBN 978-3-486-49714-4

Band 8
Ulf Dirlmeier/Gerhard Fouquet/Bernd Fuhrmann
Europa im Spätmittelalter 1215–1378
2. Aufl. 2009. 390 S.
ISBN 978-3-486-58796-8

Band 9
Erich Meuthen
Das 15. Jahrhundert
4. Aufl., überarb. v. Claudia Märtl 2006. 343 S.
ISBN 978-3-486-49734-2

Band 10
Heinrich Lutz
Reformation und Gegenreformation
5. Aufl., durchges. und erg. v. Alfred Kohler 2002. 283 S.
ISBN 978-3-486-48585-2

Band 11
Heinz Duchhardt / Matthias Schnettger
Barock und Aufklärung
5., überarb. u. akt. Aufl. des Bandes
„Das Zeitalter des Absolutismus" 2015.
302 S.
ISBN 978-3-486-76730-8

Band 12
Elisabeth Fehrenbach
Vom Ancien Régime zum Wiener Kongreß
5. Aufl. 2008. 323 S., 1 Karte
ISBN 978-3-486-58587-2

Band 13
Dieter Langewiesche
Europa zwischen Restauration und Revolution 1815–1849
5. Aufl. 2007. 261 S., 4 Karten.
ISBN 978-3-486-49734-2

Band 14
Lothar Gall
Europa auf dem Weg in die Moderne 1850–1890
5. Aufl. 2009. 332 S., 4 Karten
ISBN 978-3-486-58718-0

Band 15
Gregor Schöllgen/Friedrich Kießling
Das Zeitalter des Imperialismus
5., überarb. u. erw. Aufl. 2009. 326 S.
ISBN 978-3-486-58868-2

Band 16
Eberhard Kolb/Dirk Schumann
Die Weimarer Republik
8., aktualis. u. erw. Aufl. 2012. 349 S., 1 Karte
ISBN 978-3-486-71267-4

Band 17
Klaus Hildebrand
Das Dritte Reich
7., durchges. Aufl. 2009. 474 S., 1 Karte
ISBN 978-3-486-59200-9

Band 18
Jost Dülffer
Europa im Ost-West-Konflikt 1945–1991
2004. 304 S., 2 Karten
ISBN 978-3-486-49105-0

Band 19
Rudolf Morsey
Die Bundesrepublik Deutschland
Entstehung und Entwicklung bis 1969
5., durchges. Aufl. 2007. 343 S.
ISBN 978-3-486-58319-9

Band 19a
Andreas Rödder
Die Bundesrepublik Deutschland 1969–1990
2003. 330 S., 2 Karten
ISBN 978-3-486-56697-0

Band 20
Hermann Weber
Die DDR 1945–1990
5., aktual. Aufl. 2011. 384 S.
ISBN 978-3-486-70440-2

Band 21
Horst Möller
Europa zwischen den Weltkriegen
1998. 278 S.
ISBN 978-3-486-52321-8

Band 22
Peter Schreiner
Byzanz
4., aktual. Aufl. 2011. 340 S., 2 Karten
ISBN 978-3-486-70271-2

Band 23
Hanns J. Prem
Geschichte Altamerikas
2., völlig überarb. Aufl. 2008. 386 S.,
5 Karten
ISBN 978-3-486-53032-2

Band 24
Tilman Nagel
Die islamische Welt bis 1500
1998. 312 S.
ISBN 978-3-486-53011-7

Band 25
Hans J. Nissen
Geschichte Alt-Vorderasiens
2., überarb. u. erw. Aufl. 2012. 309 S.,
4 Karten
ISBN 978-3-486-59223-8

Band 26
Helwig Schmidt-Glintzer
Geschichte Chinas bis zur mongolischen Eroberung 250 v. Chr.-1279 n. Chr.
1999. 235 S., 7 Karten
ISBN 978-3-486-56402-0

Band 27
Leonhard Harding
Geschichte Afrikas im 19. und 20. Jahrhundert
2., durchges. Aufl. 2006. 272 S.,
4 Karten
ISBN 978-3-486-57746-4

Band 28
Willi Paul Adams
Die USA vor 1900
2. Aufl. 2009. 294 S.
ISBN 978-3-486-58940-5

Band 29
Willi Paul Adams
Die USA im 20. Jahrhundert
2. Aufl., aktual. u. erg. v. Manfred Berg
2008. 302 S.
ISBN 978-3-486-56466-0

Band 30
Klaus Kreiser
Der Osmanische Staat 1300-1922
2., aktual. Aufl. 2008. 262 S., 4 Karten
ISBN 978-3-486-58588-9

Band 31
Manfred Hildermeier
Die Sowjetunion 1917-1991
3. überarb. und akt. Aufl. 2016. 259 S.
ISBN 978-3-486-71848-5

Band 32
Peter Wende
Großbritannien 1500-2000
2001. 234 S., 1 Karte
ISBN 978-3-486-56180-7

Band 33
Christoph Schmidt
Russische Geschichte 1547-1917
2. Aufl. 2009. 261 S., 1 Karte
ISBN 978-3-486-58721-0

Band 34
Hermann Kulke
Indische Geschichte bis 1750
2005. 275 S., 12 Karten
ISBN 978-3-486-55741-1

Band 35
Sabine Dabringhaus
Geschichte Chinas 1279-1949
3. akt. und überarb. Aufl. 2015. 324 S.
ISBN 978-3-486-78112-0

Band 36
Gerhard Krebs
Das moderne Japan 1868–1952
2009. 249 S.
ISBN 978-3-486-55894-4

Band 37
Manfred Clauss
Geschichte des alten Israel
2009. 259 S., 6 Karten
ISBN 978-3-486-55927-9

Band 38
Joachim von Puttkamer
Ostmitteleuropa im 19. und 20. Jahrhundert
2010. 353 S., 4 Karten
ISBN 978-3-486-58169-0

Band 39
Alfred Kohler
Von der Reformation zum Westfälischen Frieden
2011. 253 S.
ISBN 978-3-486-59803-2

Band 40
Jürgen Lütt
Das moderne Indien 1498 bis 2004
2012. 272 S., 3 Karten
ISBN 978-3-486-58161-4

Band 41
Andreas Fahrmeir
Europa zwischen Restauration, Reform und Revolution 1815–1850
2012. 228 S.
ISBN 978-3-486-70939-1

Band 42
Manfred Berg
Geschichte der USA
2013. 233 S.
ISBN 978-3-486-70482-2

Band 43
Ian Wood
Europe in Late Antiquity
2020. 288 S.
ISBN 978-3-11-035264-1

Band 44
Klaus Mühlhahn
Die Volksrepublik China
2017. 324 S.
ISBN 978-3-11-035530-7

Band 45
Jörg Echternkamp
Das Dritte Reich. Diktatur, Volksgemeinschaft, Krieg
2018. 344 S., 2 Karten
ISBN 978-3-486-75569-5

Band 46
Christoph Ulf/Erich Kistler
Die Entstehung Griechenlands
2019. 328 S., 26 Abb.
ISBN 978-3-486-52991-3

Band 47
Steven Vanderputten
Medieval Monasticisms
2020. 304 S.
ISBN 978-3-11-054377-3

Band 48
Christine Hatzky/Barbara Potthast
Lateinamerika 1800–1930
2021, 370 S., 2 Karten
ISBN 978-3-11-034999-3

Band 49
Christine Hatzky/Barbara Potthast
Lateinamerika seit 1930
2021, 416 S., 1 Karte
ISBN 978-3-11-073522-2

Band 50/1
Raimund Schulz/Uwe Walter
Griechische Geschichte ca. 800–322 v. Chr.
Band 1: Darstellung
2022. 278 S., 7 Karten
ISBN 978-3-486-58831-6

Band 50/2
Raimund Schulz/Uwe Walter
Griechische Geschichte ca. 800–322 v. Chr.
Band 2: Forschung und Literatur
2022. 378 S.
ISBN 978-3-11-076245-7

Band 51
Peter-Franz Mittag
Geschichte des Hellenismus
2023. 348 S., 2 Karten
ISBN 978-3-11-064859-1

Band 52
Jörg Requate
Europa an der Schwelle zur Hochmoderne (1870-1890)
2023. 350 S., 3 Karten
ISBN 978-3-11-035937-4

Band 53
Friedrich Kießling
Europa im Zeitalter des Imperialismus 1890–1918
2023. 385 S.
ISBN 978-3-486-76385-0

Band 54
Matthias Schnettger
Das 17. Jahrhundert
2024. 348 S., 3 Karten
ISBN 978-3-11-073767-7

www.ingramcontent.com/pod-product-compliance
Lightning Source LLC
Chambersburg PA
CBHW071816230426
43670CB00013B/2471